中国石油天然气集团有限公司统编培训教材

销售业务分册

加油卡业务管理与运作

《加油卡业务管理与运作》编委会　编

石油工业出版社

内 容 提 要

　　本教材在遵守国家相关法规的前提下，围绕昆仑加油卡和昆仑加油卡充值卡的业务管理、售卡、服务、风险防控，描述了销售企业各级从业人员的管理职责、日常运行管理内容和业务运作流程。介绍了在用销售业务互联网平台的组成，及加油卡互联网充值、积分商城和加油站地图位置服务等重要功能。

　　本书适用于中国石油天然气股份有限公司所属各级销售企业以及管理的售卡充值点和全资、租赁、控股、参股、特许经营等各种类型的联网加油站。

图书在版编目（CIP）数据

　　加油卡业务管理与运作/《加油卡业务管理与运作》编委会编 . —北京：石油工业出版社，2018.11
　　中国石油天然气集团有限公司统编培训教材
　　ISBN 978-7-5183-2832-1

　　Ⅰ . ①加… Ⅱ . ①加… Ⅲ . ①加油站-IC 卡-业务管理 Ⅳ . ①U491.8

　　中国版本图书馆 CIP 数据核字（2018）第 199280 号

出版发行：石油工业出版社
　　　　　（北京安定门外安华里2区1号楼　100011）
　　网　　址：www.petropub.com
　　编　辑　部：（010）64256770
　　图书营销中心：（010）64523633
经　　销　全国新华书店
印　　刷　北京中石油彩色印刷有限责任公司
2018年11月第1版　2019年3月第3次印刷
710×1000毫米　开本：1/16　印张：23.75
字数：400千字
定价：80.00元（内部发行）
（如出现印装质量问题，我社图书营销中心负责调换）

《加油卡业务管理与运作》
编　委　会

序

企业发展靠人才，人才发展靠培训。当前，集团公司正处在加快转变增长方式，调整产业结构，全面建设综合性国际能源公司的关键时期。做好"发展""转变""和谐"三件大事，更深更广参与全球竞争，实现全面协调可持续，特别是海外油气作业产量"半壁江山"的目标，人才是根本。培训工作作为影响集团公司人才发展水平和实力的重要因素，肩负着艰巨而繁重的战略任务和历史使命，面临着前所未有的发展机遇。健全和完善员工培训教材体系，是加强培训基础建设，推进培训战略性和国际化转型升级的重要举措，是提升公司人力资源开发整体能力的一项重要基础工作。

集团公司始终高度重视培训教材开发等人力资源开发基础建设工作，明确提出要"由专家制定大纲、按大纲选编教材、按教材开展培训"的目标和要求。2009年以来，由人事部牵头，各部门和专业分公司参与，在分析优化公司现有部分专业培训教材、职业资格培训教材和培训课件的基础上，经反复研究论证，形成了比较系统、科学的教材编审目录、方案和编写计划，全面启动了《中国石油天然气集团有限公司统编培训教材》（以下简称"统编培训教材"）的开发和编审工作。"统编培训教材"以国内外知名专家学者、集团公司两级专家、现场管理技术骨干等力量为主体，充分发挥动区公司、研究院所、培训机构的作用，瞄准世界前沿及集团公司技术发展的最新进展，突出现场应用和实际操作，精心组织编写，由集团公司"统编培训教材"编审委员会审定，集团公司统一出版和发行。

根据集团公司员工队伍专业构成及业务布局，"统编培训教材"按"综合管理类、专业技术类、操作技能类、国际业务类"四类组织编写。综合管理类侧重中高级综合管理岗位员工的培训，具有石油石化管理特色的教材，以自编方式为主，行业适用或社会通用教材，可从社会选购，作为指定培训教材；专业技术类侧重中高级专业技术岗位员工的培训，是教材编审的主体，按照《专业培训教材开发目录及编审规划》逐套编审，循序推进，计划编审300余门；操作技能类以国家制定的操作工种技能鉴定培训教材为基础，侧重主体专业（主要工种）骨干岗位的培训；国际业务类侧重海外项目中外员工的培训。

"统编培训教材"具有以下特点：

一是前瞻性。教材充分吸收各业务领域当前及今后一个时期世界前沿理论、先进技术和领先标准，以及集团公司技术发展的最新进展，并将其转化为员工培训的知识和技能要求，具有较强的前瞻性。

二是系统性。教材由"统编培训教材"编审委员会统一编制开发规划，统一确定专业目录，统一组织编写与审定，避免内容交叉重叠，具有较强的系统性、规范性和科学性。

三是实用性。教材内容侧重现场应用和实际操作，既有应用理论，又有实际案例和操作规程要求，具有较高的实用价值。

四是权威性。由集团公司总部组织各个领域的技术和管理权威，集中编写教材，体现了教材的权威性。

五是专业性。不仅教材的组织按照业务领域，根据专业目录进行开发，且教材的内容更加注重专业特色，强调各业务领域自身发展的特色技术、特色经验和做法，也是对公司各业务领域知识和经验的一次集中梳理，符合知识管理的要求和方向。

经过多方共同努力，集团公司"统编培训教材"已按计划陆续编审出版，与各企事业单位和广大员工见面了，将成为集团公司统一组织开发和编审的中高级管理、技术、技能骨干人员培训的基本教材。"统编培训教材"的出版发行，对于完善建立起与综合性国际能源公司形象和任务相适应的系列培训教材，推进集团公司培训的标准化、国际化建设，具有划时代意义。希望各企事业单位和广大石油员工用好、用活本套教材，为持续推进人才培训工程，激发员工创新活力和创造智慧，加快建设综合性国际能源公司发挥更大作用。

《中国石油天然气集团有限公司统编培训教材》
编审委员会

前　言

　　面对世界油气供求格局演变、国内经济发展转型换挡、石油石化行业深度变革，特别是互联网、电子商务、云计算、大数据的应用，推动零售向新业态变迁，国内成品油竞争已经由资源主导的竞争转向以品牌、服务、价格、管理为主的竞争。加油卡在提升品牌、开发维系客户、创新营销中起着重要作用，"+互联网"规划的实施，成为客户服务升级、线上线下联动促销的新媒介、新渠道。

　　中国石油于2008年9月发行第一张昆仑加油卡，2010年12月实现"一卡在手、全国加油"，2015年12月相继推出固定面值的小额昆仑加油卡、充值卡。截至2018年4月，昆仑加油记名卡已突破1亿张，昆仑加油卡满足不同客户个性化需求，在行业内首发"生肖、变形金刚、小马宝莉"三种系列产品卡，先后推出中油BP、上汽和ETC联名卡实现异业合作。昆仑加油卡已经成为中国石油零售业一个品牌形象，不仅是销售企业开发维系客户、实施客户营销的利器，也是跨业合作载体。

　　按照销售"+互联网"发展战略，95504网站、中油好客e站移动客户端和微信公众平台，有效支持零售营销活动新媒介推广，实现加油卡线上便捷充值，丰富的线上积分商城商品，为客户便利兑换积分商品创造了条件。

　　按照"做精产品、做强营销、做优服务、做专运行"的整体思路，坚持"服务业务、服务基层、服务客户"的理念，对内有效支撑客户开发与维护、灵活促销，对外打造让消费者愿意使用、放心使用、便利使用的产品。2013年出版了《加油卡业务运作手册》，加油卡业务的建章立制，在规范业务运作、防范资金风险、零售促销等方面有章可循。在此基础上，为应对加油卡业务优化提升，支撑互联网、昆仑加油卡充卡值两项新开展的业务，在集团公司编审委员会的指导下，销售公司组织编制了集团公司"统编培训教材"销售业务分册《加油卡业务管理与运作》。

昆仑加油卡的推出和应用，销售"+互联网"发展战略的实施，是中国石油构建加油站3.0，全力打造"人·车·生活"生态圈的重要组成部分。只要坚持以集团公司"建设一流综合性国际能源公司"为总目标，不断提升营销创新能力、平台运作能力、服务优化能力、风险防范能力，深入贯彻精细化管理的理念，用好本书，就一定能够确保加油卡、互联网业务规模质量并重发展，提高零售业务核心竞争力，在经济发展新常态、未来新零售中赢得主动权。

中国石油天然气股份有限公司

付斌

销售公司总经理

2018 年 8 月

说 明

　　本教材仅对中国石油销售企业内部发行，作为各级销售企业加油卡和互联网业务从业人员的业务指导和培训材料，适用于中国石油天然气股份有限公司所属各级销售企业以及管理的售卡充值点和全资、租赁、控股、参股、特许经营等各种类型的联网加油站。

目　录

总　　则

服务承诺

一卡在手，全国加油。

经营理念

创新驱动发展，服务创造价值。

产品特性

交易安全，方便快捷，便于管理，全国通用，多种服务。

业务发展整体思路

做精产品，做强营销，做优服务，做专运行，做实支撑。

"互联网"业务原则

顶层设计，入口统一，专业运营，互联互动，快速迭代。

适用范围

本书适用于中国石油天然气股份有限公司所属各级销售企业以及管理的售卡充值网点和全资、租赁、控股、参股、特许经营等各种类型的联网加油站。

第一章　昆仑加油卡概述

第一节　昆仑加油卡定位

昆仑加油卡是中国石油零售业务的核心，是线上、线下业务核心支付工具，更是核心营销手段、客户管理载体、品牌形象名片和互联网平台会员体系基础。

一、核心支付工具

昆仑加油卡为客户提供在中国石油联网加油站加油、购买便利店商品及其他服务性收费的支付。对客户充值消费实行电子化管理，提高了服务效率，降低了资金风险。

二、核心营销手段

昆仑加油卡具有折扣、赠送、返利、积分等功能，并为车队客户提供用油管理服务。可支持开展多种营销活动，用于维系老客户、拉入新客户，有效增强客户黏性，同时可通过联名卡拓展跨行业合作，实现互助共赢。

三、客户管理载体

昆仑加油卡是中国石油沟通客户的桥梁，可记载客户身份，通过加油卡对客户信息进行归集和价值管理。借助"客户关系管理系统"（CRM）实现客户"画像"和聚类分析，实现精准营销，为客户提供全方位、个性化的优质服务，提高客户的忠诚度。

四、品牌形象名片

昆仑加油卡为中国石油终端消费者所持有和消费使用，是品牌宣传的媒介，通过开展推广、发售、提高客户忠诚度等营销活动，树立昆仑加油卡品牌，有效提升企业形象。

五、互联网平台会员体系基础

昆仑加油卡作为互联网平台会员体系基础，为掌握客户数据、吸引线上业务流量、打通线上线下业务、构建"人·车·生活"生态圈奠定基础。

第二节　昆仑加油卡分类

中国石油针对不同类型客户群设计不同卡产品及服务，根据全国统一、组合出击、样式细分、兼顾成本的卡产品设计原则，在加油卡业务开展中，设计了系列化卡产品模式，即标准卡、行业卡、联名卡、产品卡。

一、三种标准卡

三种标准卡，即个人记名卡、车队卡、不记名卡，如图1-1所示。标准卡使用统一加油卡形象设计，强化中国石油的品牌，落实"一卡在手，全国加油"的承诺；同时样式设计基本统一，降低制卡成本。

标准卡（2011年版）正面均为蓝色背景衬托的中国石油加油站，并辅以油田采油设备、炼油厂反应装置展示上中下游一体化企业形象，勾勒出的北京天坛、上海东方明珠广播电视塔、广州五羊雕塑、重庆解放碑、拉萨布达拉宫，隐含"一卡在手，全国加油"；右上角注明 "昆仑加油卡"（个人卡）

或"车队卡"。背面衬以体现环保意识的天空和地球；卡号印制在背面，接触式芯片也设置在背面（双芯片联名卡除外）；对于不记名卡在右上角特有"礼品结"标志；针对各类客户阶段需求推出纪念、祝福性质的年节祝福卡，作为特殊不记名卡。

个人记名卡（正面）

车队卡（正面）

不记名卡（背面）

不记名卡（年节祝福卡 背面）

图 1-1　标准卡样式

二、行业卡

针对个人性质的出租车客户设计专用出租车加油卡；
针对个人性质的教师客户设计专用教师加油卡；
针对个人性质的医务人员客户设计专用天使加油卡；
针对农业、农村、农业机械客户设计农机加油卡；
针对军队非战斗车辆客户设计军队专用卡。
行业卡样式如图 1-2 所示。

出租车加油卡

教师加油卡

天使加油卡

农机加油卡

军队专用卡

图 1-2　行业卡样式

三、联名卡

　　联名卡是针对重大活动、重要题材、重要客户等与合作伙伴在全国范围内联合发行的带有合作方标识的特种加油卡。目前，已经发行上海世博卡（一套三张）、中油中铁联名卡（三种类型标准卡）等多种联名卡。联名卡样式如图 1-3 所示。

　　其他联名卡卡样详情请查看 www.95504.net。

世博加油卡 中油中铁加油卡

图 1-3 联名卡样式

四、产品卡

1. 生肖系列加油卡

目前已经发行 2014 年马年生肖卡（"昭陵六骏"一套六张）；2015 年羊年生肖卡（一套三张）；2016 年猴年生肖卡（一套三张）；2017 年鸡年生肖卡（两套各三张）。加油卡样式如图 1-4 所示。

"生肖"系列"马年"加油卡

"生肖"系列"羊年"加油卡

图 1-4 生肖卡样式

"生肖"系列"猴年"加油卡

"生肖"系列"鸡年"加油卡

图1-4 生肖卡样式（续）

2. 变形金刚系列加油卡

目前发行的"变形金刚"系列加油卡包括"擎天柱"加油卡、"威震天"加油卡、"大黄蜂"加油卡等，加油卡样式如图1-5所示。

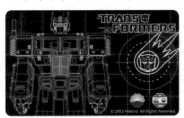

"变形金刚"系列"擎天柱"加油卡

"变形金刚"系列"威震天"加油卡

图1-5 变形金刚加油卡样式

"变形金刚"系列"大黄蜂"加油卡

图 1-5　变形金刚加油卡样式（续）

3．小马宝莉系列加油卡

目前已经发行的"小马宝莉"系列加油卡包括："碧琪"加油卡、"苹果嘉儿"加油卡、"柔柔"加油卡等多个卡种，其加油卡样式如图 1-6 所示。

"小马宝莉"系列"碧琪"加油卡

"小马宝莉"系列"苹果嘉儿"加油卡

"小马宝莉"系列"柔柔"加油卡

图 1-6　小马宝莉加油卡样式

"小马宝莉"系列"云宝"加油卡

"小马宝莉"系列"珍奇"加油卡

"小马宝莉"系列"紫悦"加油卡

图1-6　小马宝莉加油卡样式（续）

五、充值卡

充值卡是为昆仑加油卡充值而用，不能直接加油消费，目前仅可为个人记名卡充值。可通过门户网站、中油好客e站APP、中油好客e站微信公众平台、95504语音电话和加油卡自助服务终端等渠道进行充值。

充值卡按使用范围分为全国使用和省内使用；按介质分为实体充值卡（刮刮卡）和电子充值卡两类。其中实体充值卡分为50元、100元、200元、500元、1000元5种面额，如图1-7所示。

图 1-7　中国石油充值卡样式

六、未来卡产品模式

　　伴随移动互联网和近场通信技术的发展，在现有实体接触式 IC 加油卡基础上，还将发行非接触式 IC 卡及电子加油卡。主要包括：（1）基于扫码技术的二维码、条形码（可以置于移动设备内，使用时调出）；（2）基于近场通信（NFC）的移动设备内置虚拟卡；（3）纯后台使用的电子账户（适用于无收银硬件环境的互联网支付）。

第三节　昆仑加油卡功能及特点

一、昆仑加油卡功能

1. 充值

客户可以在中国石油任意售卡充值网点进行充值，卡内充值金额不计利息、不能提现、不能透支。充值成功后即可在中国石油联网加油站加油、购买便利店商品和支付其他服务性收费。

按照加油卡账户类型可分为卡充值和备用金充值，同时支持多种线上、线下支付方式。不记名卡不能进行备用金充值。

线下渠道包括：售卡充值网点、自助服务终端（仅能支持银行卡、充值卡），支付方式含现金、银行卡、支票、充值卡以及"其他"（其他支付方式由各地区公司自行定义）。

线上充值渠道分为自有平台、第三方合作平台，其中自有平台包括中国石油昆仑加油卡网上服务平台、中油好客 e 站 APP 和中油好客 e 站微信公众号；第三方合作平台包括昆仑银行、支付宝、京东商城、微信、腾讯手机 QQ 钱包等，充值方式以合作平台公告为准。

2. 消费

客户在中国石油联网加油站加油、购买便利店商品和支付其他服务性收费时，可使用加油卡支付。支付时，系统会对加油卡进行合法性和限制功能的检查，当提示为黑名单或白名单限制时，客户需更换支付方式或撤销交易（加油交易则不允许撤销）。

3. 圈存/圈提/单位账户分配/汇总/转账

客户可在售卡充值网点将卡片备用金账户中的资金/积分"圈存"到卡片资金账户中，以便刷卡支付，或将卡片中的资金/积分"圈提"到卡片备用金账户中，以便办理转账、单位账户汇总/分配等业务。

车队卡客户可使用主卡对其单位备用金账户的资金进行"单位账户分配"操作，将资金分配给该单位下各司机卡的备用金账户中。

客户使用同一证件在同一开户地市办理的若干张个人记名卡之间，可以实现备用金账户资金/积分的转账（积分转账需注销转出卡）。

4. 折扣优惠

根据市场和竞争情况，针对单位和个人记名卡客户设定不同优惠方式，主要包括消费折扣、充值优惠（赠送）、月末返利等。

折扣可通过设定优惠规则、绑定客户折扣合同来实现，并通过规则设定折扣限定范围、限定品类、额度等信息。

5. 积分

销售公司和地区公司可依据各自营销需要开展全国性和区域性的积分活动，并设定积分规则，积分规则为叠加应用。客户使用记名卡消费后，可按积分规则累计积分。加油卡积分全国通用，可在昆仑好客便利店及积分商城兑换商品。

积分活动和规则由发起人在售卡充值网点、加油卡门户网站和微信公众号等公布。

6. "八限"管理功能

加油卡给记名卡客户提供了"限定每日加油次数、限定消费金额、限定加油数量、限定加油站、限定消费地区（本省/市）、限定油品种类、限定便利店商品种类、限车号（需人工识别控制）"等"八限"管理功能，协助单位客户对车辆用油情况实现优化管理。客户可根据车辆用油管理与控制需要，自愿选择全部或部分限制功能，在售卡充值网点办理加油卡时申请并记录到卡片中，也可以到售卡充值网点提出变更并更新卡片。

二、昆仑加油卡特点

1. 交易安全

昆仑加油卡采用先进的 CPU 芯片卡技术，建立了加油卡密钥体系和严密的安全认证机制。它可以保障每一笔交易的真实、安全、可靠；同时，对于卡内的敏感信息加密存储，保护客户的资金和信息资料安全。

2. 方便快捷

通过设立在全国各地的中国石油加油卡售卡充值网点，客户可方便地办理加油卡的开户、充值、挂失等业务；利用加油卡自助服务终端实现查询、充值、圈存等业务的 24 小时服务；借助线上平台，实现电脑或移动设备随时随地查询、充值等核心业务。

客户不需要担心找零、加油尾数以及现金安全等问题；加油站操作人员不需要直接接触现金，加油效率大大提高，结算方式方便快捷；借助卡机连接（自助）加油机实现加油现场快速支付，节省时间。

3. 便于管理

单位用户通过办理车队卡，对下属司机及其用油进行管理。单位管理人员持车队管理卡可以管理单位账户，对单位账户进行备用金充值，将单位账户中的资金分配给司机卡，查询每张司机卡的详细交易记录，以及统一的单位账单服务等，通过加油卡方便地协助客户加强对车队用油的管理。

单位客户和个人记名卡客户均可为每张加油卡设定"八限"管理功能；还可在每张卡上设置密码，避免卡丢失后被盗用造成损失。

4. 全国通用

昆仑加油卡可在中国石油全国联网加油站和售卡充值网点消费和充值；客户持卡消费所获得的积分全国通用，可在昆仑好客便利店和积分商城兑换商品。

5. 多渠道服务

昆仑加油卡客户可以通过到中国石油售卡充值网点，或通过中国石油客户服务热线 95504 获得业务咨询、账户查询、客户账单、投诉等服务。记名卡客户还可以通过中国石油昆仑加油卡网上服务平台（http://www.95504.net）、中油好客 e 站 APP 和中油好客 e 站微信公众号，查询账户余额、充值、消费等交易信息。

第二章　业务管理架构

第一节　加油卡管理组织机构

一、管理模式

　　昆仑加油卡业务采用分级管理模式，通过销售公司、地区公司、地市公司对售卡充值网点和加油站实施管理，组织架构如图2-1所示。

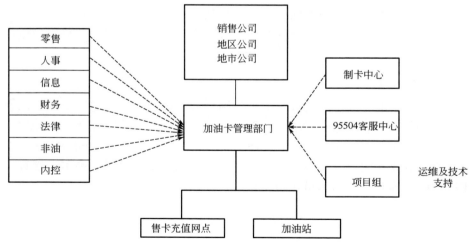

图 2-1　加油卡业务管理组织架构

二、纵向事权划分

销售公司加油卡管理部门，负责加油卡业务的统一规划管理，建立加油卡业务管理规章制度，对加油卡业务的运营、售后服务、全国性大客户的开发以及对地区公司加油卡业务进行指导和监督，负责组织互联网营销平台的建设、宣传和管理，负责组织广告宣传，深化跨界合作，组织开发会员管理体系等工作。

地区公司加油卡业务由地区公司零售或加油站管理部门归口管理。各地市公司加油卡业务由地市公司业务运作部门归口管理。销售公司、地区公司及地市公司加油卡管理部门负责各级加油卡业务运行管理，指导下级公司、售卡充值网点和加油站开展卡业务。

各级加油卡管理部门负责本级加油卡业务运行管理工作，协调零售（加管）、人事、财务、信息、非油、内控、法律、宣传等部门，解决加油卡业务运行中出现的各种问题。

售卡充值网点主要负责受理昆仑加油卡的开户、售卡、充值、挂失、补卡、换卡、密码修改、密码重置、销户、积分兑换、账单查询等业务，向客户提供相关内容的咨询和服务，与加油卡业务相关的客户档案管理、资金管理、结算管理、发票管理、核算管理等业务。

加油站负责为客户使用昆仑加油卡提供服务。包括刷卡消费、卡日结、灰卡解灰、积分兑换等业务，以及与加油卡业务相关的发票管理、结算管理、核算管理等业务。

三、横向事权划分

加油卡业务的有效开展和平稳运营需要各级人事、信息、财务、法律、非油、内控等有关部门的协作与支持。

1. 与人事部门的协作

1）机构设置及人员配备

按照加油卡业务发展需求，建立健全组织机构，配备管理力量，确保加油卡业务有序开展。

2）开展业务培训

人事部门根据加油卡业务管理部门需求，按照年度培训计划，组织实施加油卡业务培训工作，加油卡业务管理部门配合实施。地区公司和地市公司设培训网点、培训示范点，配备专、兼职培训师，开展加油卡营销、客户服务、加油卡系统应用等专业知识的培训，建立加油卡客服、营销和运行管理专业化队伍。

2. 与信息部门的协作

1）系统运维

信息部门主要负责加油站管理系统的全面运行维护，确保系统的稳定、正常运行。对于系统使用中出现的网络故障、硬件损坏、操作系统故障等问题以及由此引发的设备维修、EPS 数据未及时上传、EPS 数据库还原、EPS 升级等相关问题，由信息部门解决。

2）新增/变更站点

总部运维部门根据地区公司上报的站点新增/变更进行调整。

3. 与财务部门的协作

1）对账和稽核

日常对账，主要包括加油站、售卡充值网点和互联网平台充值/消费的系统对账，系统应收资金与实收资金由财务部门负责核对。

对日常对账中出现的差异，如异常交易未处理、等待 HOS 对账、HOS 对账不平、异常扣款等问题，地市公司卡业务运行管理岗、清分管理岗、财务稽核岗需按照差异处理办法进行核实差异处理。

为保障财务数据的准确性，财务稽核岗应负责核查财务凭证是否符合要求，财务记账是否正确。

2）加油卡业务盘点

加油卡业务盘点工作由加油卡业务管理部门牵头、财务部门协作，在规定的时间完成盘点工作。地区/地市公司清分管理岗及财务稽核岗互相协作完成本级加油卡业务盘点工作，如果双方数据出现差异，则共同协作查找出差异原因、调整明细，确保加油卡资金账实相符、安全受控。

3）发票管理

售卡充值网点及加油站发票管理应按照集团公司和地区公司制定的发票管理办法进行管理。

4）积分兑换及核算

加油卡管理部门根据业务开展需求，制定积分活动计划，根据积分兑换规则，由财务部门进行财务核算处理。

4．与法律部门的协作

各级公司法律部门协同加油卡管理部门，对加油卡业务规章制度、加油卡章程、客户服务协议、对外合作协议等进行审核，完成相关备案工作，处理加油卡业务运行中产生的法律纠纷。

5．与非油品部门的协作

1）积分规则及兑换商品管理

各级公司加油卡管理部门与非油品管理部门共同研究确定针对便利店非油商品的消费折扣、积分规则、积分回馈和兑换商品品类等内容。

2）协助员工培训

非油品管理部门协助组织对非油品积分和兑换业务进行培训工作，开展有关商品特点、兑换规则、操作流程、营销用语和风险防范预案的培训。

3）产品卡销售

销售公司加油卡管理部门负责产品卡设计、制卡；各级非油品管理部门负责组织产品卡销售、结算工作。

第二节　加油卡业务管理职责

一、业务架构

加油卡业务管理架构设置如图 2-2 所示。

各级公司应设置相应岗位，配备领导和管理力量，确保加油卡业务专业化运作。

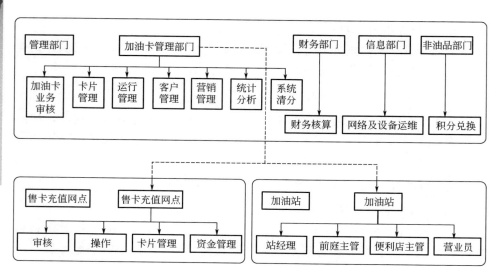

图 2-2　加油卡业务管理架构

二、业务职责

1. 管理部门职责

1）卡片管理

负责本级卡片需求和制卡申请；负责向上级加油卡管理部门提出卡片申请，并按时领用卡片；负责本级客户用卡（含充值卡）、PSAM 卡、UKey 等卡片出入库、库存、回收、盘点等管理工作。

2）运行管理

负责本级及下级公司操作员管理，系统权限设置；负责本级卡系统加油站日结监控、售卡充值网点日结监控、黑灰名单监控以及系统的日常维护工作；负责本级个人、单位客户异常消费套利监控。

3）客户管理

负责机构客户开发、考核、维护等工作；负责本级客户资料收集、审核、存档等工作；负责加油卡客户卡片冻结、解冻、账单服务等工作；负责大客户终端授权、解除等工作。

4）营销管理

负责加油卡发行的市场营销和推广计划，组织开展跨界营销活动；负责消费折扣、月末返利等规则管理；负责积分活动规则管理；负责客户组新建、修改、审核等工作；负责卡客户消费行为数据分析工作。

5）统计分析

负责加油卡数据的统计分析工作，编制统计报表；负责行业对标。

6）清分清算

负责本级加油卡系统资金清算管理工作，对加油卡业务进行监督、检查、核对处理等工作；负责本级加油卡充值消费交易清分工作；负责对加油卡异常交易进行处理，指导下级公司完成补录消费交易和黑交易审核工作；负责本级的卡业务盘点工作。

2. 售卡充值网点职责

1）卡片管理

负责加油卡、充值卡、PSAM 卡、UKey 等卡片库存管理工作，按规定开展卡片的申领、保管和盘点工作。

2）操作

负责加油卡、充值卡柜面业务的受理；负责卡片库存管理；负责按照公司规章开具发票；负责异常处理工作；负责按时进行班结和日结工作。

3）审核

负责卡片库存、异常处理、班结、日结等审核工作；按照财务管理规定，负责发票、营业收入（现金、支票等）复核及缴存工作。

3. 加油站职责

1）站经理

全面负责本站加油卡业务经营管理、设备维护和客户服务等工作；负责加油卡业务相关规章制度的落实、执行、检查和整改工作；负责本站员工日常教育培训工作；负责售卡充值点月结、资金缴存审核，以及售卡业务的同级审核等工作；负责定期开展自查整改工作，发现加油卡业务违规现象，应及时上报上级公司，不得私下处理，不得隐瞒纵容。

2）前庭主管

负责组织开展本班加油卡业务的经营管理、设备维护和客户服务等工作；负责协助加油站经理处理客户投诉工作；负责对 EPS 进行维护，在 EPS出现问题后上报到运维部门进行处理；每天 10 点之前监控黑灰名单是否更新，如果未自动更新需手动更新；负责售卡充值网点、刷卡设备的安全管理、日常维护、故障报修、维护记录等工作；负责监管加油站信息系统的维护、保养、确保系统平稳运行。

3）便利店主管

负责加油卡卡片管理工作，负责加油卡的领用、销售、PSAM 卡和 UKey 的使用，按规定开展卡片的申领、保管、缴存和盘点工作；负责组织加油卡积分在便利店的商品兑换工作；负责异常处理、发票管理、营业收入（现金、支票等）复核及缴存业务；负责班结、日结的审核工作及有关核算单据的传递工作。

4）营业员

负责受理加油卡的开户、售卡、充值、转账、圈存圈提、销户退卡、挂失、补卡、换卡、密码变更、处理失效卡、卡片升级、同步数据、折扣客户申请、客户资料更改等业务的办理；负责班结和日结工作，核对当天所经手的现金、单据和发票，连同签字确认的《售卡充值点日结报表》交便利店主管核对；负责加油卡客户的售后服务工作，根据客户需求提供加油卡对账单等服务。

第三节　考核与激励

一、加油卡业务指标体系

1. 建立适用于本单位的考核体系

各地区公司根据自身情况建立考核机制，逐级考核，可按月度、季度、年度进行考核。

考核指标包括运营类、客户类，有发卡量、卡销比、沉淀资金、记名卡活跃卡量、线上平台客户数和折扣情况等，见表2-1。

表 2-1　考核指标列举

项目	指标		说明
运营类	沉淀资金	沉淀资金	沉淀资金=加油卡充值额-销户退款-加油卡消费额+本地卡外地充值+外地卡本地消费-外地卡本地充值-本地卡外地消费-资金清零+机构调整账户迁移
		沉淀资金同比增长率	沉淀资金同比增长率=（沉淀资金-上年同期沉淀资金）/上年同期沉淀资金×100%

续表

项目	指标	说明
运营类	卡销比	卡销比=自营加油站加油卡油品销售量/自营加油站系统纯枪销售量×100%
客户类	活跃卡量	活跃卡量=累计流通卡数-6个月未消费卡数
	线上客户数	线上客户数=中国石油全国性线上服务平台（95504网站、中油好客e站微信、APP、支付宝服务窗、微信支付、支付宝支付）的使用客户数量，同一客户绑定多个平台的进行数据合并处理，不含区域性平台

2. 精细化考核评价

为易于精细化考核评价操作，年度、季度、月度考核应采取统一标准，见表2-2。

表2-2　精细化考核指标（卡业务）

项目	指标	评价标准
运行管理	加油站日结上传及时率	考核加油站完成日结操作是否准确及时，考核地市公司发现和处理加油站未上传的异常情况是否及时
	卡系统与HOS对账成功率	考核加油站刷卡操作是否规范，系统每笔交易记录是否完整正常，以保障加油站销售数据与实际刷卡数据匹配无误
	卡系统与HOS对账异常处理延迟率	考核地市公司发现和处理加油站日结对账异常情况是否及时
	充值点日结完成率	考核售卡充值网点完成日结操作是否准确及时，考核地市公司的售卡充值网点未日结的异常是否及时发现和处理情况
	异常交易处理延迟率	考核地区公司、加油站是否准确及时地按异常交易处理流程处理系统中异常交易
	银行与卡对账成功率	考核加油站刷银行卡操作是否规范，系统每笔银行卡交易记录是否完整正常，以保障加油站销售数据与实际刷卡数据匹配无误
	黑名单下发成功率	考核各地区公司黑名单下发是否准确及时，考核地区公司网络、站级设备等运行是否正常
	灰名单下发成功率	考核各地区公司灰名单下发是否准确及时，考核地区公司网络、站级设备等运行是否正常
	卡系统与财务系统对账差异处理延迟率	考核地区公司、地市公司处理卡系统与财务系统对账差异是否及时

二、激励体系

各级公司可根据本地区市场情况、区分售卡类型，选取但不局限上述指标进行考核，对考核排名靠前的单位和做出贡献的个人给予一定的奖励，并兑现到售卡充值网点和加油站。

第四节 培训管理

一、培训体系

销售公司负责对地区公司加油卡业务管理人员进行业务培训。

地区公司负责对地市公司经理、分管加油卡业务的副经理，加油卡业务人员进行业务培训。

地市公司负责对售卡充值网点、加油站各岗位进行业务培训。

销售公司、地区公司和地市公司组织建立由加油卡业务骨干人员组成的内部培训师队伍。

二、职能划分

人事部门根据卡业务管理部门需求，按照年度培训计划，组织实施卡业务培训工作，卡业务管理部门配合实施。地区公司和地市公司利用培训网点、培训中心，配备培训师，负责辖内售卡充值网点、加油站的培训，并负责编制相应的培训教案。

三、岗位培训

岗位培训主要包括：理论知识培训、实际操作培训、培训考核三部分。作为岗前培训重要内容，从技能上要求做到人人能发卡，人人会发卡。

四、技能鉴定

技能鉴定包括加油卡业务理论知识、售卡充值操作，纳入加油站员工初级工、中级工、高级工、技师技能鉴定的考评内容。

第三章 卡片管理

第一节 卡片概述

一、卡片基本参数

中国石油昆仑加油卡每张卡片（除 UKey 外）质量为 5.3g，尺寸为 85.6mm×54mm，厚 0.76mm±0.08mm；目前每 250 张一盒，每 8 盒一箱；每只空箱质量为 0.4kg，每箱 2000 张，质量为 11kg。

二、卡片基本信息

1. 卡片分类

昆仑加油卡按其物理属性可分为系统用卡和客户用卡。

1）系统用卡

系统用卡包括 PSAM 卡和 UKey。

（1）PSAM 卡。

PSAM 卡是放置在 EFT（电子支付终端）和卡机连接加油机等刷卡终端，用于验证卡片交易真实性的卡片，在制卡时写入了中国石油安全密钥。地市公司按照系统设置要求，合理配置，一一对应，严禁超设备下发。各站之间 PSAM 卡严禁交叉使用。

（2）UKey。

UKey 是一种 USB 接口的硬件设备。它内置智能卡芯片，有一定的存储空间，可以存储用户的私钥以及数字证书，保证了用户使用的安全性。

操作员 UKey 和管理员 UKey 分别由当班营业员和加油站经理保管使用，应定期修改 UKey 密码，离开系统操作界面时应及时拔出 UKey。

2）客户用卡

客户用卡可分为加油卡和充值卡（详见第九章充值卡业务管理），加油卡分为记名卡和不记名卡。其中记名卡又分为个人记名卡、车队卡。

（1）个人记名卡。

个人记名卡是面向个人客户发放的充值消费卡，在办理时需提供个人资料。卡片具有加油站消费及积分功能，卡片可进行挂失、解挂、销户退款等操作。卡与卡之间可以进行备用金资金/积分转账。

（2）车队卡。

车队卡是面向企事业单位和车队客户发放的充值消费卡，在办理时需提供单位资料。卡片具有车队用油管理功能，同时可根据客户需求开通积分。一个单位可以办理一张管理卡和若干张司机卡，管理卡既可对司机卡进行管理，也具备充值消费功能，司机卡可以加油，其他功能由管理卡设置；管理卡可进行挂失、解挂、销户退款等操作，司机卡可进行挂失、解挂等操作。中国石油为车队卡客户提供车队司机用油管理等服务功能。

（3）不记名卡。

不记名卡是指在售卡时充值一定金额，不记录客户信息的卡片。卡片可反复充值、消费，不能享受积分，不能办理挂失、补卡及销户业务。客户可持个人有效证件到售卡充值网点将不记名卡升级为个人记名卡，使其具有个人记名卡的各项功能。

2. 昆仑加油卡编号规则

每张卡片都有 16 位编号，根据卡片号段可以确认卡片的类型和发售卡片的区域等信息。卡片的号段使用规则可分为省属号段和全国号段。

1）卡片类型

前 2 位："98"代表 PSAM 卡；"91"代表车队卡；"90"代表不记名卡或个人记名卡。

2）区域

第 3 位至第 6 位代表卡片发售的区域，共 4 位，如"3000"代表山东。目前"0000""6666""9999"三个号段为全国号段，随着发卡量的增长将可能增加新的全国号段。中国石油加油卡编码（第 3 位至第 6 位）各地区公司号段一览表，见表 3-1。

表 3-1　中国石油加油卡编码（第 3 位至第 6 位）各地区公司号段一览表

编码	区域名称	编码	区域名称	编码	区域名称
3000	山东	3012	广西	3026	天津
3001	四川	3015	云南	3027	吉林
3002	广东	3016	内蒙古	3028	新疆
3003	福建	3017	宁夏	3029	河南
3004	安徽	3018	青海	3030	重庆
3005	江苏	3019	黑龙江	3031	西藏
3006	湖北	3020	陕西	3032	海南
3007	湖南	3021	辽宁	3040	上海
3008	贵州	3022	甘肃	0000	全国卡区域编码
3009	浙江	3023	北京	6666	全国卡生肖卡
3010	江西	3024	河北	9999	全国卡变形金刚卡 全国卡小马宝莉卡
3011	大连（停用）	3025	山西	1111	全国卡股权企业联名卡
				8888	中油上汽联名卡

3）序列号

第 7 位至第 16 位，共 10 位，代表卡片的序列号。销售公司确定制卡号段，完成统一制卡后，各地区公司只能领用本地区号段内的卡片，并且领用的实物卡片不能返库到销售公司。

三、卡片周期

1. 卡片生命周期

卡片生命周期主要包括采购空白卡、卡片预个人化、卡片领用、卡片发放、卡片回收与处理几个过程。卡片平均刷卡次数为 10 万次以上，如图 3-1 所示。

图 3-1　加油卡生命周期

2. 卡片使用周期

按国家规定：记名卡不得设有效期，不记名卡有效期不得少于 3 年。2012 年 11 月 1 日后发售的昆仑加油卡记名卡设长期有效，不记名卡有效期 3 年。

四、卡片状态

卡片包括白卡、预个人化、正常、注销四种状态。

1. 白卡状态

白卡状态是指销售公司从卡片供应商处采购的卡片，此类卡片已经完成了封面的印刷，但卡片芯片尚未写入安全密钥等信息。

2. 预个人化状态

预个人化状态是指经过制卡部进行预个人化处理后的卡片。预个人化即是向白卡写入安全密钥，按照卡片编号规则印制卡号的过程。各级公司领取的卡片均为预个人化卡片。

3. 正常状态

正常状态是指正常流通的卡片。客户办理开卡后卡片状态会自动由预个人化变为正常状态。

4. 注销状态

注销状态是指在市面上正常流通的卡片由于损坏、销户等原因在系统中被注销后的卡片状态。

第二节　申领流程

一、需求计划编制

需求计划逐级上报。每一级由卡片管理人员负责编制本部门的卡片申领计划。上一级单位负责审核下一级单位的申领计划。

1. 客户用卡

各级公司提报客户卡片需求计划时，需要结合本地区下一阶段发卡情况和现有库存情况。（现有库存+计划申领）/下一年度计划=标准数值，可根据自己公司实际情况合理设定库存标准值，要在保障卡片发放的同时，减少库存卡片的积压。

2. 系统用卡

各级公司提报系统用卡需求计划时，需要充分考虑本地区加油站网络开发计划、新增售卡充值网点数量、新增 POS 数量等因素。基于信息安全等因素，系统用卡库存量不宜过高。

二、制卡申请

地市公司和地区公司的制卡申请在系统中操作，售卡充值网点向地市公司的申请在系统外完成。申请中必须详细填写申请卡片的种类、数量、领取时间等，定制卡片需要同时填报客户信息。加油卡申请审批生产配送流程如图 3-2 所示。

完成制卡申请流程可分为三个步骤，分别是新建申请、管理申请、审核申请。

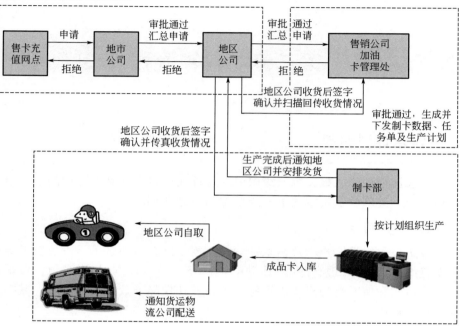

图 3-2　加油卡申请审批生产配送流程

1. 新建申请

地区公司和地市公司卡片管理人员可以通过"新建卡片申请"功能向上一级管理部门申请制卡计划。制卡申请应明确卡片种类、数量。

申请时注意事项：

（1）卡片种类是指各种客户用卡和系统用卡，按照需求填写正确的卡片种类；

（2）如果选择包含个人信息就需要合并下级公司或者售卡充值网点提报的卡片信息；

（3）地区公司向销售公司提报的客户卡卡片申请数量必须为1万的整数倍；预计完成时间应给予制卡中心足够的制卡时间。

2. 管理申请

在创建卡片申请单后，可以利用"管理本级申请"功能，对已经创建的申请单进行管理。利用这个功能可以起到再次确认申请的作用，并且对申请进行修改和撤销。经过确认的申请才可以生效。

3．审核申请

销售公司和地区公司卡片管理人员可以通过"审核下级申请"功能审核所属单位的卡片申请。在此功能界面可以查看申请卡片的种类、数量、日期等，并根据这些条件给予相应处理。如果选择审核批准，系统将认为此次申请获得通过，如果选择拒绝则必须填写拒绝原因。

三、卡片领用

卡片领用是指在得到上一级公司卡片领取通知后到指定地点领取物理卡片或通过第三方物流配送的过程。

1．卡片出库

卡片出库由出库方完成，一般为领用卡片的上一级管理机构。出库方的卡片管理人员从库房中提取与卡片申请中卡片种类、数量相应的卡片。在系统中进行操作，完成出库，并利用系统打印出库单，要求领用方在出库单右下角签字确认。领用方需要认真核对所领取的卡片数量、号码是否与出库单上一致。出库过程中应认真检查卡片包装的完好性。如果需要进行分包装发送，需要核对发放的卡片数量及剩余的卡片数量。

2．卡片运输

PSAM 卡和 UKey 采用自提的方式，即地区公司来京领取。客户用卡的运输可采用直接领取和委托配送两种方式。

1）地区公司取卡

领取通知可以为电话通知、书面通知等多种形式。在接到通知后须按照通知要求到达指定地点领取卡片。如果不能及时领取的应及时向上级公司汇报，得到允许后方可延期领取。领取卡片必须由卡片管理人员或者由其指派人员前往。卡片的领用过程中主要涉及卡片出库、运输、入库等环节。这些环节的设置是为了更好地保障卡片的安全，避免卡片丢失，使得每张物理卡片都与系统相对应。地区公司取卡流程如图 3-3 所示。

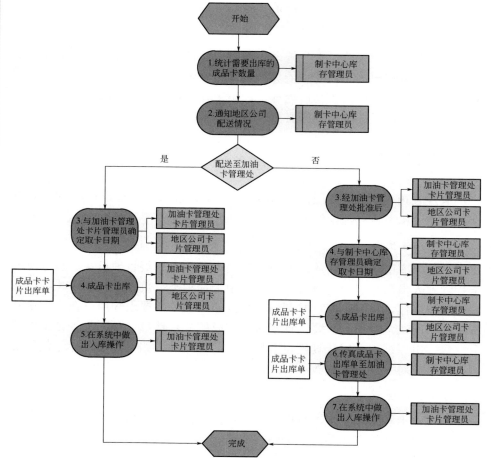

图 3-3 地区公司取卡流程图（PSAM 卡、UKey）

2）委托快递公司配送

委托配送的快递公司由销售公司授权规划总院通过招标方式确定。各地区公司不得私自委托物流公司进行配送。中国石油 IC 加油卡物流配送流程如图 3-4 所示。

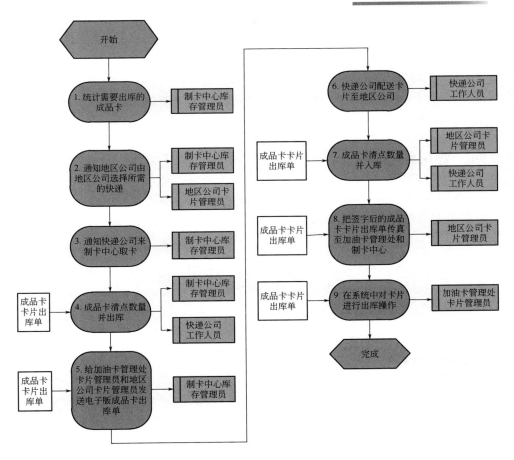

图 3-4　中国石油 IC 加油卡物流配送流程图

若地区公司取卡过程中出现卡片遗失，相应的损失由地区公司承担。若委托快递公司配送卡片，期间出现卡片遗失，相应的损失由快递公司承担。

快递公司赔偿方案分为两类：延期到货赔偿和卡片遗失赔偿。

（1）延期到货赔偿。

卡片应在约定时间内到货。若超出约定时间未到货，快递公司应按照双方签订的协议进行赔偿。

（2）卡片遗失赔偿。

当卡片配送到地区公司后，在交接过程中发现卡片部分或者全部遗失，

快递公司应按照双方签订的协议进行赔偿。

3. 卡片入库

卡片管理人员将卡片安全转储到仓库以后，还需要在系统中进行入库操作。入库时只需在系统中卡片入库模块进行查询，查询到此次领取卡片的记录。并将该条记录进行确认。

四、费用结算

白卡由销售公司统一采购，卡片费用包括白卡成本和制作费，地区公司定期根据销售公司要求进行结算。

第三节　库存管理

一、库存保管

各级加油卡业务管理部门应设立卡片库房，按照卡片的种类即系统用卡、客户用卡分类管理，专人负责卡片分类、保管等工作。

1. 系统用卡

系统用卡主要包括 PSAM 卡、UKey。PSAM 卡用于加油站核对客户用卡安全密钥，UKey 相当于卡系统的钥匙。这两种卡对应的安全级别都很高，必须保存在上锁专柜中。

2. 客户用卡

客户用卡具有数量较大、种类繁多、领用频繁等特点，所以库房的大部分空间都将用来保存客户用卡。卡片管理人员需要根据卡片的种类将卡片分区保管，便于领用和发放。

3. 回收卡片

回收卡片包括由于卡片寿命到期、磨损、销户及其他物理原因损坏的卡片，此类卡片按照系统中状态进行区分，并分类保管。回收的卡片主要有回收种类多、数量少等特点，所以在保存的过程中要详细记录每张卡片回收的原因，并按照卡片状态进行详细分类。

二、系统用卡回收要求

（1）PSAM 卡或 UKey 使用过程中由于卡片寿命到期、磨损及其他物理原因损坏须更换新卡时，须将旧卡同时上交。旧 PSAM 卡或 UKey 由地市公司加油卡业务管理部门进行统一登记、销毁，地市公司、地区公司产生的废弃 UKey 由本级加油卡业务管理部门进行统一登记、销毁。

（2）其他原因产生的废弃 PSAM 卡或 UKey 由地市公司加油卡业务管理部门统一登记后上交地区公司加油卡业务管理部门处理。

第四节　卡片数量盘点

一、盘点内容

卡片盘点是指以某个固定时间作为节点，对系统中卡片数量同实际卡片数量进行核对的过程。卡片盘点时，各级机构在卡系统内停止与库存相关的操作，包括：卡片出库、卡片入库、卡片调整、售卡等。

二、盘点分工

卡片盘点涉及地区公司、地市公司、售卡充值网点三个管理层级。

1. 地区公司

加油卡管理部门负责组织本地区卡片数量盘点工作，统计、汇总卡片数量盘点表，指导监督卡片数量盘点工作，按照要求进行差异处理。

2. 地市公司

加油卡管理部门负责开展本地市卡片数量盘点工作，统计、汇总、上报卡片数量盘点表，并根据地区公司要求进行差异处理。

3. 售卡充值网点

负责本网点卡片数量盘点工作，统计、上报卡片数量盘点表，并对差异情况进行说明。

三、盘点流程

1. 确定盘点时间

地区公司确定卡片数量盘点标准时点，每月一次对卡片数量进行盘点；并不定期组织卡片数量盘点抽查工作。

2. 执行盘点

1）售卡充值网点

（1）首先盘点本网点内物理卡片数量并按照要求填写"中国石油加油卡数量盘点表"，填写各种卡片库存和在途的数量情况，见表 3-2。

（2）盘点人员利用系统中"卡片管理>卡片管理>成品卡库存管理>卡片库存统计表"功能查询出本网点系统内库存（卡片状态选择"预个人化"），如图 3-5 导出表格留存。

表 3-2 中国石油加油卡数量盘点表

盘点标准时点：　　　年　　月　　日

填报单位　　　　　　　　　　　　　　　　　　　　　　　　计量单位：张

序号	卡片类型	库存		在途		销户	损益	备注
		预个人化	正常	预个人化	正常			
1	单位卡							
2	个人记名卡							
3	不记名卡							
4	PSAM 卡							
5	UKey							
6	总计							

审核人：　　　　　　　　　　　　　　　　　　　　　　盘点人：

图 3-5　售卡充值网点卡片库存统计页面

（3）将卡片数量盘点表同系统中查询出的"卡片库存统计表"中的数量相比较，如发现差异需要查找原因，如丢失需要在"中国石油加油卡数量盘点表"中填写损益数量，在备注中填写明丢失原因及丢失的卡片号码。

（4）售卡充值网点完成卡片数量盘点后，由网点负责人在"中国石油加油卡数量盘点表"上签字确认并上报地市公司。

在查找物理卡片与系统卡片数量差异时，可利用系统中"卡片管理>卡片管理>成品卡库存管理>卡片库存明细"功能查询出系统内卡片信息，包括卡片号段、数量、状态等，与实际物理库存进行比较即可找出差异。

2）地市公司

地市公司按照盘点通知要求对库房中卡片进行盘点，将物理卡片数量情况同系统中卡片数量进行核对，填写"中国石油加油卡数量盘点表"，汇总所属售卡充值网点上报的卡片盘点表。

3）地区公司

地区公司按照盘点通知要求对自己库房中卡片进行盘点，将物理卡片数量情况同系统中卡片数量进行核对,然后填写"中国石油加油卡数量盘点表"。汇总所属地市公司上报的卡片盘点表。

3. 差异调整

各级公司在盘点过程中发现损益必须上报上级公司，在得到批复后在系统中进行差异调整。调整时需要认真填写卡片类型、卡片状态、调整前卡片库存状态、调整后卡片库存状态、调整原因、卡片卡号等相关信息，进行调整后的卡片将改变状态。

4. 盘点完成

各级公司下发本次盘点结果，并对盘点中发现的问题进行分析、通报。

第四章　营销与服务

第一节　营销管理

加油卡作为油品、非油品零售营销活动中使用的促销手段，可选择消费前、消费中和消费后给予客户优惠，但是优惠的额度、幅度、周期以及优惠方式等必须在售卡网点办卡环节进行设置。常用的优惠形式如下：

充值优惠：在消费前，办卡或充值时，所开展的充值赠送礼品、赠送充值额等优惠方式。

消费折扣：在消费环节，加油或购买便利店商品时，持加油卡支付当场给予折扣（昆仑加油卡记名卡常用）的优惠方式。

月末返利：在消费后，按照消费额由卡系统后台根据约定的优惠规则，定期计算给予客户的赠送充值额、积分或赠送多倍积分的优惠方式。

一、消费折扣

加油卡消费折扣只针对记名卡（个人记名卡或车队卡），在加油站消费环节执行优惠，油品及非油品均可应用，不记名卡无法设置。

卡核心系统消费折扣设置包括：合同类别管理、折扣管理、客户合同规则管理。

1. 合同类别管理

合同类别管理是针对具有相同属性、享受同一优惠标准的客户群体（如北京出租车、上海市政府采购等），而设置合同类别的功能。一个完整的合同内容包括：名称、业务类别、最低机构等级和适用区域（机构）等。

1）合同设置内容

（1）"名称"（必填项）。根据客户群体定义，如"北京出租车""上汽车享家""汽油 98 折客户"等。每个合同类别对应编号具有全国唯一性，但合同类别的"名称"可以修改。

（2）"描述"（选填项）。对该合同具体描述。

（3）"业务类别"（单选项）。目前仅有"消费折扣"。

（4）"最低机构等级"（单选项）。在"地市公司"或"售卡网点"两者中选择，设置绑定该合同类别的最低机构。设置为"售卡网点"则由售卡充值网点为客户绑定该合同类别，提交地市公司审核（符合"客户合同规则"设置条件时可由系统自动审核）；设置为"地市公司"则由地市公司为客户绑定该合同类别，提交地区公司审核，具体内容参见下文"5. 规则设置权限分布"。

（5）"适用区域（机构）"（必选项）。限制该合同仅在选定机构执行，机构等级可以是省公司、地市公司及售卡网点，通过"添加""删除"机构进行调整。其中地市公司和售卡网点可以组合搭配，如选择 A 地市公司，并选择 B 地市公司下属的某油站。

地区公司在加油卡核心系统"系统管理>系统配置>合同类别管理"中新增管理合同，如图 4-1 所示。

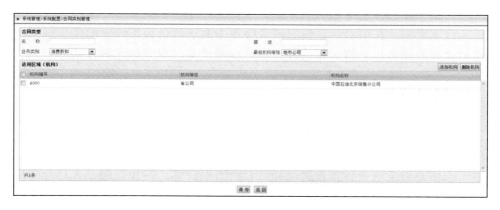

图 4-1 合同类别管理页面

2）注意事项

合同类别管理只是基础和前提，只有具体设置"折扣规则"才能启用、停止或调整，"折扣规则"是通过"折扣管理"进行设置。

加油卡核心系统只将每个"合同类别"向其设置的"适用区域（机构）"

所对应加油站 EPS 下发。每日中午约 12 时系统自动下发前 24 小时内所设置合同类别（含具体折扣规则），加油站 EPS 更新成功后，客户持卡在加油站消费方可享受新的合同类别对应折扣优惠。如遇特殊情况，需要在加油站立即实施新的合同类别（含具体折扣规则），在系统设置后需要对应加油站对其 EPS 进行人工"EPS 初始化"操作以更新合同类别。

记名卡客户在同一时刻只能对应绑定一个合同类别。

2. 折扣管理

折扣管理是针对某一合同类别（如"汽油 98 折客户""上汽车享家"等），设置某一时段的具体折扣规则的功能。

1）消费折扣规则建立

（1）选择"合同类别"（必选项）。选择系统已经建立的合同类别，如"汽油 98 折客户"。

地区公司在加油卡核心系统"系统管理>业务规则设置>折扣管理>消费折扣管理"，通过"增加"进入规则详细信息设置，如图 4-2 所示。

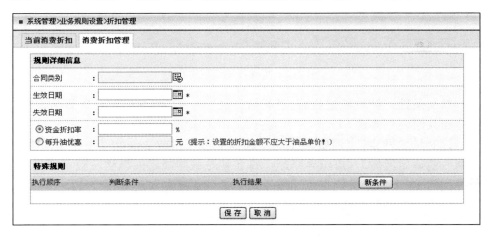

图 4-2 折扣规则详细信息页面

（2）设置折扣规则。包括"生效日期""失效日期"和默认优惠。选择"资金折扣率"（如 98 折设为 98%）或"每升油优惠"（如 0.1 元/升）。

对于未设置或未满足"特殊规则"条件的，则执行默认优惠。如需通过"特殊规则"设置精准化营销，默认无优惠，则"资金折扣率"设置为 100% 或"每升油优惠"设置为 0。

（3）特殊规则设置。在规则详细信息下方"特殊规则"通过"新条件"设置，如图4-3所示。

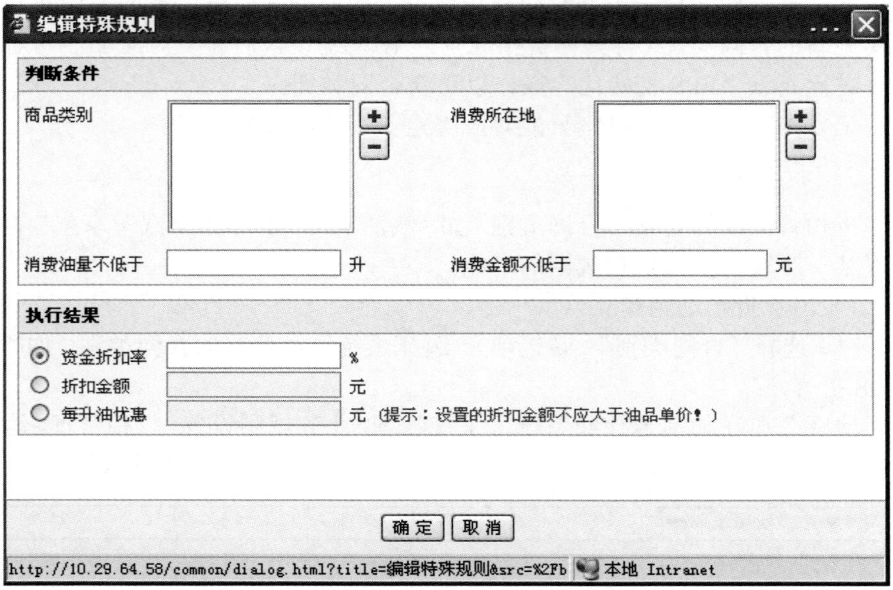

图4-3　特殊规则设置页面

判断条件：针对特定商品，"商品类别"选92#汽油或便利店商品大类、非油商品组，可多选。

针对特定网点，"消费所在地"选择地市公司或加油站（不超出"合同类别"的适用区域），可组合搭配，每条特殊规则限定的机构总数不超过10个；如需10个以上机构也可通过设置多条特殊规则实现。

当"消费油量不低于（升）"或"消费金额不低于（元）"条件满足，才执行优惠（如不设置消费门槛，则本项为空或0）。

（4）折扣特殊规则"执行结果"中的三种优惠形式，见表4-1。

（5）多条特殊规则搭配，灵活运用。

特殊规则前置在普通规则最前面，优先执行；如有多条特殊规则，则按照上下顺序依次排查执行，对该笔加油消费按照最先满足的一条特殊规则所设优惠执行。特殊规则的上下顺序可以进行调整。

指定加油站特惠：通过特殊规则搭配，可以开展同一客户群体、同一合同类别下针对特定加油站组合、指定油品或非油品的特殊优惠。例如普及性优惠为 92#汽油 99 折，但在 A 地市公司全部加油站和 B 地市公司的 C、D 加油站 92#消费满 200 元时 97 折，在 E 地市公司的 F、G、H 加油站 95#消费满 40 升时每升油优惠 0.2 元。适用于"点对点"竞争、新站开业推广等。

阶梯优惠：针对加油满不同金额或升数，享受差异化折扣。设置时金额或升数顺序应从高到低，例如柴油不小于 2000 元 95 折为第一条，柴油不小于 1000 元 97 折为第二条，柴油不小于 500 元 99 折为第三条。客户仅执行自上而下最先满足的一条，如图 4-4 所示。

表 4-1 折扣特殊规则执行结果表

折扣形式	是否适用非油品大类	示　例
资金折扣率%	是	92#汽油 99 折设"资金折扣率"99%，则 92#加油 100 元时持卡扣款 99 元
折扣金额，元	是	设 92#汽油"折扣金额"10 元，则 92#加油 200 元时持卡扣款 190 元，消费 300 元时持卡扣款 290 元
每升油优惠元	否	设 95#汽油"每升油优惠"0.1 元，当加油机显示 95#价格为 6 元/升时，持卡按 5.9 元/升进行扣款。

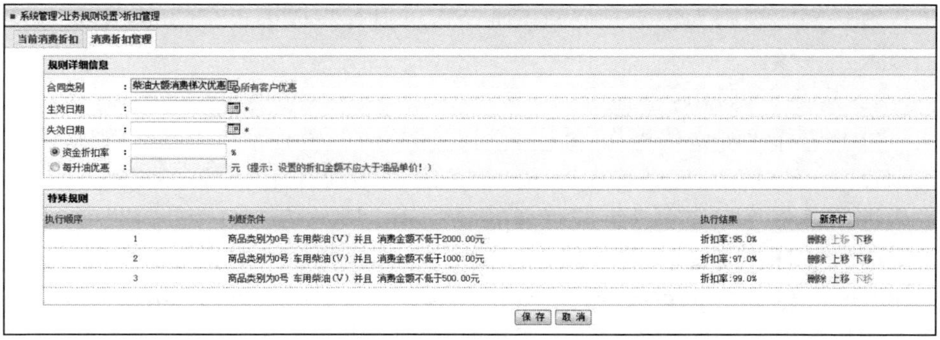

图 4-4 特殊规则设置"阶梯优惠"示例

2）折扣规则审核及生效

地区公司营销管理岗在特殊规则"确定"后需在消费折扣规则"保存"，并申请启用（也可随时对已启用规则申请停用，停用后可修改后再申请启用）。

地区公司审核岗在加油卡核心系统"系统管理>业务规则设置>折扣规则

审核"中对"等待审核"规则进行"批准"或"拒绝"。批准后，经系统下发至加油站 EPS 方可生效。

3）注意事项

同一"合同类别"可以在不同时段设置对应不同的折扣规则，但在同一时段只可对应一个折扣规则。时间冲突的"折扣规则"在审核中，系统会予以醒目提醒。

针对同一客户群体细分执行不同折扣，需设置多条"合同类别"（如出租车 99 折、出租车 98 折、出租车 97 折）并对应设置不同折扣规则。

"合同类别"中"折扣规则"设置的失效日期，与记名卡客户卡内所绑定该"合同类别"的"失效日期"，以先到的日期为准。

"折扣规则"生效日期如为 EPS 下发日期当天则自下发时生效，生效日期如晚于 EPS 下发日期的，则自生效日期 0 时生效；失效日期中为设置日期的 0 时而非 24 时。

3. 客户合同规则管理

客户合同规则管理是针对记名卡客户按有效充值记录（或向客户新售卡时按指定卡类型）由系统通过自动匹配、审核后为客户卡片绑定对应"合同类别"的功能。

客户合同规则为售卡充值网点唯一可以自行完成绑定合同的功能，无须上级人工审核。

1）客户合同规则建立

（1）选择"绑定依据"。地区公司通过加油卡核心系统"系统管理>业务规则设置>客户合同规则管理"，在"客户合同规则管理"中增加规则，在"绑定依据"选择"充值交易"或"卡类型"。如图 4-5 所示。

（2）选择"所属机构"（必选单项）。只可选择所在"省公司"或下属某一个"地市公司"（如果各地市公司活动规则不同，则可以通过为选择不同地市公司设置不同的客户合同规则实现）。每一地市公司（当选择省公司时为全省）同一时段只可执行一个客户合同规则。

（3）"生效日期、失效日期"（必填项）。生效日期、失效日期是开展充值绑定等营销活动的起止日期（如 7 月 1 日至 31 日间符合条件的才能参与该活动）。失效日期为该日期 0 点。

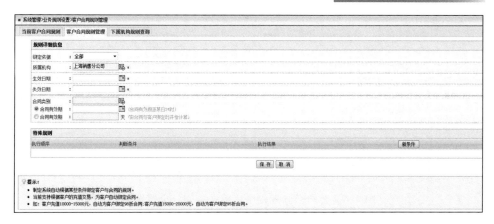

图 4-5 客户合同规则新增页面

（4）"合同类别"。选择开展充值等活动（不满足"特殊规则"时）默认绑定的某一类合同类别。如通过 "特殊规则"设置梯度等，则此项可空白。

（5）"合同有效期"。是参与充值等活动的客户所绑定合同类别在加油卡内设置的截止日期，形式为二选一，选"某一具体截止日期（24 时）"或者"从绑定时开始计算多少天"，该日期仅代表该客户加油卡内所绑定合同类别的有效日期，可不同于该合同类别所对应折扣规则的有效期，执行中按照孰先原则，客户加油卡内合同有效期或系统后台折扣规则有效期以先到期者为准。本处为不符合特殊规则时默认所绑定合同类别的有效期，如通过"特殊规则"设置，则此项可空白。

（6）"特殊规则"。通过"新条件"中"判断条件"可设置具体规则。

选择"充值交易"的需要在判断条件中选择"客户类型"（"个人账户"或"单位账户"二选一），设置充值金额区间（多条特殊规则设置时应注意衔接，无重叠），所对应的"执行结果"为绑定合同类别及绑定有效期（5），也应另外设置完成合同类别所对应折扣规则，如图 4-6（左）所示。

选择"卡类型"的，需要在判断条件中选择系统所列出个人卡中的记名卡（选择如上汽联名卡、教师卡等，不要选择不记名卡及无法新售的金卡等），对应"执行结果"设置同上。当售卡网点新售卡类型符合上述条件时提醒绑定对应合同类别，如图 4-6（右）所示。

图 4-6　客户合同规则中"特殊规则"设置页面

"确定"特殊规则并对客户合同规则"保存"后，设置成功。可申请启用。

2）审核生效

地区公司审核岗在加油卡核心系统"系统管理>业务规则设置>客户合同规则审核"中予以"批准"或"拒绝"。批准后，如设置生效日期为批准日期当日或早于该日，则批准时立即生效；如设置生效日期晚于批准日期，则自生效日期 0 时起生效。生效后售卡充值网点立即可以使用。

以"充值交易"为绑定依据所设置客户合同规则及其特殊规则，如图 4-7 所示。

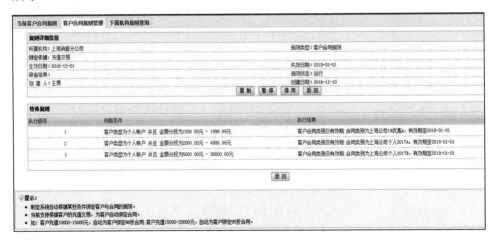

图 4-7　"充值交易"类型客户合同规则及"特殊规则"页面

4. 批量修改折扣客户

1）申请批量修改折扣客户

地区公司在加油卡核心系统"客户管理>客户管理>折扣客户管理>批量修改折扣客户任务"的"任务列表"中新增，输入任务名称、选择折扣客户、设置新合同类别和有效期后保存，如图4-8、图4-9所示。

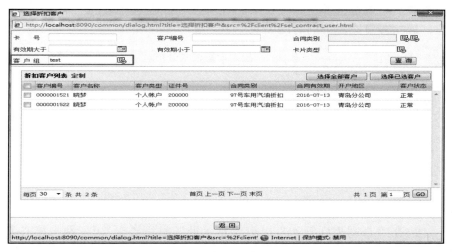

图4-8 选择折扣客户页面

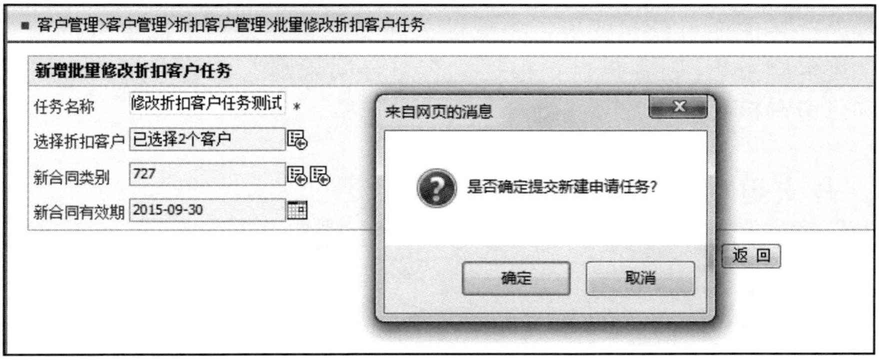

图4-9 建立批量修改折扣客户任务页面

可按照合同类别选择客户，也可以选择客户组。注意：批量修改为后台统一择机执行，并非提交后实时执行，紧急情况时可不通过批量修改，采用单独修改的方式。

2）审核

地区公司在加油卡核心系统"客户管理>客户管理>扣客户管理>批量修改折扣客户任务审核"，选择单个或多个变更任务进行审核，可通过或拒绝，审核通过后，系统会择机执行批量变更任务。

5. 规则设置权限分布

消费折扣设置中各级管理权限在合同类别管理/折扣管理、客户合同规则管理、折扣客户操作中的对应关系见表4-2。

表4-2　规则设置权限分布

权限　　　机构	合同类别管理/折扣管理		客户合同规则		折扣客户			
	制定	审核	制定	审核	客户折扣绑定	客户折扣审核	批量修改申请	批量修改审核
地区公司	√	√	√	√	×	√	√	√
地市公司	×	×	×	×	√	√	×	×
售卡网点	×	×	×	×	√	×	×	×

注：在"合同类别管理"中可设置"最低机构等级"，加油卡核心系统"系统管理>系统设置>合同类别管理>新增合同>最低等级机构"，可选择"地市公司"或"售卡网点"。如果"最低等级机构"设为"地市公司"，则客户折扣由地市公司变更，由地区公司审核；如果"最低等级机构"设为"售卡网点"，则客户折扣根据"客户合同规则"自动绑定该合同或由地市公司审核。

二、月末返利

1. 定义

月末返利是根据客户在一定统计周期内的持卡消费情况，依照卡系统中已制定的优惠规则比例，系统自动计算返利金，经审核后定期返还至客户加油卡的备用金账户中。月末返利与消费折扣组合使用。

2. 客户群体

返利金于返利周期结束后的次月，返还至客户备用金账户。

1）个人卡客户

返利金返还至个人卡备用金账户，圈存后使用。

2）车队卡客户

返利金可选择返还至车队卡管理卡（主卡）或司机卡（子卡）的备用金账户中，圈存后使用。

3．返利周期

1）按月度返利

交易统计周期为每月1号至当月最后一天。

2）按季度返利

交易统计周期为1月1日至3月31日、4月1日至6月30日、7月1日至9月30日、10月1日至12月31日。

4．返利规则

各地区公司只能设定本地区范围内消费客户的月末返利规则，客户在其他地区的月末返利规则由其他地区公司设定。返利金额最低额度可核算分摊至地市公司。

5．操作流程

1）创建规则

（1）合同建立。

地区公司在加油卡核心系统"系统管理>系统配置>月末返利合同管理"，通过"增加"新建合同。编辑"名称""描述"并选择"统计周期"后保存。

（2）规则建立。

地区公司在加油卡核心系统"系统管理>业务规则设置>月末返利规则管理"，选择"月末返利管理"，通过"增加"进入月末返利规则详细信息，如图4-10所示。可以通过设置"特殊规则"精准化营销，当设有多条特殊规则时，自上而下逐个判断并执行所有符合条件的特殊规则。

（3）规则审核。

月末返利规则启用后，需审核通过才能生效。地区公司审核岗在加油卡核心系统"系统管理>业务规则设置>月末返利规则审核"，对月末返利规则进行审核。

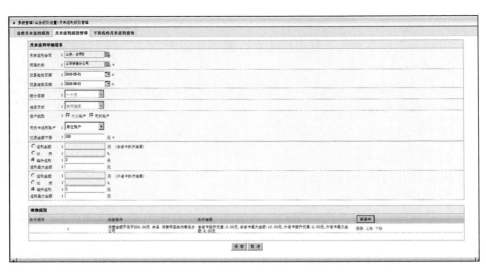

图 4-10 新增月末返利规则页面

2）绑定合同

月末返利合同和规则设置完成后，地市公司/售卡充值网点在加油卡核心系统"卡片管理>日常运营>卡片业务>变更月末返利合同"，对客户加油卡进行合同绑定。

3）审核优惠

地区公司/地市公司在加油卡核心系统"客户管理>客户管理>折扣客户管理>月末返利合同变更申请审核"，审核下一级（地市公司/售卡充值网点）绑定的客户月末返利优惠。

4）优惠生效

客户无须同步卡片数据，直接持卡消费即可。

5）审核返利

（1）加油卡核心系统执行月末返利任务，产生待审核返利交易。

（2）地区公司财务部门根据加油卡核心系统产生的计算结果在加油卡核心系统"客户管理>客户忠诚度管理>积分管理>返利交易审核"中完成返利交易的审核工作，如图 4-11 所示。

（3）加油卡核心系统执行入账任务，完成返利至客户备用金账户中。

6）结果查询

地区公司/地市公司/售卡充值网点在加油卡核心系统"卡片管理>日常运

营>明细查询>个人或单位客户交易查询"中输入客户编号或加油卡号，查询客户是否已按照初期绑定的合同规则完成当期返利。

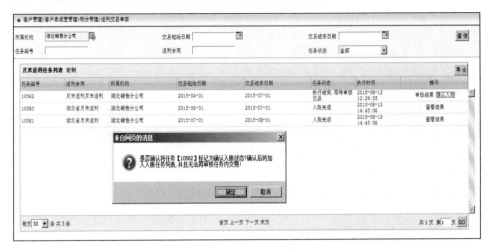

图 4-11　月末返利交易审核页面

第二节　客户忠诚度管理

一、目的

客户忠诚度体系包含积分、客户分级和增值服务三方面，目的是为客户提供消费支付以外的增值服务，达到吸引客户、留住客户的目的。

二、忠诚度体系主要内容

1. 积分

1）积分规则

（1）油品积分：汽油 1 元积 1 分，柴油 2 元积 1 分。不足 1 分不积分。

（2）非油品积分：各地区公司根据销售公司指导意见或本地区自身情况，可按照商品大类分别设置多倍积分规则。

（3）积分有效期2年，到期自动清零；持卡人销户，账户积分自动清零。

2）积分对象

（1）个人记名卡。

个人记名卡开户后，客户持卡消费后自动获得积分。

（2）车队卡。

车队卡开户后，由售卡充值网点逐级向上申报，地区公司在加油卡核心系统"客户管理>客户管理>客户账户维护>单位客户维护>账号信息"设置"是否累积积分"，车队客户持卡消费自动获得积分。

3）积分规则制定

销售公司制定全国油品基础积分政策。地区公司制定辖区内油品、非油品积分细则，可设置多倍积分规则。地区公司可以针对特定客户或某一时段新开户等满足条件客户赠送积分。

4）积分兑换

记名卡客户可通过昆仑好客便利店和（线上）积分商城使用积分兑换商品，车队卡仅在昆仑好客便利店内使用积分兑换商品。

2. 客户分级

1）分级规则

在普通卡的基础上，设置金卡、铂金卡和钻石卡三个等级，分别对应不同的积分乘数。具体客户分级规则见表4-3。

表4-3　客户分级规则

客户级别	积分级别	积分乘数
普通卡客户	6000分以下	无
金卡客户	6000～14999分	1.2
铂金卡客户	15000～29999分	1.5
钻石卡客户	30000分以上	2.0

2）执行细则

（1）升级基准。客户分级回馈活动启动后，根据客户最近36个月内的消费累计积分进行升级；相应级别的客户享受相应的积分乘数。在升级启动之前客户获得的积分不享受积分乘数。

（2）升级时间。实行按月升级，即根据客户加油卡截至上月最后一天的消费地加油站日结数据，在下月 1 日由系统自动统计客户消费积分累计情况，于下月 5 日 24 时对达到升级标准的客户进行统一升级。

（3）积分乘数。销售公司和地区公司设立的消费积分规则（客户加油消费累计积分的方式）均享受积分乘数，非消费的积分赠送（不与消费挂钩的积分方式）不享受积分乘数。

3. 增值服务

加油卡增值服务是以提升客户满意度及忠诚度为目的的额外服务。增值服务包括：道路救援、商旅服务、赠送保险等业务。

第三节　客户组

一、客户组概述

客户组是在原有客户管理基础上增加的客户分类方式，可对记名加油卡客户进行群组划分，主要用于零散客户、车友会、社交团体等群体进行分组管理，开展针对特定客户群体的营销活动。

（1）权限：地区、地市公司可自行设置客户组。

（2）分类：客户组包括查询、客户合同、限购、月末返利四大类。除查询组外的其他三大类互斥，每个客户组仅可绑其中的一类折扣合同。

（3）数量限制：客户组组员的上限数量是 10000 个。

二、客户组新建

1. 新建客户组并选择组类型

地区/地市公司在加油卡核心系统"客户管理>客户管理>客户账户维护>客户组管理"设置"新增客户组"，如图 4-12 所示。

图 4-12　新增客户组页面

输入"客户组名称"，选择"组类型"（查询、限购、客户合同、月末返利四类可选），"更多…"按钮可以显示完整的组信息。

2. 填写客户组信息

填写完客户组信息后，"保存客户组"，进入增加组员界面。

选择不同的组类型，不同客户组类型填写内容有区别：

（1）查询组仅需要填写客户组名称。

（2）客户合同组需要填写当前客户组的合同类别和合同有效期。

（3）月末返利组需要填写当前客户组的月末返利合同和返利有效期。

（4）客户限购组需要填写当前客户分组的客户限购信息，如图 4-13、图 4-14 所示。

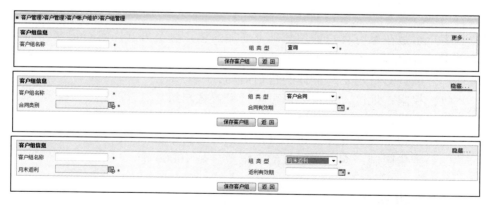

图 4-13　选择客户组类型

3. 增加客户组组员

"添加客户"可通过系统查询选择单个或多个客户加入客户组，"导入"可通过文件批量导入客户。

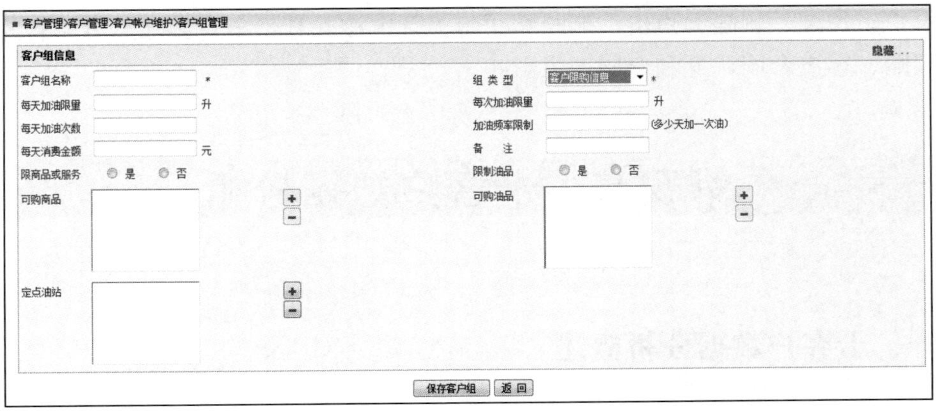

图 4-14 维护客户组信息页面

三、客户组修改

地区/地市公司在加油卡核心系统"客户管理>客户管理>客户账户维护>客户组管理",查询需要修改的客户组,"编辑"对客户组信息进行修改。

（1）修改客户组信息（系统显示原数据值）并"保存客户组",地区/地市公司审核通过后生效。

（2）新增加组员,确认修改信息后并"提交修改申请",地区/地市公司审核通过后生效。

（3）删除组员无须审核。

四、客户组审核

地区/地市公司在加油卡核心系统"客户管理>客户管理>客户账户维护>客户组审核管理"进行客户组审核。

五、客户组删除

地区/地市公司在加油卡核心系统"客户管理>客户管理>客户账户维护>

客户组管理"删除客户组。删除客户组无须审核，且不会对删除组员原有的限购、客户合同、返利合同产生影响。

第四节 卡客户数据分析

一、卡客户数据分析概述

卡客户数据分析主要依托于 CRM 系统智能分析功能模块实现，数据源主要来源于卡系统最近一年内的交易数据，比如客户基本信息、加油卡充值数据、消费数据、余额数据等。CRM 系统平均每两周更新一次各地区公司客户数据分析的结果。

二、CRM 系统应用

CRM 系统智能分析功能模块的预期效果主要包括：

（1）深入客户洞察：取得更精准的目标客户锁定，寻找最应关注的客群。常见分析模型有：客户聚类分析、消费行为分析、客户价值分析、客户流失分析等。

（2）提升营销互动：通过营销效果分析、产品关联分析等，指导营销策划的业务过程，取得更高的营销响应率，持续改善营销活动，提升营销自动化水平。

（3）评估分析与持续优化：基于营销效果，持续优化数据分析模型，定期更新数据分析结果。

客户数据分析结果目前在 CRM 系统的智能分析功能模块查看，可按照省、地市、加油站等筛选条件进行查询，如图 4-15、图 4-16 所示。

CRM 系统登录方式：在电脑上插入 UKey，验证用户身份后，使用浏览器登录系统，建议使用 IE 10 及以上浏览器，在浏览器 URL 上输入：https://xsls.crmprd.cnpc?whr=WSFederationSTS，在弹出的对话框中，单击"确定"按钮。在 CRM 系统帮助平台上可以（http://11.11.138.71）下载操作手册，具体操作可在操作手册中查询。

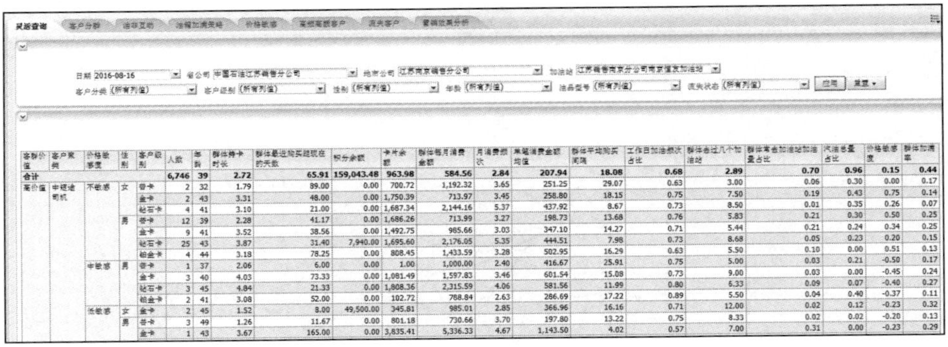

图 4-15　智能分析结果展示

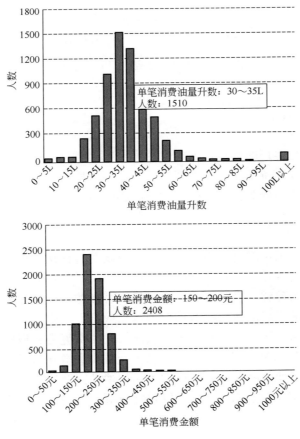

单笔消费油量升数：30～35L
人数：1510

单笔消费油量升数

单笔消费金额：150～200元
人数：2408

单笔消费金额

图 4-16　智能分析结果展示

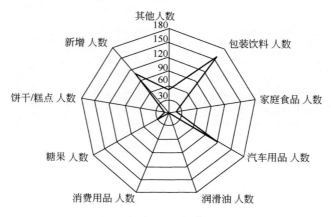

图 4-16 智能分析结果展示（续）

三、客户画像

客户画像是客户的标识，通常包括客户基本信息、车辆信息、优惠协议以及各种消费行为特征等，比如客户的促销品偏好、价格敏感度、油品品质偏好、客户价值高低等。客户画像的核心工作是为客户打标签，其目的是为了让业务人员能够深入了解客户，并且能够通过 CRM 系统客户标签筛选出目标客群。

在构建客户画像的过程中，最核心的问题是如何从数据中解读客户，如何通过客户的消费行为丰富客户画像，形成 360°客户完整视图。基于对加油卡交易数据的理解，客户画像主要包括：客户的人口统计学特征数据、消费能力数据、消费兴趣数据和参加促销活动数据。其中，人口统计学特征数据指标具体包括：年龄、性别、婚姻状况等；消费能力数据指标具体包括：平均单笔交易量/金额、月均消费额、卡内余额和积分余额等；消费兴趣数据指标具体包括：油品品质偏好、最常去的加油站点及非油品购买偏好等；参加促销活动数据指标具体包括：促销规则偏好、促销渠道偏好等，具体内容如图 4-17 所示。

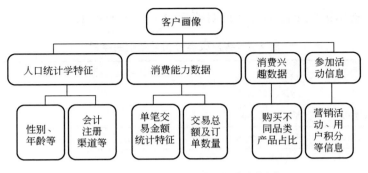

图 4-17　客户画像指标体系结构图

四、客户聚类分析

1. 聚类概念

1）定义

客户聚类分析通常用于从大量数据中寻找隐含的数据分布和模式，根据客户之间的相似度将客户划分为不同的群组。聚类分析以相似性为基础，基于数据挖掘的算法，使在一个聚类中的群体行为相似性最大，不同聚类群体间的行为模式差异性最大，是形成客户画像的最常用的数据分析方式。

2）分析目的

为深入洞察客户，了解客户的构成，针对各省个人记名卡客户的基本信息和交易数据，从多个角度进行综合评估，借助聚类分析算法，对客户进行细分，刻画客户的分布特征。业务人员可根据各个客群的特征制定有针对性的激励方案，实现差异化营销和服务，从而维系重要客群关系，实现销量提升。

3）数据组成

客户聚类分析主要针对个人记名卡客户，进行聚类分析所需的原始数据包括：来自加油卡系统的组织机构数据、物料主数据、加油卡交易数据、卡片主数据等，选取数据的时间范围是一年。

2. 数据理解

基于加油卡系统的原始数据，生成衍生字段，比如根据证件号抽取性别、年龄，根据月均消费额评估客户价值等，为便于理解 CRM 系统智能分析的结果，将常用衍生字段的解释说明整理如下，见表4-4：

表4-4　客户聚类分析常用衍生字段

描述	字段计算过程解释
所属省份	地区公司名称
所属地市	地市公司名称
所属加油站	开卡站点名称
个人客户ID	卡系统个人档案号
卡片余额	最近交易的卡内余额
积分余额	基于个人客户ID的积分余额
是否交易金额异常	汽油单笔大于5000元，柴油单笔大于10000元
是否交易频次异常	15分钟内加油2次，一年内出现3回密集加油的情况
跨省消费频次占比	外省交易笔数/总交易笔数
月均消费升数	每月消费升数的平均值
月均消费额	每月消费金额的平均值
月均消费频次	每月消费频次的平均值
月均消费贡献率	月均消费额/所属省份全体客户的月均消费额总和
客户价值等级	首先确定客户月均消费额的分布，消费位于前15%的客户的为高价值客户；消费位于后15%的客户为低价值客户，低价值客户同时还包括一年内交易次数小于5次的客户；消费位于前后15%之间的为中价值客户；异常客户指交易金额异常或者交易频次异常的；流失客户指距离最近交易天数大于等于180天的客户
客户价值等级ID	高价值1；中价值2；低价值3；流失客户4；异常客户5
单笔消费金额均值	每笔消费金额的平均值
主要消费油品型号	先计算柴油汽油销量占比，汽油占比小于85%，则界定油品型号是柴油，汽油中计算92/93、95/97号油量升数分别占比，占比高的即为主要消费的油品型号
非油品消费频次第一	基于个人客户ID计算出现次数最高的非油品
非油品消费频次第二	基于个人客户ID计算出现次数排名第二的非油品
非油品消费频次第三	基于个人客户ID计算出现次数排名第三的非油品
油箱大小	取一年内最大的加油量升数默认为油箱大小
加满率	本次加油升数/油箱大小≥85%，则认为加满，其次统计基于个人客户ID的加满次数/总加油次数

续表

描述	字段计算过程解释
价格敏感程度	根据油价和加油量的相关系数，价格敏感度≤-0.6 高敏感；≤-0.3，>-0.6 中敏感；<0，>-0.3 低敏感；≥0 不敏感
客户所属细分类	聚类名称
客户级别	普卡、金卡、铂金卡、钻石卡
持有加油卡数量	基于个人客户 ID 统计持有卡片数量
加油卡卡号 1	基于交易金额排名第一的卡号
加油卡卡号 2	基于交易金额排名第二的卡号
加油卡卡号 3	基于交易金额排名第三的卡号
联系方式	电话号码（手机号或者固话）
性别	男/女
年龄	年龄值
持卡时长	距离建模时间的持卡时长（以年为单位）
最近购买距现在的天数	最近一次购买时间距离建模时间的天数
年消费额	一年消费金额总和
年消费频次	一年消费总笔数
有几个月加过油	计算加过油的月数
平均购买间隔	根据购买时间进行排序，计算相邻两次购买时间的天数间隔，再根据个人客户 ID 计算间隔的平均值
工作日加油频次占比	一年内工作日加油频次/一年内总加油频次（工作日界定周一至周五）
白天加油频次占比	一年内白天加油频次/一年内总加油频次（白天时间界定是 6 点～21 点）
去过几个加油站	去过的所有加油站数量总和
常去加油站加油量占比	最常去的加油站加油升数/总加油升数
常去的加油站 1	常去加油站加油量占比排名第一的站点
常去的加油站 2	常去加油站加油量占比排名第二的站点
常去的加油站 3	常去加油站加油量占比排名第三的站点
油量升数	一年内加油升数总和
柴油年度总量	一年内柴油升数总和
汽油年度总量	一年内汽油升数总和
汽油 90 号总量占比	90 号汽油/汽油升数总和
汽油 92 号总量占比	92 号汽油/汽油升数总和

续表

描述	字段计算过程解释
汽油 93 号总量占比	93 号汽油/汽油升数总和
汽油 95 号总量占比	95 号汽油/汽油升数总和
汽油 97 号总量占比	97 号汽油/汽油升数总和
汽油 98 号总量占比	98 号汽油/汽油升数总和
汽油总量占比	汽油升数总和/总油量升数总和
折扣比例	基于个人客户 ID，一年内折扣金额/（交易金额+折扣金额）
是否购买非油产品	是否出现油品和非油同时购买
客户状态	距最近交易时间<30 天定义活跃客户；距最近交易时间≥30，<90 天定义不活跃客户；距最近交易时间≥90，<180 天定义濒临流失客户；距最近交易时间≥180 天定义流失客户
建模时间	数据更新数据

3. 客户聚类建模

通过 SPSS 数据分析软件，实现建模过程。针对聚类分析形成的各个客群，分析其多维度的消费行为特征，进而为每个客群命名，如图 4-18、图 4-19、图 4-20 所示。业务人员可根据每个细分客群的消费习惯、偏好和发展趋势，及时开展精准营销活动。

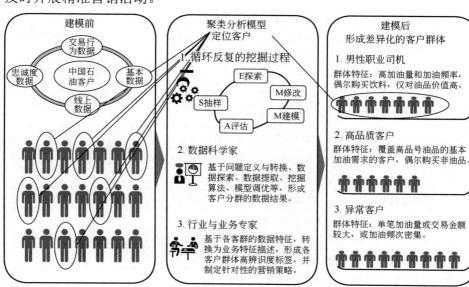

图 4-18　数据建模过程

图 4-19　客户聚类结果

传统中产男	1.7%	2.9%	1.9%

平均年龄：40.3岁
月度销售额：1412元，处于较高水平
单笔消费额：307元
油品：以95号油为主
持卡时长：1.62年
加满率：44%
主要非油品消费：包装饮料、糖果、香烟、零食、个人护理用品
常去加油站数量：2.6个
常去加油站加油占比：81%
卡级别：钻石卡最多、普卡次之
月加油频次：4.8
加油间隔：6.8天，间隔波动小
价格敏感度：6%
品牌影响力：较大
活动生活圈：小
整体描述：
该人群非油品的消费主要为包装饮料和香烟，说明应酬相对较多。以钻石卡、普卡客户居多，说明该地区社会收入相对靠上，偏好高品质的商品；加油地点较为固定，多为2.6个，且大部分交易在常去加油站完成，购油规律较稳定，基本保持每周一次，传统顾家，在常去加油站加油占比大。该人群通常在人群中有一定的话语权，具有一定的品牌影响力。价格敏感度低，对价格不敏感。

进取型商务男	0.8%	1.9%	2.1%

平均年龄：39.6岁
月度销售额：1419元，处于较高水平
单笔消费额：291元
油品：以95号油为主
持卡时长：2.14年
加满率：35%
主要非油品消费：包装饮料、糖果、零食、香烟、汽车用品
常去加油站数量：7.7个
常去加油站加油占比：4%
卡级别：钻石卡居多
月加油频次：4.8
加油间隔：6.8天，间隔波动较大
价格敏感度：3%
品牌影响力：大
活动生活圈：大
整体描述：
　钻石卡最多，月度消费金额处于较高水平；加油间隔为6.8天，间隔波动较大，常去加油站加油占比小，说明该人群在加油方面有一定的不稳定性，且其加油站点分散，存在去竞争对手处加油的可能性。该人群香烟消耗量大，说明应酬相对较多，生活圈相对较广，在同龄人中很可能有相当的品牌影响力。对价格不敏感。非油消费高。

图 4-20　客户画像示例

五、精准营销

1. 建立数据驱动精准营销模式

通过数据挖掘，掌握客户消费行为特征，识别客户价值，形成客户画像，建立 360°客户完整视图。"以数据驱动的精准营销"，实现差异化客户定位。数据驱动精准营销的主要业务流程包括：客户数据智能分析、营销策略与计划制定、促销活动制定、促销活动执行、促销活动事中调整、营销效果评价及模型优化等业务环节，如图 4-21 所示。

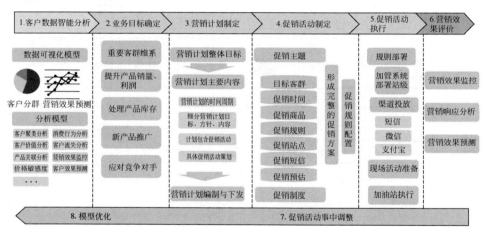

图 4-21　数据驱动精准营销

在促销活动执行环节，现阶段支持针对目标客群的精准短信推送，即通过 95504 短信平台发送促销短信，但在加油站现场仍以普惠促销为主，CRM 系统支持的促销规则与加管 HOS 系统的促销规则保持一致，现阶段尚未支持加油卡系统的促销规则。下一阶段将结合加管系统的升级，实现在线识别功能，通过促销码、手机号、加油卡号等标识，识别客户，实现一对一的精准营销。

2. 定期进行客户数据诊断

结合 CRM 智能分析功能，进行客户数据全面诊断，找到需要重点关注的客群，有针对性采取差异化的营销策略。

（1）及时发现流失客户、濒临流失客户和不活跃客户，有针对性地开展促销活动和客户挽留活动。

（2）尽早找到客户价值向下迁移的客户，重新激活。针对油品品号向下迁移的客户，开展高品号油品的促销活动，维持客户良好消费习惯；针对消费水平向下迁移的客户，结合消费行为特点，有针对性地开展促销。

（3）深度挖掘客户消费潜力，实现客户价值提升。针对高价值的客户，通过油非互动促销，实现以油促非油的消费；针对中价值、低价值的客户，积极拉升油品消费，实现品牌忠诚，抵抗竞争对手。

3. 分级指导营销策略

基于省、地市、加油站不同层面的客户数据分析，结合客群分布情况，分级指导各层面的营销策略，深度挖掘客户的消费潜力，如图 4-22 所示。

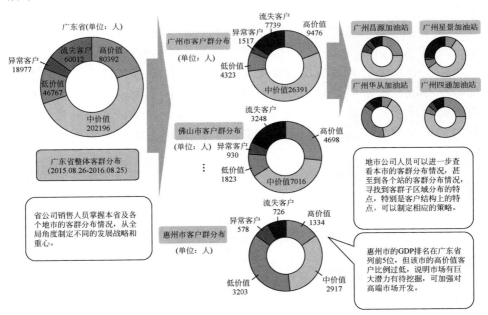

图 4-22　不同层级卡客户分析结果

第五节　客户档案管理

一、档案管理

1. 信息收集

1）开户办卡

为新客户办理开户时，应首先提示客户阅读《中国石油昆仑加油卡章程》（附件一）。

在客户同意《中国石油昆仑加油卡章程》及《中国石油昆仑加油卡个人客户服务协议》（附件二）/《中国石油昆仑加油卡单位客户服务协议》（附件三），并自愿办理的基础上，填写相关申请资料，同时对客户资料进行保管。

2）个人记名卡

办理个人记名卡的客户应提供个人有效证件原件（含身份证、驾驶证、军官证、护照等，以卡系统显示为准）并留存复印件。具备条件的售卡充值网点，当面在证件复印件上加盖"本证件仅供×年×月办理昆仑加油卡，再复印无效"印章。保护客户隐私，防止信息滥用，增强客户信任感。

客户须填写《中国石油昆仑加油卡个人客户业务申请表》办理个人记名卡。

3）车队卡

车队客户申请办理车队卡业务，须出示本单位的营业执照或其他有效证件原件（复印件需加盖单位公章），以及经办人有效证件（如身份证、驾驶证、军官证等），并留存复印件，填写《中国石油昆仑加油卡单位客户业务申请表》并签字确认。

4）不记名卡

个人或单位办理不记名卡无须出示证件，但一次性购买（含充值）1万元（含）以上不记名卡的，应记录并留存购卡人及其代理人姓名或单位名称、有效身份证件号码和联系方式。

2. 档案管理

1）管理要求

客户信息及档案分为电子介质及书面介质，卡核心系统所记录的电子信息和客户办卡时留存的原始书面材料，均应妥善保管，保护客户信息及隐私，避免无关人员随意接触。为避免日后合同纠纷及防范法律风险，应重视客户签字盖章的业务申请表（附件四、附件五）及客户服务协议原始文本的存档工作。

售卡充值网点应建立客户信息档案，保证客户信息的一次性准确输入，并及时对客户申请表、有效证件及必须打印的凭证进行梳理、归类、装订。

2）售卡充值网点

（1）建立和留存。

售卡充值网点操作员要指导客户认真填写详细信息，并签名确认。对单位客户的单位营业执照复印件、经办人个人有效证件复印件要和客户开卡申请表一起装订留存，对个人记名卡客户要留存有效证件复印件。

（2）归类和整理。

客户信息档案应以左侧装订为原则。档案如有皱折、破损、参差不齐等情形，应先整补，裁切折叠，使其整齐划一。售卡充值网点操作员要把客户信息档案按照客户类型、卡片序列进行初步分类，归档。

（3）检查与核对。

售卡充值网点操作员每天整理的客户信息和客户相关证件复印件的真实性、完整性、归类的正确性进行检查，要求资料齐备，不得丢失或遗漏，如有短缺，立即追查归入。

（4）归档。

售卡充值网点将客户资料装订成册，每年 12 月底进行归档管理或移交上级管理部门。档案资料移交时，应建立档案资料交接台账。

3）客户档案管理

（1）保管与维护。

档案管理人员要做好客户信息档案的保管工作，不得遗失、损坏、涂改档案资料，各类档案的管理要求和保存期限详见附件六：售卡充值网点凭证保管规则。

（2）登记与管理。

客户信息档案的调出要做好登记工作，确定归还期限，逾期追回。

二、电子化档案管理

为提高网点工作效率和信息录入准确度，降低员工劳动强度，借助信息化逐步推进客户资料管理电子化，目前方式如下：

（1）客户身份信息收集自动化。借助二代身份证识别器实现客户身份证信息自动提取，无须再手工录入。

（2）客户信息存档电子化。借助高拍仪、手写笔等移动办公设备，实现客户签名电子化，客户资料保存电子化，信息存储集中化（暂定地市公司）。客户信息包括身份证正反面影像、业务办理所涉表单（例如个人卡申请表、证件复印件、售卡凭证、充值凭证、车队卡申请表、单位组织机构代码证或营业执照复印件、售卡凭证、充值凭证等）。为消除客户质疑，身份证影像留存要增设"仅限办理中国石油加油卡业务"字样。

（3）加油卡系统自动集成。目前已经具备加油卡系统与身份证读卡器集成的条件，实现了客户身份信息电子化，提升了工作效率。

第六节　大客户终端服务

客户向地区/地市公司、加油站申请大客户终端服务，经地区/地市公司系统授权后，登录中国石油昆仑加油卡网上服务平台 www.95504.net，可实现为单位司机卡分配资金、单位司机卡备用金资金汇总、卡内信息查询的功能。

一、授权/解除授权

地区/地市公司根据客户需求在加油卡系统中进行授权操作。

（1）授权路径：客户管理>客户管理>门户管理>授权大客户>新增大客户>输入单位编码/主卡卡号并确定>授权大客户。

（2）解除授权路径：客户管理>客户管理>门户管理>授权大客户>解除大客户。

二、客户操作流程

1. 注册及登录

注册：选择新用户注册>企业用户注册>输入相关开户信息完成注册。

登录：选择地区>输入用户名、密码、验证码登录>选择"油卡查询">大客户服务。

注：客户首次使用该功能需按系统提示步骤完成控件的安装。如图 4-23 所示。

图 4-23　大客户终端注册页面

2. 具体操作

单位账户分配/汇总指将单位备用金账户中的资金，按客户需求分配/汇总到司机卡备用金账户中，司机卡备用金账户中的资金不能直接进行消费，需要进行资金圈存操作。

（1）单位账户分配/单位账户汇总>读主卡>选择模板维护>输入分配/汇总金额>保存>分配/汇总，如图 4-24 所示。

昆仑加油卡 ▾　　　优惠活动 ▾　　　汽车生活 ▾

油卡查询　银行卡充值　积分回馈　油品促销　油卡优惠　便利店促销　车·无限　车·生活　油站导航

您现在的位置：首页 > 大客户服务 > 单位账户分配

账户

油卡

大客户服务

单位账户分配
单位账户汇总
卡内信息查询

积分

介绍

网点查询

单位账户分配

主卡卡号：　　　　　　　　　　　读主卡

说明：
单位账户的备用金可以分配至下属司机的备用金账户中。
分配后，司机需要进行圈存后，才能进行消费。
司机卡内余额为卡系统记录值，可能会与卡内当前余额存在差异。

单位客户分配

主卡卡号：　9100100000000897　　　　模板维护

单位编号	1000008027	客户状态	正常
主卡卡号	9100100000000897	卡类型	单位卡(初始卡样)
单位名称	大客户控件测试	单位证件号	95145635789
账户单位	元	备用金账户余额单位	20062.30
账户类型	资金	分配额	5.50
分配模板	haha	模板保存时间	2018-12-18 16:11:57

分配　　返回

单位分配模板维护　　　　　　　　　　　　X

单位客户分配

当前模板：[haha]保存于[2018-12-18 16:11:57]　　保存　另存为

查看下属司机和单位

卡　号
客户编号　　　　　　　　　　　　　　　　全部

查询

来自网页的消息　　×
⚠ 模板保存成功
确定

司机列表

清空　批量设置　导入

	帐户类型	卡号/客户编号	名称	车辆牌照	备用金余额(元)	卡余额(元)	卡帐户最后更新时间	帐户状态	资金分配
☐	司机帐户	9100100000 000897	-	-	43.10	0.00	2018-12-18 16:16:53	正常	1.10

图 4-24　单位账户分配页面

图 4-24 单位账户分配页面（续）

（2）卡内信息查询，如图 4-25 所示。

图 4-25 卡内信息查询页面

（3）账单明细查询，如图 4-26 所示。

图 4-26　账单明细查询页面

第五章　互联网业务

第一节　概述

一、定位

中国石油销售互联网业务是运用互联网+、大数据、云计算等先进技术，对销售业务进行重新构架、业务流程再造，开辟的线上业务。主要服务于油卡非润气一体化整合营销、宣传、促销、加油卡充值及移动支付等业务。

二、原则

中国石油销售互联网业务遵循"顶层设计、入口统一、专业运营、互联互动、快速迭代"的基本原则，用于指导地区、地市公司开展互联网运营工作。

三、分类

互联网营销平台主要包括自有平台、第三方合作平台和辅助支撑平台。

（1）自有平台：中国石油昆仑加油卡网上服务平台、中油好客 e 站 APP、微信公众平台。三大平台是中国石油销售公司拥有产权并且自主开发的互联网应用，承载互联网端客户服务、营销宣传等核心应用的平台。

（2）第三方合作平台：昆仑直销银行、支付宝、京东。

（3）辅助支撑平台：中国石油昆仑加油卡网上管理系统、互联网支付交易管理系统、加油卡移动应用管理系统、积分商城管理系统、微信支付商户平台。

第二节　自有平台

一、中国石油昆仑加油卡网上服务平台

1. 登录

中国石油昆仑加油卡网上服务平台，登录地址 www.95504.net。

2. 功能

主要功能包括昆仑加油卡、优惠活动、积分兑换、汽车生活四大模块，如图 5-1 所示。

图 5-1　中国石油昆仑加油卡网上服务系统页面

（1）昆仑加油卡：油卡绑定、网上充值、查询信息、账户管理等功能。

网上充值为个人记名卡和车队卡提供线上充值业务，充值资金充到昆仑加油卡备用金账户。

（2）优惠活动：宣传销售公司、地区公司有关油品促销、加油卡促销和便利店促销活动，按地区进行图文宣传展示。

（3）积分兑换：支持个人记名卡客户在线使用积分兑换商品。

（4）汽车生活：以服务昆仑加油卡客户为核心，陆续整合汽车服务资源，提供更为优惠的保险、洗车、维修、商旅、自驾游等服务信息，增强加油卡客户黏性。

3．个人记名卡充值流程

注册>登录>绑定油卡>在线充值>充值信息>充值银行>核对信息>充值成功>网点圈存>开具发票，如图 5-2 所示。

图 5-2　网上服务平台充值页面

4．车队卡服务

网站"昆仑加油卡"频道中"大客户服务"可以提供车队卡资金分配、圈存、查询等服务。

5．积分兑换

（1）支付方式：积分商城支持"积分""积分+现金""现金"三种支付方

式，其中"积分+现金"支付方式中的"现金"部分包括微信支付、财付通。

（2）兑换流程：注册>登录>绑定加油卡>积分兑换>选择商品>选择支付方式>立即兑换>输入支付密码>输入加油卡预留手机号验证码>输入配送地址>完成支付>合作商配送>用户签收，如图5-3所示。

图5-3　积分商城兑换商品页面

6. 电子充值卡兑换

（1）支付方式：目前仅支持"积分"全额兑换。

（2）兑换流程：注册>登录>绑定加油卡>积分兑换>选择商品>选择支付方式>立即兑换>输入手机号码>输入支付密码>输入加油卡预留手机号验证码>完成支付>接收充值卡密码信息。

（3）注意事项：

① 电子充值卡仅可为昆仑个人记名加油卡备用金账户充值。

② 需填写真实、有效的手机号码，兑换电子充值卡将通过短信形式发送至所填写手机。

③ 电子充值卡充值码的短信仅发送一次，客户可同时在"卡券包"内查看所兑换的电子充值卡充值码。

④ 客户可以选择自用（填写自己的手机号码），或是通过短信转发的方

式（或填写他人的手机号码）赠送给他人使用，充值验证使用一次后失效。

⑤ 有效期五年，有效期的终止日期以用户收到的短信提示为准。

二、中油好客 e 站 APP

1. 下载地址

苹果 IOS 系统在 APP store 商店搜索下载；安卓系统在应用商店搜索下载。

2. 主要功能

主要功能包括加油支付、加油卡服务、积分商城、我的电子券、油站导航等，如图 5-4 所示。

3. 个人记名卡充值流程

注册>绑定油卡>加油卡充值>选择充值金额>选择支付方式>核对信息>充值成功>网点圈存>开具发票，中油好客 e 站 APP 充值页面如图 5-5 所示。

图 5-4　中油好客 e 站 APP 页面

图 5-5　中油好客 e 站 APP 充值页面

4. 加油支付流程

注册>点击加油>核对定位油站>选择油枪>核对信息>提交订单>选择支付方式>支付完成>开具发票。

中油好客 e 站 APP 消费流程如图 5-6 所示。

图 5-6 中油好客 e 站 APP 消费流程页面

5. 积分兑换

注册>登录>绑定加油卡>返回首页>选择商品>选择支付方式>点击立即兑换>输入配送地址>完成支付>合作商配送>用户签收。

6. 油站导航

点击油站导航，选择附近的加油站进行导航；点击加油站详情，可查询加油站服务信息、联系电话等，如图 5-7 所示。

三、中油好客 e 站微信公众平台

1. 关注地址

微信用户搜索 zyhkez 微信号，点击关注。

图 5-7　中油好客 e 站 APP 加油站导航页面

2. 主要功能

我的油卡：账户查询、绑卡/充值、积分商城、油卡介绍电子发票等。

优惠活动：展示地市公司范围内开展的活动，根据客户手机定位跳转（或人工选择）至地市微网站页面。

更多：油站导航、我收藏的油站、在线客服、电子券、自驾游展示、好客优选+商品销售。

3. 个人记名卡充值流程

关注>我的油卡>绑卡/充值>添加加油卡>选择充值金额>选择充值方式>点击确认充值>核对信息>完成支付>网点圈存>开具发票，如图 5-8 所示。

4. 积分兑换流程

注册>登录>绑定加油卡>返回首页>选择商品>选择支付方式>立即兑换>输入配送地址>完成支付>合作商配送>用户签收。

图 5-8　中油好客 e 站微信公众平台充值流程页面

5. 油站导航

更多>油站导航>地图导航>选择油站>点击到这去，如图 5-9 所示。

图 5-9　中油好客 e 站微信公众平台导航页面

第三节　第三方合作平台

一、昆仑直销银行

1. 网页版

（1）地址：https://www.eklb.cn/。

（2）主要功能：个人记名加油卡充值。

（3）个人记名充值流程：

昆仑直销银行>注册用户>绑定银行卡>绑定加油卡>充值>充值金额>确认充值>完成支付>网点圈存>开具发票，如图 5-10 所示。

图 5-10　昆仑直销银行页面

2. APP 版

（1）下载地址：通过应用商店下载昆仑直销银行 APP。

（2）主要功能：个人记名加油卡充值。

（3）个人记名充值流程：

昆仑直销银行>注册用户>绑定银行卡>绑定加油卡>充值>充值金额>确认充值>完成支付>网点圈存>开具发票，如图 5-11 所示。

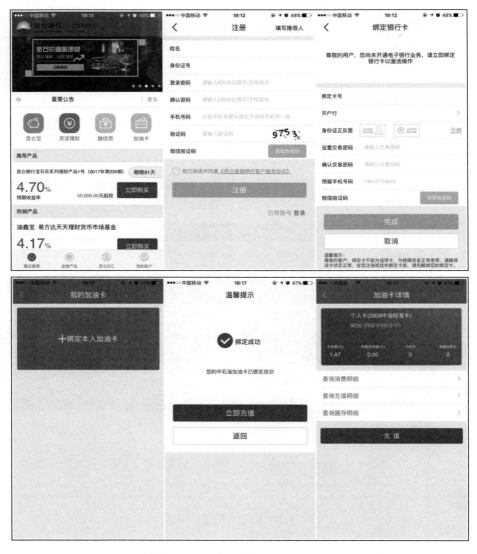

图 5-11　昆仑直销银行 APP 页面

二、支付宝

1. 下载地址

通过应用商店下载支付宝 APP。

2. 主要功能

个人记名加油卡充值。

3. 个人记名充值流程

支付宝>全部>加油服务>中国石油>添加加油卡>充值>充值金额>确认充值>完成支付>网点圈存>开具发票，如图 5-12 所示。

三、京东

1. 登录地址

通过应用商店下载京东 APP。

图 5-12　支付宝充值流程页面

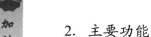

2. 主要功能

个人记名加油卡充值。

3. 个人记名充值流程

京东 APP>充值中心>加油卡>中国石油>新增加油卡>完善信息>绑定>充值>充值金额>确认充值>支付>网点圈存>开具发票。

第四节　辅助支撑平台

一、中国石油昆仑加油卡网上管理系统

1. 登录地址

登录地址为 http://11.11.194.36/，如图 5-13 所示。

图 5-13　中国石油昆仑加油卡网上服务平台页面

2. 主要作用

对互联网渠道的加油卡充值业务进行统一的管理与查询；维护中油好客

e站微信公众号内微网页的内容，以及进行图文消息的发送管理。

3. 主要功能

1）网上充值业务管理

（1）查询统计：网上充值明细查询、网上充值异常交易处理、佣金统计、对账差异统计等。

（2）系统管理：用户权限管理、网上充值发票规则与网点管理等。

2）网上平台维护管理

（1）查询统计：门户登录统计、第三方用户量统计、用户绑卡统计、微信用户分组统计。

（2）信息管理：客户加油卡取消绑定、门户文章审核、轮播图管理、营销工具—活动管理（砸金蛋、摇钱树等）、营销活动奖品管理、营销活动查询、0元送活动管理与订单查询、投票活动管理与查询、微信图文消息管理与发布、优惠促销活动管理与发布。

（3）系统管理：用户权限管理、微信菜单管理。

4. 权限分配

（1）销售公司权限：网上充值全部权限、查询统计全部权限、总部级活动管理权限。

（2）地区/地市公司：网上充值查询权限、微信公众号管理权限。

（3）95504客服中心权限：加油卡网上充值明细查询、加油卡网上充值异常交易处理、客户加油卡取消绑定。

5. 网上充值对账流程

1）网上充值对账

（1）地区/地市公司财务人员通过加油卡网上服务平台查询充值数据与加油卡核心系统网上充值报表进行核对。

（2）确定应收金额，并与实际到账金额进行核对。

（3）当存在差异时，地区/地市相关人员查明原因、及时处理，对无法查明原因的异常交易，应及时报总部运维400电话协助解决。

2）日常对账差异原因

日常对账差异原因主要包括：

（1）因双方账期不同导致的对账差异：对账差异会在几天内补齐。

（2）因异常订单导致的对账差异：处理异常订单后恢复正常。

（3）因账户变更导致的结算失败：部分公司因账户名或账号变更，需提交相应材料在变更信息后，重新结算。

3）网上充值异常处理：

由 95504 客服中心或总部运维进行异常交易处理。

6. 微信图文发布流程

1）图文编辑

（1）登录>信息管理>微信图文信息>打开编辑器。

（2）选择"新增单图文"或"新增多图文"建立图文。

（3）对图文信息进行编辑后，点击"保存并添加到微信平台"完成图文编辑。

2）审核与发布

（1）地区公司系统负责人审核后，点击"群发"按钮即可；地市公司发布信息需地区公司审核后方可群发。

（2）点击"群发"按钮后，点击"查询"按钮查询发布对象与数量，确定发布对象后点击"发送"按钮即可发送。

3）注意事项

（1）群发分配细则：板块每月 1 条（逢重大活动使用），地区、地市公司每月 3 条；原则上每月最后一周须存在一条备用群发次数。

（2）为避免引发新闻危机，地区、地市管理员须遵守新闻单位及集团公司宣传相关规定，在法律与法规允许的范围内灵活宣传，群发信息内容应积极健康，不得涉嫌政治敏感话题、违规信息等。

（3）信息一旦群发无法删除，各单位在群发之前务必仔细检查，确保无误后发送。

二、互联网支付交易管理系统

1. 登录地址

登录地址为 http://ppaylbs.gsms.petrochina/pay，如图 5-14 所示。

2. 主要作用

用于对加油站加油、购买便利店商品互联网支付交易的查询与对账工作。

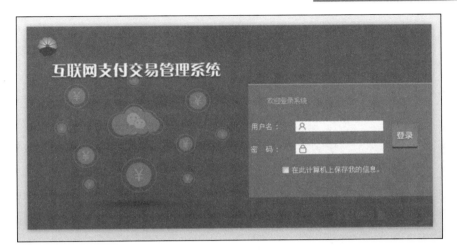

图 5-14　互联网支付交易管理系统页面

3．主要功能

主要功能包括订单管理、对账管理、商户管理、营业日维护、运行监控。

4．用户权限

销售公司：查询全国加油站互联网支付交易订单信息。

地区/地市公司：查询本单位加油站互联网支付交易订单信息。

5．日常维护

1）第三方对账异常查询

地区/地市公司相关人员通过第三方对账异常查询报表，对微信、支付宝 T+1 对账异常交易进行查询与确认。

2）站点监控功能

用于监控开通互联网支付的加油站连接状态，对于离线状态的加油站应及时报公司运维处理。

3）营业日设置功能

查询指定加油站在一段时间内的日结统计情况；如果存在没有营业日期的交易记录或者营业日切换异常的交易记录，可以撤销最后一笔已设置营业日期的日结，根据实际情况进行手工日结操作，使数据恢复正常状态。

三、加油卡移动应用管理系统

1. 登录地址

登录地址为 http://10.29.68.53/icstation/login.aspx，如图 5-15 所示。

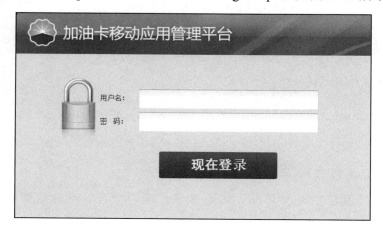

图 5-15　加油卡移动应用管理系统页面

2. 主要功能

新增/维护加油站坐标、联系电话、地址、服务等基础信息。

3. 用户权限分配

销售公司：管理全国加油站信息。

地区/地市公司：管理本机构加油站信息。

各级加油站管理部门指定专人负责管理加油站信息，及时维护加油站新增、销项等信息变更，确保加油卡移动应用管理系统、95504 客服平台所维护的数据与实际相符。

4. 加油站基础信息维护流程

登录>新建/编辑加油站>操作>编辑/审核加油站基础信息>坐标>审核加油站电子地图位置>拖拽"红色气泡">双击左键>确定>保存，如图 5-16、图 5-17、图 5-18 所示。

图 5-16　新建加油站页面

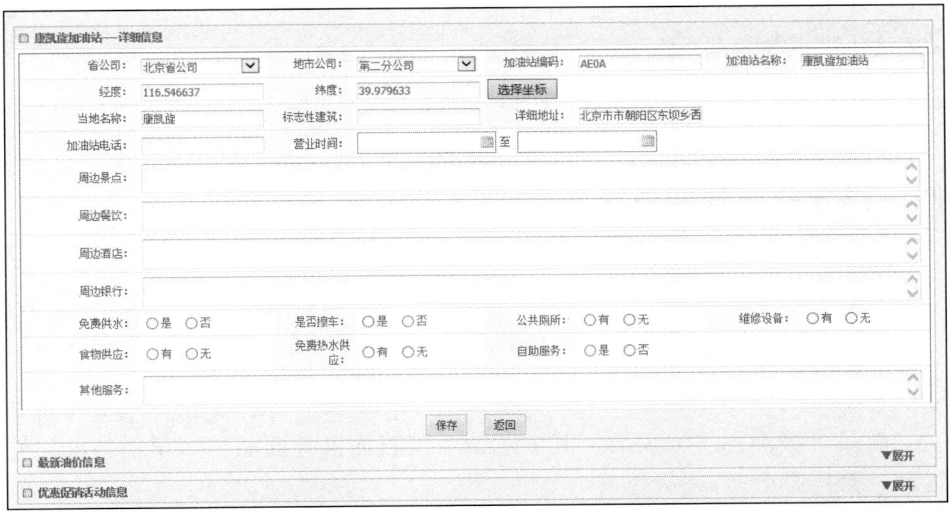

图 5-17　信息维护页面

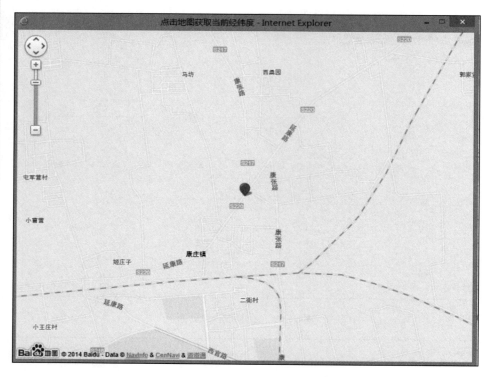

图 5-18　加油站坐标位置编辑页面

四、积分商城管理系统

1. 登录地址

登录地址为 http://11.11.218.154/admin/home/index，如图 5-19 所示。

2. 商品种类

商品一级类为 10 大类，其中包括中国石油自有商品、汽车用品、户外运动、数码办公等。

3. 主要功能

包括商品管理、商品配送、商品退换货、财务结算等。

图 5-19　积分商城管理系统页面

4.　商品管理流程

（1）供应商推送商品信息至积分商城平台。

（2）积分商城运营人员筛选商品，系统执行商品上架、价格维护等操作。

（3）积分商城销售商品。

（4）定期进行商品分析，动态调整上下架商品。

5.　商品配送流程

（1）送货上门。用户积分兑换订单支付成功后，将由积分商城的供应商或配送商尽快采用快递送货上门方式配送至用户。

（2）暂不支持港澳台地区的配送。

（3）用户在填写收货地址、邮编时，确保信息的正确及完整；若填写不详或信息错误，将导致快递无法妥投。兑换申请一旦提交，配送信息将无法更改。

（4）上述配送规则仅适用于实物礼品，不适用非实物礼品（如虚拟商品等）的配送和服务。

6.　商品退、换货

1）退货

在昆仑加油卡积分商城使用积分金额兑换的商品均不允许退货。

2）换货

（1）如所兑换的商品在配送过程中损毁或商品本身有瑕疵时，用户可在签收日起的 7 天内致电 95504 客服热线，超过 7 天将不予受理。退回时，请务必保留原包装、内附说明书及相关文件。

（2）换货流程：用户在积分商城平台发起换货申请京东/其他合作商负责具体换货服务：审核>取件>换货。

7. 财务结算

1）入账

加油卡系统积分商城清算报表，见表 5-1。按照积分商城清算规则提供积分兑换/累积数据，供财务入账。

表 5-1　积分商城交易清分报表

统计机构：北京销售公司　　　统计人：张某某　　　　统计时间：2015-08-03 15：23：20

起始日期：2015-07-01　　　起始日期：2015-07-02　统计口径：积分交易

受理方	交易来源	交易类型	交易笔数	交易积分（分）	积分价值（元）	尾差
北京公司虚拟加油站	积分商城	积分兑换	50	3200000	9600	—
—						
合计		60		3200000	9600	

制表人：＿＿＿　复核人：＿＿＿　审核人：＿＿＿

注：（1）卡系统统计的交易是以积分减扣成功为口径。

　　（2）尾差列保留，无尾差该列不显示内容。

2）结算

（1）积分商城与合作商依照"已妥投的订单"以及自然月周期进行财务结算。

（2）结算流程：系统处理交易>提供月结报表>双方复核>合作商开票邮寄>处理发票付款>合作商收款。

五、微信支付商户平台

1. 登录地址

登录地址为 https://pay.weixin.qq.com。

2．主要功能

地区/地市开展中油好客 e 站微信充值营销活动，包括现金红包、代金券、立减与折扣、满额送等。

3．促销流程

登录地址>营销中心>选择活动方式>创建>激活>运行。

第六章 清分清算管理

一、工作内容

　　清分清算管理包括售卡充值网点日结管理、加油站日结对账、异常交易处理、跨地区交易和卡业务盘点五部分内容，涉及岗位包括地区和地市清分管理岗、财务核算岗。

二、基本要求

　　清分清算管理是通过日常对账和业务处理，实现卡系统数据与财务实际数据一致，为财务系统正确入账提供基础保障。

第二节 日结监控

一、地区公司日结监控

　　地区公司清分管理岗每日监控地市公司对售卡充值网点的日结管理。
　　系统路径：运行管理>售卡充值网点日结监控>售卡充值网点日结完成情况，如图 6-1 所示。

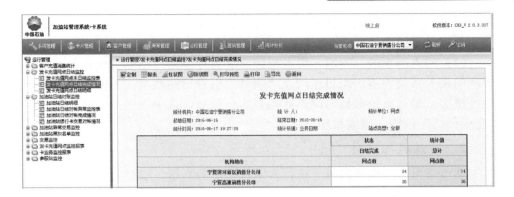

图 6-1　售卡充值网点日结完成情况页面

二、地市公司日结监控

1．日结状态监控

地市公司清分管理岗每日登录卡系统，查看售卡充值网点前一日日结情况。

系统路径：清算管理>网点日结管理，"日结状态"选择未日结，如图 6-2 所示。

图 6-2　网点日结管理页面

地市公司清分管理岗应督促和指导本地市全部网点按时完成日结，并且数据上传成功，对未日结的网点分两种情况进行处理。

（1）网点管理员未进行日结操作：地市公司清分管理岗通知未日结网点操作员在卡系统内及时日结。

（2）网点因系统、网络、设备原因无法自行完成日结的，地市公司清分管理岗在卡系统内点击未日结网点"明细"查看日结数据，与网点业务事实进行核实，确认系统数据与网点业务事实一致后，选中该网点日结记录，点"完成日结"按钮，完成日结。

2. 日结数据核对

地市公司财务核算岗每天进行卡系统、财务系统、银行系统三方数据核对，保证交易数据一致。

三、售卡充值网点日结管理

售卡充值网点日结管理是网点正常运行的关键，网点售卡、充值、圈存、圈提、销户退款、收取工本费等业务数据在网点正常日结后，才能准确上传到卡系统，成为财务系统入账依据。

售卡充值网点操作员每天日结时间点时，盘点当天现金、支票、业务凭证等票据，核实卡系统数据与财务实际业务数据一致后，在卡系统内完成当前营业日的日结操作。因系统、网络、设备原因无法自行完成日结的情况发生时，操作员应及时联系地市公司清分管理岗处理。

第三节　日结对账管理

一、工作内容

加油卡业务日结对账管理主要包括站级对账、卡系统与 HOS 对账两部分，加油站日结后卡系统为了保证加油卡交易的安全性和完整性，在交易数据存储、传输以及处理的各个环节设计了多种对账流程，以保证加油卡、各种银联卡的支付与销售实际情况一致。

二、管理流程

加油卡日结对账管理遵循：加油站及时准确日结—地市公司监控处理—地区公司监控的基本管理流程。

1. 地区公司清分管理岗

（1）每日监控地市公司对加油站的日结及对账管理。

系统路径：运行管理>加油站日结对账监控>加油站日结对账完成情况，如图 6-3 所示。

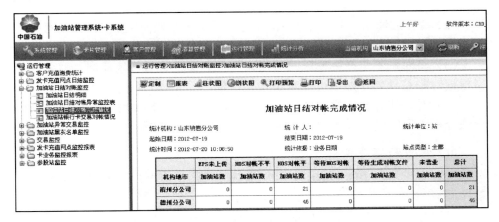

图 6-3 加油站日结对账完成情况页面

（2）督促和指导地市公司进行对账差异分析，逐步提升地市公司的差异分析与处理能力。

（3）对于未知原因的对账不平，寻求地区公司运维岗协助分析和解决，地区公司运维岗无法分析出原因的差异提请总部运维中心协助分析，提供解决方案。

2. 地市公司清分管理岗

（1）每日登录卡系统查看前一营业日加油站日结对账情况。

系统路径：清算管理>日常管理>脱机交易对账，在"HOS 对账结果"中进行选择，如图 6-4 所示。

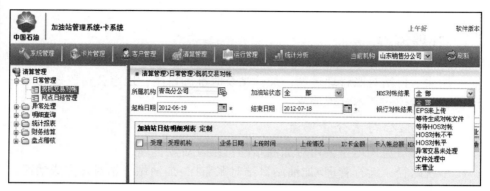

图 6-4　脱机交易对账页面

（2）检查加油站上传数据在 HOS 与卡系统的对账情况，查找分析对账不平产生的原因，督促对账不平的加油站提交对账调整依据。

（3）将对账不平产生原因及对账调整依据提供给财务核算岗，财务核算岗根据对账差异处理办法进行对账差异调整。

（4）对无法分析出原因的差异，寻求地市运维岗协助分析。地市运维岗无法分析出原因的差异由地市运维岗报地区公司运维岗。

3．加油站操作员

（1）完成站内 BOS 系统与 EPS 系统的对账，对可处理差异在站内进行差异调整。

（2）对不可以在加油站内解决的差异，分析差异原因，向地市公司清分管理岗提供产生差异日的销售报表和相应刷卡小票等差异处理证据。

（3）对无法分析出原因的差异，提报地市公司清分管理岗。

第四节　日结对账异常处理

一、工作要求

加油站日结对账状态分为正常状态和异常状态两大类，其中对账异常状态须根据产生原因及时处理。

（1）处理对账异常状态的前提是必须有明确的，准确的依据。

（2）HOS 对账不平的处理，必须在两个工作日内完成。

（3）加油站日结对账异常处理自下而上，尽可能在加油站进行调整；加油站无法调整的，地市（地区）公司在系统内进行调整；各层级运维岗给予指导与支持。

二、五类对账异常状态及处理方法

主要状态及处理方法见表 6-1。

表 6-1　异常对账状态及处理方法

对账状态	处理方法
EPS 未上传	地市公司清分管理岗联系加油站明确未上传原因： （1）当前站级系统满足重新上传条件的，由加油站重新上传交易文件； （2）加油站发生停业，由地市公司 HOS 维护岗在 HOS 系统内做"停业"标注，若卡系统未能同步"停业"数据，清分管理岗再进行"停业"标注； （3）站级发生数据灾难，无法上传的，联系销售公司运维中心进行灾备处理
等待生成对账文件	无须处理，每日夜间卡系统自动批处理
等待 HOS 对账	若原因为卡系统单边上传，清分管理岗按照差异处理流程处理；若清分管理岗无法处理或其他原因造成的"等待 HOS 对账"，清分管理岗通知 HOS 运维岗处理
异常交易未处理	如果有待确认的消费交易，需要先经过地区财务核算岗的确认
HOS 对账不平	地市公司清分管理岗查找明确 HOS 对账不平原因，同时提供给地市公司财务核算岗，地市财务核算岗根据实际业务确认正确数据后，在卡系统或 HOS 系统内手工处理。（详见常见 HOS 对账不平类型分析与处理）

三、常见 HOS 对账不平问题及处理

1．日结时间点不一致导致 HOS 对账不平

1）原因分析

因为一些异常情况，导致加油站日结后，部分卡交易在 EPS 系统中记录的营业日与 BOS 系统中所记录的营业日不一致，导致 HOS 对账不平。

2）发现途径

站内日结对账时可以发现，加油站 EPS 系统和 BOS 系统分别查询该日的日结时间，日结时间点不一致，在时间差期间有刷卡消费，查看刷卡小票

上的支付时间是否落在该时段内。

3）处理方法

（1）当日发现，加油站操作人员在 EPS 中根据 BOS 日结时间点，重新日结，上传交易。

（2）当日未发现，则由地市公司清分管理岗转交财务核算岗，财务核算岗比较相邻两天合计数据，卡系统与财务系统一致时，在卡系统内申请"标记对账平"。

2. 更改支付方式导致 HOS 对账不平

1）原因分析

由于 EFT 返回交易超时，从而 EFT 小票打印完成，但是 RPOS 体现为卡支付失败，操作员没有正确的根据该 EFT 小票补录支付方式和支付金额。通常的错误是选择了"现金支付"或其他支付。

2）发现途径

站内日结对账时可以发现，与纸质小票进行比对，根据该经济实质判定 EPS 是正确的，还是 BOS 是正确的。同时也可以通过 EFT 小票找出 RPOS 相对应的销售小票，以确认是否错误地改变了支付方式。

3）处理方法

地市清分管理岗提交财务核算岗，财务核算岗在 HOS 内进行调整。

3. 个别交易发起时间不对导致 HOS 对账不平

1）原因分析

由于 RPOS 未知原因发送了错误的销售时间（部分由时钟问题引起），导致站级日结对账时，EPS 不能将相关交易列入对账范围，从而对账不平。

2）发现途径

站内日结对账时可以发现，在 EPS 内根据 EFT 支付小票能查询到相关交易，但交易的销售时间明显错位于当前的营业日覆盖范围。

3）处理方法

（1）发现较早（一周以内），则由加油站操作员在 EPS 上进行处理，手工标记该交易的营业日或者补录交易后重新上传。

（2）发现较晚（一周以上），需要地市清分管理岗通知地市公司财务核算岗，财务核算岗将原交易营业日与当前营业日两天合计数据与财务记账数据进行比对，如果一致，则在卡系统内申请"标记对账平"。

4. BOS 中少交易导致 HOS 对账不平

1）原因分析

EPS 与 EFT 交易流程正常，从日志上分析给 RPOS 的交易结果也正常，但是在 BOS 无法根据 RPOS 流水号找到相关交易。根据销售事实可以找到相似的交易，但是交易序列号与 EPS 中的 RPOS 序列号不一致。

2）发现途径

站内日结对账时可以发现，系统内不平的交易与纸质小票进行比对，根据交易的经济实质判定 EPS 是正确的。这类异常与更换支付方式相似，只是 BOS 中对应的交易序列号已经变动，增大了检查的难度。

3）处理方法

（1）地市清分管理岗通知财务核算岗，财务核算岗在 HOS 内调整，财务系统根据卡系统记账。

（2）HOS 调整完成后，地市清分管理岗在卡系统中申请该加油站重新对账。

5. RPOS 单边离线交易导致 HOS 对账不平

1）原因分析

加油站操作员使用工行模式刷卡，或针对超时支付补录时，补录金额错误。

2）发现途径

站内日结对账时可以发现，EPS 中少交易，并且存在相应的 EFT 小票，根据小票无法在 EPS 内查询到相关交易。

3）处理方法

（1）加油站操作员依据经济实质和 EFT 小票补录，如果是加油卡卡交易，根据支付小票补录。

如果是银行卡交易，且是工行模式刷卡，EPS 可以不补录交易。

（2）地市清分管理岗通知财务核算岗，财务系统根据经济实质记账。卡系统与财务系统一致时，财务核算岗在系统内申请"标记对账平"。

6. RPOS 单边撤销导致 HOS 对账不平

1）原因分析

加油站操作员进行卡交易撤销时，没有在 EFT 上进行相关的刷卡操作，导致 RPOS 撤销成功，而 EPS 没有撤销交易（即钱款没有退还客户）。

2）发现途径

站内日结对账时可以发现，BOS 比 EPS 多卡撤销交易，并且不存在相关撤销交易的 EFT 小票。

3）处理方法

（1）属于加油站误操作，财务根据卡系统数据记账，地市财务核算岗在系统内申请"标记对账平"。

（2）属于系统问题，地市清分管理岗通知地市财务核算岗在 EPS 撤销交易。相关管理人员审核后，加油卡交易退备用金，银行卡交易向银行申请退款。

第五节　异常交易处理

一、工作内容

卡系统异常交易包括加油卡交易入账异常和客户账户异常两类，卡系统产生的异常交易必须严格按照相应的异常处理流程对交易进行核对、审核和跟踪。

二、交易入账异常处理

为保证加油卡交易的真实、有效、合法，加油卡交易在卡系统入账时会进行有效性验证，未能通过交易有效性验证的交易就是加油卡交易入账异常。加油卡交易入账异常分为：卡号错误、TAC 错误、PSAM 卡终端号错误、PSAM 卡和站点不对应、交易时间异常和交易金额超限六类。

1. 地区公司异常交易处理

（1）地区公司清分管理岗每日监控地市公司对加油卡交易入账异常管理。

系统路径：运行管理>加油站异常交易监控>加油站异常交易处理情况，如图 6-5 所示。

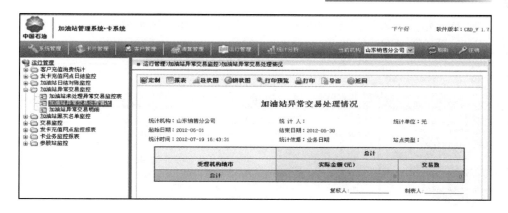

图 6-5　加油站异常交易处理情况页面

（2）地市公司对异常交易调整后重新入账，如果入账仍然失败，地区清分管理岗根据交易事实，分析原因，在卡系统内进行"直接入账"或判定为"非法交易"，如图 6-6 所示。

系统路径：清算管理>异常处理>异常交易调整。

图 6-6　加油站异常交易处理情况页面

2. 地市公司异常交易处理

（1）地市公司清分管理岗每日监控加油卡交易入账异常。

系统路径：运营管理>加油站异常交易监控>加油站未处理异常交易监控表，如图 6-7 所示。

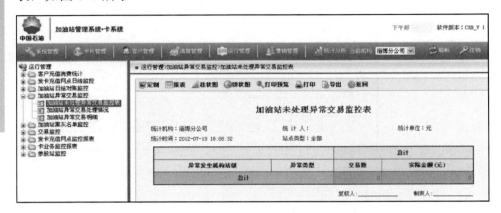

图 6-7　加油站未处理异常交易监控表页面

（2）地市公司清分管理岗发现异常交易时，督促加油站查找产生异常的原因，同时通知地市公司财务核算岗。

（3）地市公司财务核算岗根据交易小票对异常交易进行修改入账；若入账依然失败，则提交给地区公司清分管理岗处理。

3．加油站异常交易处理

加油站操作员向地市公司清分管理岗提供产生加油卡交易入账异常交易的刷卡小票。

加油卡交易入账异常处理流程图如图 6-8 所示：

三、客户账户异常处理

1．产生原因

（1）黑交易：是指客户的卡在挂失 24 小时后仍然发生了交易。按照加油卡的规章制度，中国石油需要对客户这部分的损失进行赔偿。

（2）异常扣款：是指加油卡用户在加油站持卡消费时，因系统故障从客户加油卡账户多扣款。

2. 处理流程

（1）出现客户账户异常情况，需要客户到售卡充值网点提出处理申请其处理流程，如图6-8所示。

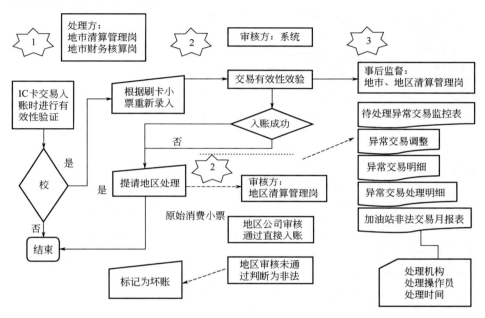

图6-8 入账异常处理流程

（2）售卡充值网点操作员受理申请，对客户账户异常交易核实后，在系统内提报"赔偿申请"，同时在系统外填报"中国石油加油卡返款业务单"。

（3）地市公司清分管理岗、地市公司财务核算岗对交易事实进行核实，审核"中国石油加油卡返款业务单"并签字确认。

（4）地市公司财务核算岗在系统内审批"赔偿申请"，客户加油卡多扣金额退还到该卡对应的备用金账户中，签字确认的"中国石油加油卡返款业务单"作为财务凭证附件。

系统路径：清算管理>异常处理>黑交易审核/异常扣款审核，如图 6-9 所示。

（5）赔偿完成，地区、地市清分管理岗在系统内对处理机构、处理操作员、处理时间进行事后监督。异常处理流程如图6-10所示：

图 6-9　黑交易审核页面

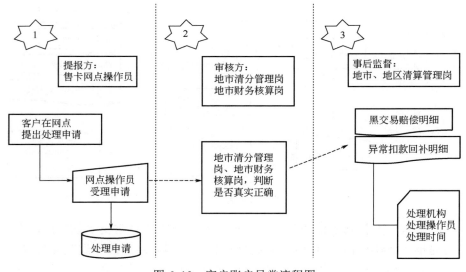

图 6-10　客户账户异常流程图

第六节　跨地区交易管理

一、工作内容

跨地区交易管理是对加油卡跨地区充值、跨地区消费及积分累积、积分消费兑换数据的核对，与股份公司资金部进行内部资金清算的账务处理。

二、管理流程

每月地区公司财务依据股份公司资金部凭证记账，与卡系统《异地 IC 卡交易清分报表》核对合计数，数据一致时入账，不一致时联系地区清分清算岗查明原因调整处理。

系统路径：清算管理>财务结算>异地 IC 卡交易清分报表。

第七节　资金业务盘点

一、盘点准备

1. 盘点前提

确保所辖的售卡充值网点和加油站在盘点时段内的数据均已全部日结并上传。

2. 差异处理

加油站、地市、地区公司每日根据加管系统各级对账功能及时发现系统差异，按差异处理流程进行处理。本月的差异应在下月及时调整，调整后不应再出现在下月盘点表中。

3. 处理依据

差异处理原则以销售票据作为依据，根据经济实质进行调整；调整须自下而上，尽可能在站内调整，站内无法调整的在地市（地区）公司调整。

4. 时间要求

加油卡资金业务盘点工作的周期以自然月为准。

二、盘点流程

加油卡业务月度盘点流程如图 6-11 所示。

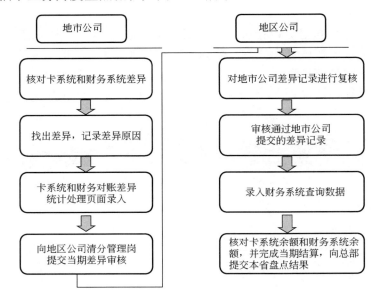

图 6-11　加油卡业务盘点流程图

1. 数据核对

每月初，由地市公司盘点本地市的上月卡系统业务数据和财务上月（盘点月份）发生额，发现差异，通知对应售卡充值网点或加油站查找原因，并记录差异明细。

2. 差异调整

地市公司在完成盘点工作后，将差异原因录入卡系统等待地区公司审核。

3. 清算审核

地区公司分清管理岗对地市公司录入的差异数据进行数据审核，将待审核的数据全部审核后，对该月的数据进行结算统计，将统计的数据金额之和保存到报表中。审核被拒绝的申请数据，地市可进行重新修改并提交审核，审核被拒绝的数据金额不会添加到地市和省的统计金额中结算，并对地区公司财务核算工作（例如跨省交易）进行盘点，核对卡系统和财务系统余额。

4. 结算上报

地区交易查询岗手工录入财务系统调整后的当期余额，对当月数据进行结算统计。

三、地市公司盘点操作

1. 业务取数

地市公司清分管理岗从卡系统读取上月（盘点月份）的充值、消费、退款金额，填写《中国石油加油卡业务盘点表（地市公司）》（表 6-2）中的"卡系统本月发生额"。

数据关系：卡系统本月发生额= 盘点月份充值 – 盘点月份消费 – 盘点月份退款。

系统路径：清算管理>盘点稽核>IC 卡财务余额盘点表，如图 6-12 所示。

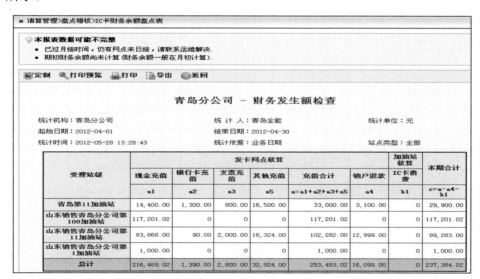

图 6-12 IC 卡财务余额盘点表（地市公司）页面

2. 财务取数

地市公司财务核算岗从财务系统中读取上月（盘点月份）的充值、消费、退款金额，填写《中国石油加油卡业务盘点表（地市公司）》中的"财务系统本月发生额"，见表 6-2。

数据关系：财务系统本月发生额 = 盘点月份充值 − 盘点月份消费 − 盘点月份退款。

表 6-2　中国石油资金业务盘点表（地市公司）

单位：　　　　年　　月　　日　　　　　　　　　　单位：元

卡系统本月发生额		财务系统本月发生额			
本月发生额差额					
上月底累计发生额差额					
本月底累计发生额差额					
卡系统调整明细 （正：未记充值　负：未记消费、退款）			财务系统调整明细 （正：未记充值　负：未记消费、退款）		
日期	摘要	金额	日期	摘要	金额
卡系统调整合计			财务系统调整合计		
调整后本月底累计发生额差额					

复核人：　　　　　　　　　　　　　　　　　　　制表人：

3. 差额计算

地市公司清分管理岗完成"本月差额""上月底累计差额""本月底累计差额"项的计算。取数逻辑如下：

（1）本月差额 = 卡系统本月发生额 – 财务系统本月发生额。

（2）上月底累计差额：从上月加油卡业务盘点表中直接读取。

（3）本月底累计差额=本月差额+上月底累计差额。

若"本月底累计差额"项不为 0，则表明本地市公司的 IC 卡账务核算存在差异，地市公司须找出导致差异的售卡充值网点或加油站的交易明细。

4. 业务差额调整

地市公司清分管理岗完成"卡系统调整明细"的填写，未记充值记正，未记消费或退款记负，无明细可不用填写；地市公司财务核算岗完成"财务系统调整明细"的填写，未记充值记正，未记消费或退款记负，无明细可不用填写。地市公司清分管理岗进入卡系统与财务对账差异统计处理页面，完成差异信息的填写，如图 6-13 所示。

系统路径：清算管理>盘点稽核>卡系统与财务对账差异统计处理。

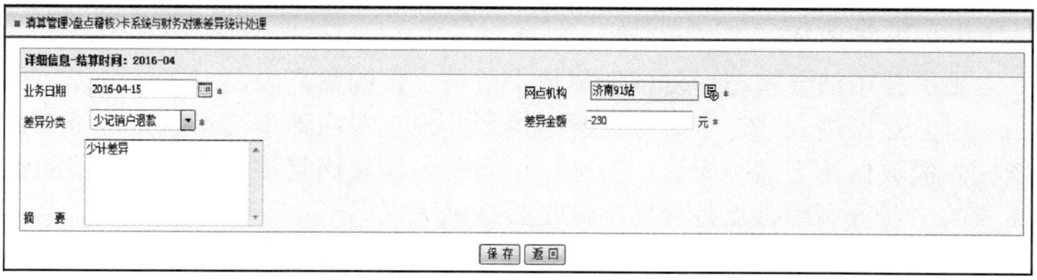

图 6-13 卡系统与财务对账差异统计处理页面

数据输入说明：业务日期必须为当前结算的月份；网点机构只能选择当前机构下的网点；差异分类选择下拉框中的内容；差异金额正负数均可；摘要中可以编辑异常描述说明。

地市公司清分管理岗录入差异数据后等待地区公司审核，可查询、修改、删除已录入的差异数据（差异申请的数据通过审核后，不能修改或删除）。

5. 财务差额调整

地市公司财务核算岗完成"财务系统调整合计"填写，即：将财务系统调整明细中的金额进行合计。

6. 业务调整确认

地市公司清分管理岗完成"卡系统调整合计"和"调整后本月底累计差额"项的填写，即：

（1）卡系统调整合计：将卡系统调整明细中的金额进行合计。

（2）调整后本月底累计差额 = 本月底累计差额 + 卡系统调整合计–财务系统调整合计。

7. 完成并上报

地市公司填写完《中国石油加油卡业务盘点表（地市公司）》后，须确保"调整后本月底累计差额"项为 0，并由地市公司清分管理岗向地区公司清分管理岗上报盘点结果，在卡系统中提交差异审核。

四、地区公司盘点操作

1. 业务复核

地区公司清分管理岗复核所属地市公司上报的盘点表。

（1）点击进入 IC 卡财务余额盘点表，检查对应地市公司盘点月份卡系统发生额数据是否准确无误；与地区公司财务核算岗复核地市公司上报的盘点表的中财务系统盘点月份发生额是否准确无误。

（2）通过地市公司盘点表填写规则，复核地市公司上报的盘点表中"调整后本月底累计差额"项应为0。

（3）进入卡系统与财务对账差异审核页面，审核通过符合条件的差异申请，拒绝不符合条件的差异申请。

2. 业务取数

地区公司清分管理岗填写"中国石油加油卡业务盘点表（地区公司）"（表6-3）"卡系统余额"，系统操作步骤：

表 6-3　中国石油加油卡业务盘点表（地区公司）

单位：　　　　　年　　月　　日　　　　　　　　　　单位：　　元

卡系统余额			财务余额		
卡系统调整明细 （正：未记充值　负：未记消费、退款）			财务系统调整明细 （正：未记充值　负：未记消费、退款）		
日期	摘要	余额	日期	摘要	余额
卡系统调整合计			财务系统调整合计		
调整后卡系统余额			调整后财务余额		

复核人：　　　　　　　　　　　　　　　　　　　　　　　制表人：

（1）系统路径：清算管理>盘点稽核>IC 卡财务余额盘点表，如图 6-14 所示。

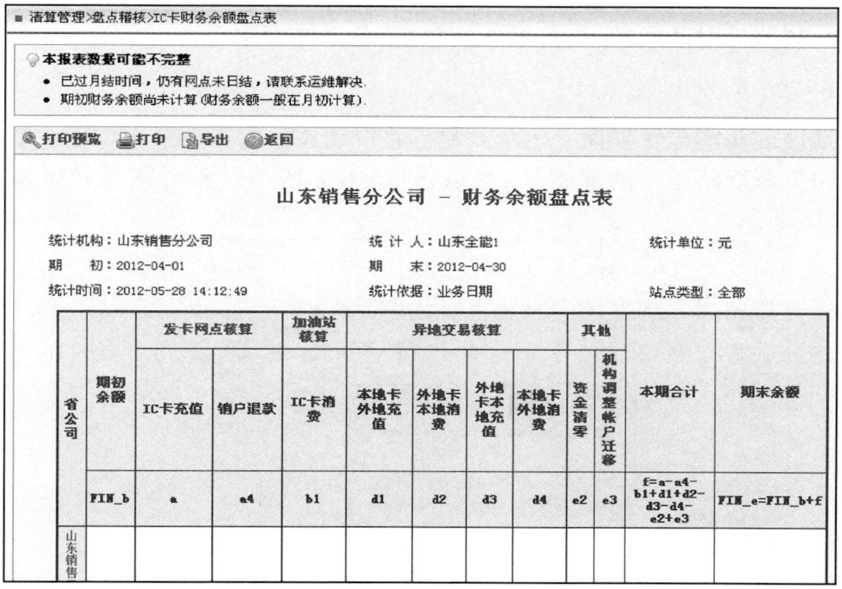
■ 清算管理>盘点稽核>IC卡财务余额盘点表

本报表数据可能不完整

- 已过月结时间，仍有网点未日结，请联系运维解决.
- 期初财务余额尚未计算(财务余额一般在月初计算).

打印预览　打印　导出　返回

山东销售分公司 － 财务余额盘点表

统计机构：山东销售分公司　　统 计 人：山东全能1　　统计单位：元

期　　初：2012-04-01　　期　　末：2012-04-30

统计时间：2012-05-28 14:12:49　　统计依据：业务日期　　站点类型：全部

省公司	期初余额	发卡网点核算		加油站核算	异地交易核算				其他		本期合计	期末余额
		IC卡充值	销户退款	IC卡消费	本地卡外地充值	外地卡本地消费	外地卡本地充值	本地卡外地消费	资金清零	机构调整帐户迁移		
	FIN_b	a	a4	b1	d1	d2	d3	d4	e2	e3	f=a-a4-b1+d1+d2-d3-d4-e2+e3	FIN_e=FIN_b+f
山东销售												

图 6-14　IC 卡财务余额盘点表（地区公司）页面

（2）选择受理机构为本地区公司，统计周期为月报，统计日期为本月中某一天，读取"期末余额"即可。

3. 财务取数

地区公司财务核算岗从财务系统读取系统余额，填写"中国石油加油卡业务盘点表（地区公司）""财务系统余额"。

4. 数据汇总

地区公司清分管理岗和财务核算岗对地市盘点表数据进行汇总。

（1）卡系统调整明细：清分管理岗从地市公司盘点表中将"卡系统调整明细"进行汇总。

（2）财务系统调整明细：财务核算岗从地市公司盘点表中将"财务系统调整明细"进行汇总。

5. 数据调整

地区公司清分管理岗和财务核算岗对数据进行调整。

（1）卡系统调整合计：清分管理岗将卡系统调整明细中的金额进行合计。调整后卡系统余额=卡系统余额+卡系统调整合计。

（2）财务系统调整合计：财务核算岗将财务系统调整明细中的金额进行合计。调整后财务余额=财务系统余额+财务系统调整合计。

6. 结算并上报

地区公司清分管理岗手工录入财务系统调整后的当期余额，确认结算。

（1）系统路径：清算管理>盘点稽核>卡系统与财务对账差异审核，如图 6-15 所示。

图 6-15　差异结算页面

（2）手工录入财务系统调整后的当期余额，点击"确认"按钮，提示框中提示尚有地市未录入差异等信息，点击"确定"，则对当月的数据进行结算统计，统计的数据金额之和保存到报表中，地市不能再录入当月对账差异（点击"取消"，则地市仍可录入当月对账差异）。

7. 查询报表

销售公司及地区公司进入卡系统与财务对账差异统计报表，输入查询条件，可查询出符合条件的差异统计报表，如图 6-16 所示。

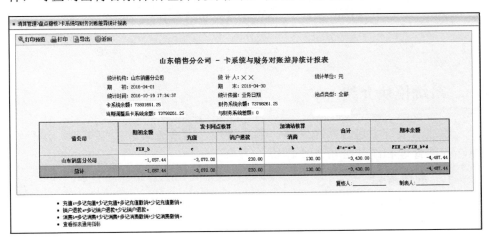

图 6-16　对账差异统计报表页面

第七章　运行管理

第一节　系统模块与权限

一、系统模块介绍

加油卡系统中包含系统管理、卡片管理、客户管理、清算管理、运行管理、营销管理和统计分析 7 个模块。

1. 系统管理

系统管理包括 6 个功能子类，其主要功能见表 7-1。

表 7-1　系统管理功能模块

功能模块	功能子类	主要功能
系统管理	运营管理	操作员管理
		操作员授权
		解除授权
		授权审核
		机构管理
		设备注册
		机构组管理
		参股公司管理
		操作日志
		在线操作员
		重置操作员密码

续表

功能模块	功能子类	主要功能
系统管理	站级管理	EPS 参数管理
		加油站管理
	运营报表	操作员报表
		机构报表
		终端报表
	系统配置	业务开关设置
		业务参数管理
		月末返利合同管理
		合同类别管理
		支付类型管理
		不记名卡模板管理
		不记名卡指定模板
		解除不记名卡模板
	业务规则设置	月末返利规则审核
		月末返利规则管理
		手续费管理
		手续费规则审核
		折扣管理
		折扣规则审核
		客户合同规则管理
		客户合同规则审核
	服务器管理	部署监控

2. 卡片管理

卡片管理包括 3 个功能子类，其主要功能见表 7-2。

表 7-2　卡片管理功能模块

功能模块	功能子类		主要功能
卡片管理	卡片管理	制卡申请	审核下级申请
			管理本级申请
			新建卡片申请
		成品卡库存管理	卡片出库
			卡片入库
			库存调整
			出入库明细
			出入库统计
			卡片库存明细
			撤销库存单据
			在途卡片调整
			UKey 出入库统计
			回收卡片出入库统计
			卡片销毁
			卡片库存统计
		卡片数量盘点	卡片数量盘点表（本机构）
			卡片盘点明细
			卡片数量盘点表（全部）
	处理卡交易	管理卡领用和注销	UKey 管理
	日常运营	黑名单管理	黑名单查询
		灰名单管理	灰名单查询
		卡片业务	单位客户卡片数量申请
			卡业务申请审核
		明细查询	卡操作明细
			单位客户交易查询
			个人客户交易查询

续表

功能模块	功能子类		主要功能
卡片管理	日常运营	明细查询	卡片信息查询
			PSAM 卡明细
			多级单位客户交易查询
		统计报表	卡操作统计
			黑名单统计
			使用中的 PSAM 卡
			卡片发放注销统计
			计划发卡量
			卡片分类型发放注销统计

3. 客户管理

客户管理包括 3 个功能子类，其主要功能见表 7-3。

表 7-3　客户管理功能模块

功能模块	功能子类		主要功能
客户管理	客户信息管理	档案查询	个人档案查询
			单位档案查询
		档案报表	个人客户档案统计
			单位客户档案统计
	客户管理	客户账户维护	客户组管理
			客户组审核管理
			单位客户维护
			个人客户维护
			单位客户冻结
			单位客户解冻
			个人客户冻结
			个人客户解冻
			异地客户冻结解冻

加油卡业务管理与运作

功能模块	功能子类		主要功能
客户管理	客户管理	客户账户维护	客户信息查询
			信用客户审核
		折扣客户管理	批量添加客户组成员
			月末返利合同变更申请审核
			批量修改折扣客户任务审核
			折扣客户申请审核
			折扣客户查询
			批量修改折扣客户任务
			客户折扣记录
		账户报表	客户账户统计
			折扣客户统计
		门户管理	授权大客户
			授权参股公司
			授权加油站
	客户忠诚度管理	积分管理	当前积分活动
			积分活动管理
			客户积分查询
			特殊客户分级管理
			特殊客户分级审核
			客户升降级综合查询
			推荐送积分规则制定
			推荐送积分规则审核
			积分赠送任务管理
			积分赠送任务审核
			返利交易审核
			月末返利任务查询
			本级积分活动审核

续表

功能模块	功能子类		主要功能
客户管理	客户忠诚度管理	积分礼品管理	礼品规则管理
			礼品规则审核
			礼品信息查询
			库存信息查询
			兑奖点信息查询
			礼品申请查询
			礼品出入库查询
			礼品兑奖查询
			礼品单据审核
			礼品单据汇总
		客户忠诚度报表	月末返利统计报表
			客户升降级统计报表

4. 清算管理

清算管理包括 6 个功能子类，其主要功能见表 7-4。

表 7-4　清算管理功能模块

功能模块	功能子类	主要功能
清算管理	日常管理	批量记名卡出售确认
		支票确认
		到账通知确认
		批量充值确认
		脱机交易对账
		网点日结管理
	异常处理	历史交易入账审核
		异常交易调整
		银行卡交易差异处理
		黑交易审核
		补录消费交易

功能模块	功能子类	主要功能
清算管理	异常处理	撤销补录交易
		异常扣款审核
	明细查询	查询明细任务管理监控
		查询明细任务管理
		充值交易明细
		本地卡外地充值明细
		手续费明细
		押金明细
		累积交易明细
		积分兑换明细
		失效清零交易明细
		退款交易明细
		消费交易明细
		本地卡外地消费明细
		转账交易明细
		圈存圈提交易明细
		异常交易明细
		脱机平账查询
		账户余额查询
		发票明细
		单位客户交易查询
		异常扣款回补明细
		发票明细（新）
	统计报表	网上充值报表
		充值卡充值报表
		积分商城交易清分报表
		迷你付交易清分报表
		充值交易报表
		手续费报表

续表

功能模块	功能子类	主要功能
清算管理	统计报表	押金报表
		累积交易报表
		失效清零交易报表
		退款交易报表
		IC 卡消费报表
		积分消费报表
		积分兑换报表
		异常交易报表
		加油站销售报表
		加油卡折扣信息明细表
		积分赠送报表
		推荐送积分报表
		加油站非法交易月报表
		定期结算汇总报表
	财务结算	积分消费报表
		客户账户跨省结转统计报表
		异地 IC 卡交易清分报表
		发卡网点交易统计报表
		礼品兑奖点交易统计表
		加油站分支付方式销售日报表
		异地增值税发票核算表（已废弃）
		加油站积分累积报表
		积分失效清零月报表
		过期账户资金清零月报表
		客户跨省结转增值税发票统计报表
		跨地市交易清分报表
		跨省增值税发票核算表
	盘点稽核	盘点余额查询
		IC 卡财务余额盘点表

功能模块	功能子类	主要功能
清算管理	盘点稽核	财务余额稽核表
		发卡网点交易核对表
		加油站交易核对表
		卡系统与财务对账差异处理
		卡系统与财务对账差异审核
		卡系统与财务对账差异统计报表

5. 运行管理

运行管理包括 9 个功能子类，其主要功能见表 7-5。

表 7-5　运行管理功能模块

功能模块	功能子类	主要功能
运行管理	客户充值消费统计	折扣客户消费统计表
		单位客户消费前 500 名用户统计
		个人客户消费前 500 名用户统计
		按充值额区间统计卡数报表
		IC 卡分区间消费情况统计报表
		客户充值前 500 名排名统计
		分类客户平均消费额度报表
		分时段的消费量和消费金额排序统计报表
		分时段对重复刷卡频率较多单卡统计报表
		分时段的充值金额排序统计报表
		按充值额区间统计客户数报表
		单位客户消费频率和数量统计
		用户消费频率统计
		客户最近 6 个月消费统计
		客户刷卡次数前 500 名排名统计
		大客户汇总统计报表
		个人客户消费行为月统计表

功能模块	功能子类	主要功能
运行管理	客户充值消费统计	单位客户消费行为月统计表
	售卡充值网点 日结监控	售卡充值网点未日结监控表
		售卡充值网点日结完成情况
		售卡充值网点日结明细
	加油站日结对账监控	加油站日结明细
		加油站日结对账异常监控表
		加油站日结对账完成情况
		加油站银行卡交易对账情况
	加油站异常交易监控	加油站未处理异常交易监控表
		加油站异常交易处理情况
		加油站异常交易明细
	加油站黑灰名单监控	加油站黑灰名单监控表
		加油站黑灰名单明细
		加油站历史黑灰名单明细
		加油站黑交易统计表
		加油站黑交易明细
		加油站黑灰名单下载
	交易监控	个人客户异常消费套利监控
		单位客户异常消费套利监控
		地市调账交易监控表
		撤销交易监控报表
		平账账户监控报表
	售卡充值网点 监控报表	售卡充值网点业务统计报表
		售卡充值网点发卡情况报表
	卡业务监控报表	积分累计报表
		分支付方式销售月报表
		卡业务销售月报表-汽油
		卡业务销售月报表-柴油
		卡业务销售月报表-积分

续表

功能模块	功能子类	主要功能
运行管理	卡业务监控报表	卡业务销售月报表-合计
		关键数据业务统计表
		IC 卡业务周报
		IC 卡主要指标月度统计表
		IC 卡主要指标年度统计表
		分行业及车辆用途零售量统计
	参股站监控	参股站消费情况统计
		中油 BP 参股站充值开发票统计
		中油 BP 日结状态监控

6. 营销管理

营销管理包括 1 个功能子类,其主要功能见表 7-6。

表 7-6　营销管理功能模块

功能模块	功能子类	主要功能
营销管理	统计报表	分卡类型折扣规则营销报表
		有效折扣规则营销报表
		分支付方式销售日报表
		卡业务经营情况报表

7. 统计分析

统计分析包括 1 个功能子类,其主要功能见表 7-7。

表 7-7　统计分析功能模块

功能模块	功能子类	主要功能
统计分析	统计报表	统计长期不使用的加油卡
		统计余额为零的加油卡
		活跃客户总数统计
		加油卡业务动态表
		分类客户充值占总充值比例表
		分类消费额度占总消费额的比例表
		分类客户平均充值额度报表

二、系统权限分配

1. 操作员管理

操作员是指需要通过 IE 浏览器登录卡系统,可以对卡系统的各项业务进行操作的工作人员。本模块提供对操作员的管理功能,主要包括:操作员的查询、增加、删除、冻结、解冻。

1）查询功能

系统路径:系统管理>运营管理>操作员管理。使用缺省的查询条件,可查看本机构符合查询条件的操作员列表,如图 7-1 所示。

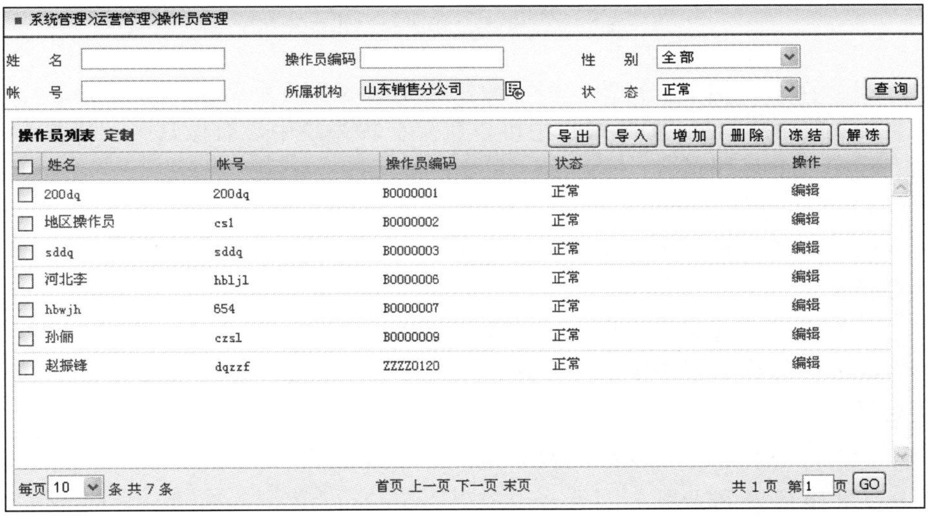

■ 系统管理>运营管理>操作员管理					
姓 名		操作员编码		性 别	全部
帐 号		所属机构	山东销售分公司	状 态	正常 查询

操作员列表 定制			导出 导入 增加 删除 冻结 解冻		
☐ 姓名	帐号	操作员编码	状态	操作
☐ 200dq	200dq	B0000001	正常	编辑
☐ 地区操作员	cs1	B0000002	正常	编辑
☐ sddq	sddq	B0000003	正常	编辑
☐ 河北李	hblj1	B0000006	正常	编辑
☐ hbwjh	654	B0000007	正常	编辑
☐ 孙俪	czs1	B0000009	正常	编辑
☐ 赵振锋	dqrzf	ZZZZ0120	正常	编辑

每页 10 条 共 7 条　　　首页 上一页 下一页 末页　　　共 1 页 第 1 页 GO

图 7-1　查询操作员页面

2）新增/编辑功能

点击“增加”按钮或操作中的“编辑”,进入“操作员详细信息”页面,在编辑页面输入新信息或修改操作员信息后,点击“保存”按钮,提示保存成功。如图 7-2 所示。

3）删除功能

（1）在操作员列表中选中要删除的操作员,点击“删除”按钮,弹出确认对话框。

125

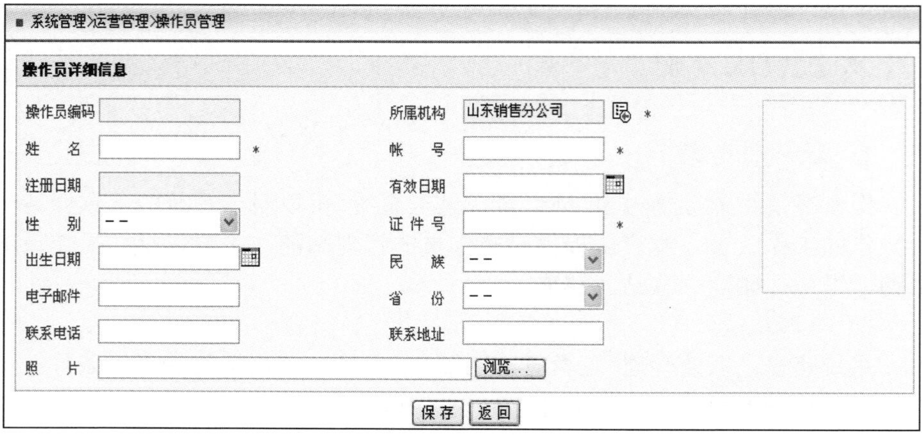

操作员详细信息

操作员编码		所属机构	山东销售分公司 ▣ *
姓　名	*	帐　号	*
注册日期		有效日期	📅
性　别	-- ▼	证件号	*
出生日期	📅	民　族	-- ▼
电子邮件		省　份	-- ▼
联系电话		联系地址	
照　片		浏览...	

保存　返回

图 7-2　新增/编辑操作员页面

（2）点击"确定"按钮，提示操作员删除成功并更新操作员列表。

（3）删除操作员，实际操作中可以删除在本系统中没有做过任何操作（包括登录等）的操作员。

4）冻结/解冻功能

（1）在操作员列表中选中要冻结的操作员，点击"冻结"按钮，弹出确认对话框。

（2）点击"确定"按钮，提示操作员冻结成功。

（3）在操作员列表中选需要解冻的操作员，点击"解冻"按钮，弹出确认对话框。

（4）点击"确定"按钮，提示操作员解冻成功。

2．操作员授权

本模块提供地区授权管理员对本机构所属操作员进行授权，也可以对直属下级机构的操作员进行授权。地区授权管理员可以管理本级的授权请求。

（1）系统路径：系统管理>运营管理>操作员授权。用户可以在系统管理使用缺省查询条件，查询出全部信息。如图 7-3 所示。

（2）新增授权功能。

① 点击"增加授权"按钮，如图 7-4 所示。

② 点击"机构名称"旁边的控件来选择机构，选择某一单位，点击"确定"按钮，系统返回上一页。选择机构的页面显示如图 7-5 所示。

③ 点击"操作员"旁边的控件，选择列表中的某一信息，点击"确定"

加油卡业务管理与运作

按钮，系统返回上一页。选择操作员的页面显示如图7-6所示。

　④ 点击"角色名称"旁边的控件，选择列表中的某一信息，点击"确定"按钮，系统返回上一页。选择角色的页面显示如图7-7所示。

　⑤ 点击"授权"按钮，系统提示操作员授权成功；并且新增授权显示在授权列表中，对应状态为"等待审核"，如图7-8所示。

图7-3　查看操作员授权信息页面

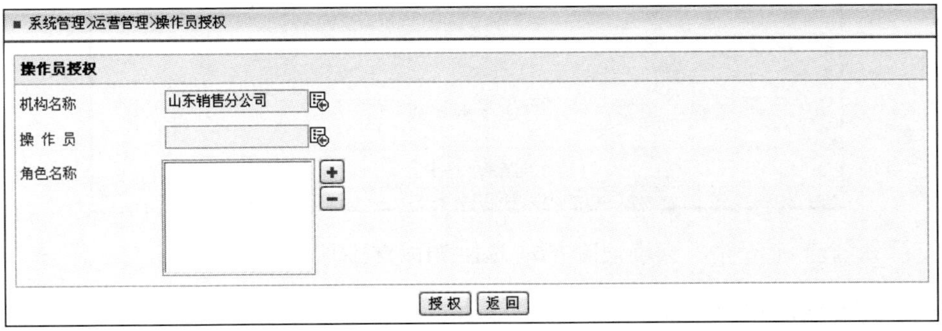

图7-4　新增授权页面

图 7-5　选择单位页面

图 7-6　选择操作员页面

（3）删除授权功能。

① 在"授权列表"中选择某一条状态为"待审核"的记录，点击操作中的"删除"。

② 弹出确认对话框，点击"确定"按钮，系统提示删除授权成功。

图 7-7 选择角色页面

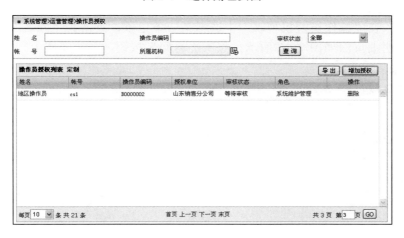

图 7-8 新增操作员授权页面

3. 解除授权

本模块提供地区授权管理员对已通过授权审核的操作员进行解除授权。地区授权管理员可以管理本级以及经本级授权的直属下级机构的操作员。

1）系统路径：

系统管理>运营管理>解除授权。使用缺省的查询条件，点击"查询"按钮，查询出全部信息。如图 7-9 所示。

图 7-9　查询解除授权信息页面

2）查看明细功能

（1）在"操作员授权列表"中选择某一条记录，点击其"姓名"字段，显示的明细页面如图 7-10 所示，点击"返回"按钮，系统返回上一页。

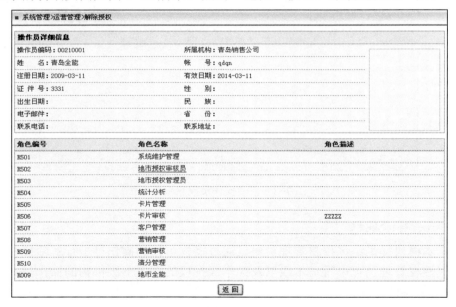

图 7-10　查看解除授权明细页面

（2）在"操作员列表"中选择某一条记录，点击其"角色"字段，显示的明细页面如图 7-11 所示，点击"返回"按钮，系统返回上一页。

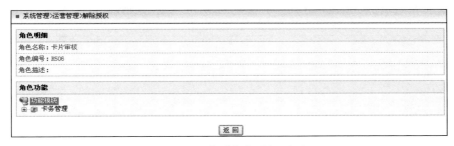

图 7-11 查看角色明细页面

3）解除授权功能

（1）在"操作员授权列表"中选择某一条记录，点击"解除授权"按钮。

（2）弹出确认对话框，点击"确定"按钮，系统提示解除授权成功。

4. 授权审核

地区授权审核员对待审核授权申请进行审核，包括：批准、拒绝。地区授权审核员可以管理本级机构的授权申请。

1）查询功能

输入查询条件，点击"查询"按钮，如图 7-12 所示。

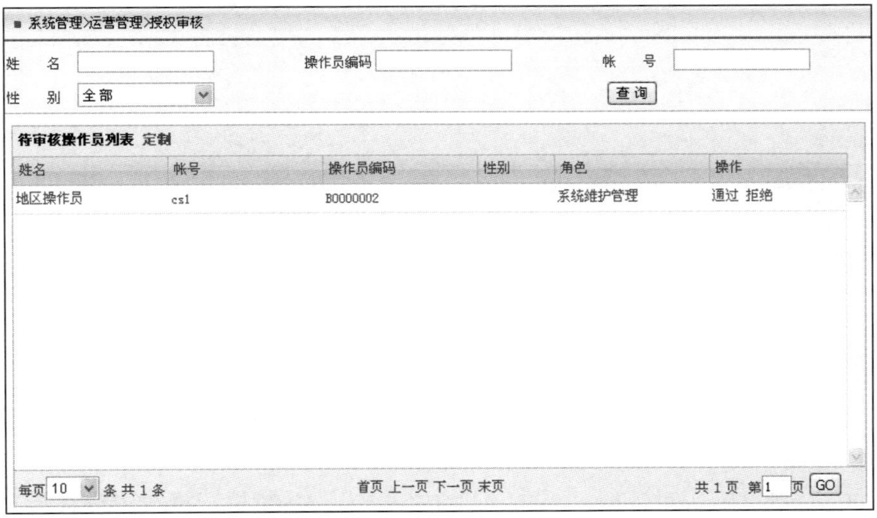

图 7-12 查询授权审核信息页面

2）查看明细功能

（1）在"待审核操作员列表"中选择某一条记录，点击其"姓名"字段，显示的明细页面如图 7-13 所示，点击"返回"按钮回到功能主页面。

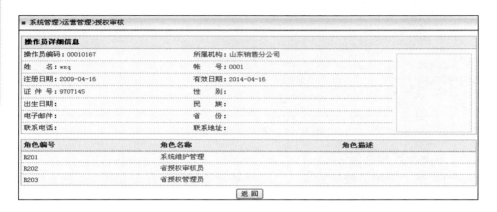

图 7-13　查看授权审核明细页面

（2）在"待审核操作员列表"中选择某一条记录，点击其"角色"字段，显示的明细页面如图 7-14 所示，点击"返回"按钮回到功能主页面。

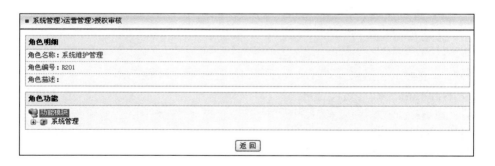

图 7-14　查看角色明细页面

3）批准/拒绝功能

（1）在"待审核操作员列表"中选择某一条记录，点击"批准"按钮或"拒绝"操作。

（2）弹出确认对话框，点击"确定"按钮，系统提示授权审核被批准或拒绝。

第二节　运维管理

一、运维体系

中国石油加油站管理系统采用三级运维方式，包括：地区公司级运维中心提供的一级维护、总部运维中心提供的二级维护、第三方厂商提供的三级维护，共同确保可靠、稳定、高效的运维服务。

一级运维由地区公司级运维中心负责，人员由各地区公司及相关方技术人员组成，主要负责处理地区公司、地市公司、加油站、售卡充值网点出现的问题。总部运维中心按实际运维工作需要派出人员现场支持。

二级运维由总部运维中心负责，人员由规划总院及相关方技术人员组成，主要负责处理专业公司用户提出的问题，并对一级运维提供技术支持。

三级运维由软硬件供应商、专家中心和加油站前庭设备供应商组成，为二级运维提供技术支持。

三级运维组成结构图，如图 7-15 所示。

系统运行与维护包括对硬件、网络设备维护和软件系统维护。硬件、网络设备维护工作包括设备配置、故障处理和性能维护等；软件系统维护包括软件运行管理、缺陷修复、功能提升和性能维护等。

二、运维方式

由于加油站管理系统的部署范围非常广泛，为了保证高效率、低成本的运维，支持方式以电话、在线以及远程支持为主，现场支持为辅，同时定期进行回访，运维支持的主要方式有：

1. 语音系统

建立集中监控、分散受理的统一 400 语音系统，提供 7×24 小时支持，包括运维电话和技术支持人员的移动电话。

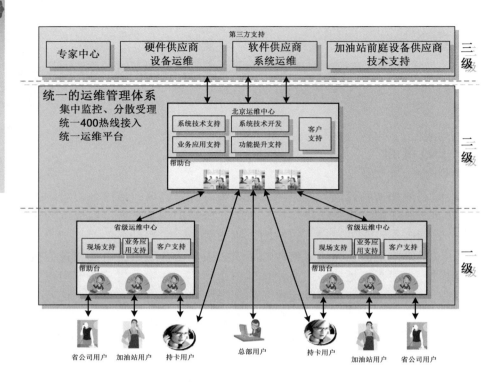

图 7-15　中国石油加油站管理系统分级运维示意图

2. 在线支持

通过中国石油邮箱、QQ 等工具为用户在线解答并处理问题。建立运维工作门户网站，在线解答用户提问，发布知识库供用户查询。

3. 远程协助

使用远程协助支持平台，必要时接管用户终端，用户同时可以观察到技术支持人员的操作，既能帮用户解决问题，又能指导用户操作。

4. 现场支持

对于设备故障、网络连接、系统重装等通过远程手段不能解决的问题进行及时的现场支持。

5. 传真系统

发生问题故障时，通过传真可以将截图或数据及时传送过来，以方便远程诊断处理问题。

6. 邮件系统

用户遇到使用问题或系统问题时也可向运维中心发送邮件，由专人整理用户的服务需求并在统一的事件流程管理平台或者客户支持系统中做记录，并提交给相应的运维人员处理。

第三节 运行管理与考核

加油卡运行管理主要包括售卡充值网点日结监控、加油站日结监控、加油站黑灰名单监控等。充值卡运行管理主要包括网点班结日结监控，网点卡片及销售监控、网点对账监控等。

一、工作职责

1. 销售公司

负责指导地区公司加油卡和充值卡运行管理工作，协调加油卡和充值卡业务、财务、信息、运维部门相关岗位处理加油卡和充值卡运行管理问题。

2. 地区公司

负责本单位加油卡和充值卡运行管理工作，指导地市公司加油卡和充值卡运行管理工作，协调加油卡和充值卡业务、财务、信息、运维部门相关岗位处理加油卡和充值卡运行管理问题。

3. 地市公司

负责本单位加油卡和充值卡运行管理工作，指导所属售卡充值网点、加油站运行管理工作，协调加油卡和充值卡业务、财务、信息、运维部门相关岗位处理加油卡和充值卡运行管理问题。

二、工作内容

1. 销售公司

（1）建立加油卡和充值卡业务考核体系。

（2）指导、监督、检查及考核地区公司加油卡和充值卡运行管理工作。

（3）协调相关部门处理加油卡和充值卡运行管理问题。

2. 地区公司

地区公司加油卡管理部门相关岗位，每日 10 时前完成如下工作：

（1）检查售卡充值网点日结情况。

① 运行管理岗、清分管理岗检查卡系统前一天售卡充值网点日结情况。

② 售卡充值网点日结状态为"未日结"，清分管理岗通知地市公司清分管理岗完成日结，并跟踪处理结果。

（2）检查加油站日结情况。

① 运行管理岗、清分管理岗检查卡系统前一天加油站日结情况。

② 日结状态为"EPS 未上传""等待生成对账文件"，运行管理岗通知地市公司运行管理岗处理，并跟踪处理结果。

③ 日结状态为"等待 HOS 对账""异常交易未处理""HOS 对账不平"，清分管理岗通知地市公司清分管理岗按照差异处理流程处理，并跟踪处理结果。

（3）检查加油站黑灰名单情况。

① 运行管理岗检查卡系统是否存在黑、灰名单状态异常（数据错误、非最新版本、未上报）的加油站。

② 若存在黑、灰名单状态异常的加油站，运行管理岗通知地市公司运行管理岗处理，并跟踪处理结果。

3. 地市公司

地市公司加油卡管理部门相关岗位，每日 10 时前完成如下工作：

（1）检查售卡充值网点日结情况。

① 运行管理岗、清分管理岗检查卡系统前一天售卡充值网点日结情况。

② 售卡充值网点日结状态为"未日结"，清分管理岗通知售卡充值网点完成日结。

③ 若因系统、设备、网络等原因导致售卡充值网点无法自行日结时，清分管理岗核实系统业务数据，确认与实际业务一致后在系统内进行"完成日结"操作。

（2）检查加油站日结情况。

① 运行管理岗、清分管理岗检查卡系统前一天加油站日结情况。

② 日结状态为"EPS 未上传"，运行管理岗通知加油站完成日结。若因系统、设备、网络、营业状态等原因导致加油站无法自行日结时，运行管理岗通知运维部门处理。

③ 日结状态为"等待生成对账文件"，运行管理岗通知运维部门分析原因。若因未按规定时间日结，加油站应规范日结操作；若因系统、设备、网络等原因，由运维部门处理。

④ 日结状态为"等待 HOS 对账"，清分管理岗通知运维部门分析原因。若原因为卡系统单边上传，清分管理岗按照差异处理流程处理；若清分管理岗无法处理或其他原因造成的"等待 HOS 对账"，清分管理岗通知 HOS 运维岗处理。

⑤ 日结状态为"异常交易未处理""HOS 对账不平"，清分管理岗按照差异处理流程处理。

（3）检查加油站黑灰名单情况。

① 运行管理岗检查卡系统是否存在黑、灰名单状态异常（数据错误、非最新版本、未上报）的加油站。

② 黑、灰名单状态为"数据错误"，运行管理岗通知地市运维点击 EPS 中"申请全量黑名单"按钮（不能重复点击），重启 EPS，次日检查结果。若不正常报地区公司运维部门处理。

③ 黑、灰名单状态为"非最新版本"或"未上报"，运行管理岗将对应加油站明细提供给运维部门处理。

4. 售卡充值网点

（1）售卡充值网点工作人员规范操作，确保每一笔业务账实相符。

（2）售卡充值网点工作人员按规定核实有关凭证，及时上交相关部门存档保管。

（3）售卡充值网点工作人员每日按时日结。若无法自行日结，报地市公司清分管理岗处理。

（4）售卡充值网点系统使用过程中出现异常，应确认当前业务操作是否完整。若当前业务操作不完整或无法确认，报地市公司清分管理岗处理。

（5）若因系统、设备、网络等原因导致售卡充值网点无法正常工作，报地市公司运维部门处理。

5. 加油站

（1）加油站工作人员规范操作，确保每一笔支付交易业务账实相符。

（2）加油站工作人员按规定核实有关凭证，及时上交相关部门存档保管。

（3）加油站工作人员每日按时日结。若无法正常日结，报地市公司运维部门处理，并提供有关凭证。

（4）卡支付过程中出现异常，应确认当前业务操作是否完整。若当前业务操作不完整或无法确认，报地市公司运维部门处理。

（5）若因系统、设备、网络等原因导致加油站无法正常工作，报地市公司运维部门处理。

三、系统考核指标体系

加油卡系统的稳定运行是加油卡业务开展的基础保障，为提升系统应用水平，设置了加油卡系统考核指标体系，该指标体系也是加油卡业务精细化工作的考核评价指标。

第四节　日常监控

一、售卡充值网点日常监控

地区公司及地市公司运行管理岗检查、监控所属售卡充值网点日结情况，并督促下级及时处理，协助下级处理日结异常。日结操作必须每天按时完成，如无法完成应按照操作手册处理流程进行异常处理。

1. 售卡充值网点日结明细查询

该功能模块可以查询售卡充值网点日结明细，可以导出列表中的明细信息。

系统路径：运行管理>发卡充值点日结监控>发卡充值点日结明细。使用缺省的查询条件，点击"查询"按钮，可查询出所有的信息；或在各查询条件中输入合法数据，点击"查询"按钮，可查出符合查询条件的信息，如图 7-16 所示。

图 7-16　查询后页面

2. 售卡充值网点未日结监控表

报表展示了系统中所有未正常日结的售卡充值网点记录，根据未正常日结所属的营业日，分为"昨天"和"早于"，以便地区或地市公司运行管理岗人员，每日监控下属加油站日结及日结异常情况，及时协调处理异常情况。

1）系统路径

运行管理>发卡充值点日结监控>发卡充值点未日结监控表。进入发卡充值点未日结监控表查询条件页面后，默认状态是列出需要统计的单位，点击"查询报表"后，将显示充值点日结监控表，如图 7-17 所示。

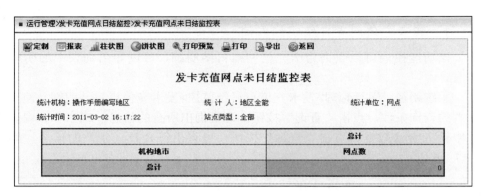

图 7-17　售卡充值网点日结监控表页面

2）售卡充值网点未日结处理流程

地区公司督导地市公司完成所属未日结站点完成日结，地市公司督导售卡充值网点在规定时间内完成日结。

3. 售卡充值网点日结完成情况

报表展示了指定营业时间段售卡充值网点的日结完成情况，交易金额与交易笔数。

系统路径：运行管理>发卡充值点日结监控>发卡充值点日结完成情况。进入充值点日结完成情况表查询条件页面后，点击"查询报表"后，将显示充值点完成情况报表，如图 7-18 所示。

图 7-18　售卡充值网点日结完成情况表页面

二、加油站日结对账监控

地区或地市公司运行管理岗人员，每日监控下属加油站日结及日结异常情况，及时协调处理异常情况。

1. 加油站日结明细

该功能模块可以查询加油站日结明细，可以导出列表中的明细信息。

（1）系统路径：运行管理>加油站日结对账监控>加油站日结明细。该功能模块的缺省页面，使用缺省的查询条件，点击"查询"按钮，可查询出所有的信息；或在查询条件中输入合法数据，点击"查询"按钮，可查出符合查询条件的信息，如图 7-19 所示。

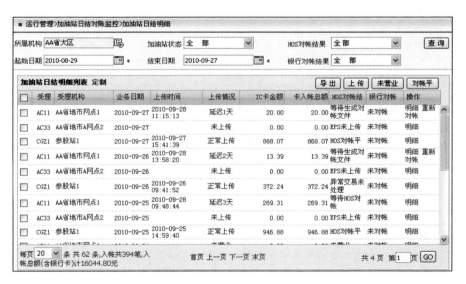

图 7-19 查询后页面

（2）点击"未营业"按钮，可将列表中两天前未营业的加油站标记为未营业状态。

（3）点击"对账平"按钮，可将列表中两天前 HOS 对账不平或等待 HOS 对账的加油站根据实际情况标记为对账平。

（4）点击列表中某信息的"明细"操作，进入显示明细页面，如图 7-20 所示。

（5）点击"上传"按钮，可将列表中未上传的加油站，通过选择脱机消费文件手工上传。

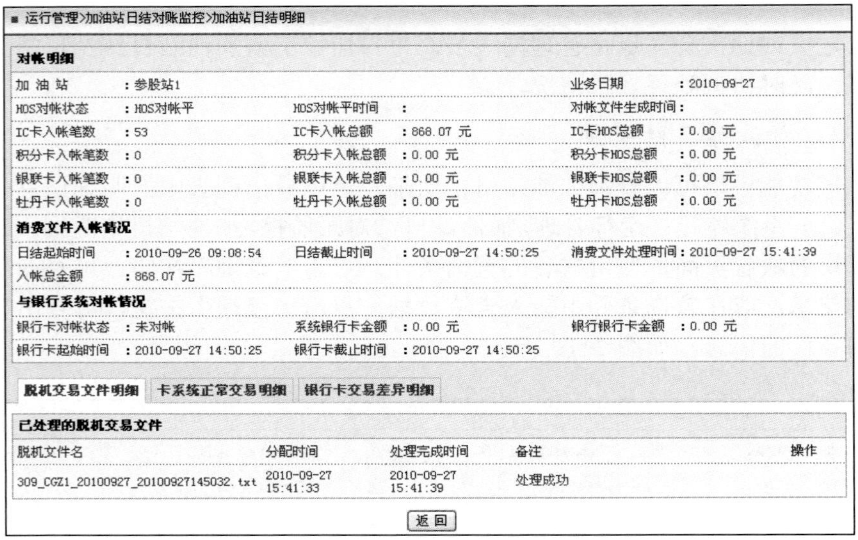

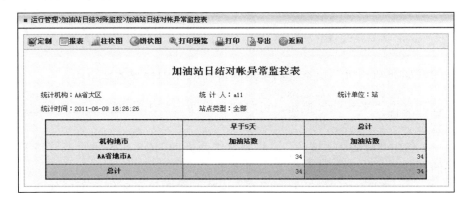

图 7-20　加油站日结明细页面

2. 加油站日结对账异常监控表

以报表的形式展示了加油站日结差异的情况。

系统路径：运行管理>加油站日结对账监控>加油站日结对账异常监控表。选择受理机构，点击"查询报表"后，如图 7-21 所示。

图 7-21　加油站日结对账异常监控表页面

3．加油站日结对账完成情况

系统路径：运行管理>加油站日结对账监控>加油站日结对账完成情况。选择受理机构，点击"查询报表"后，如图 7-22 所示。

图 7-22　加油站日结对账完成情况表页面

4．异常状态处理

卡核心系统内加油站的日结状态分为正常状态和异常状态两大类，其中日结对账异常的日结须根据要求处理到正常状态。

检查加油站日结对账情况，地市公司运行管理岗和清分管理岗协调处理各类异常状态的日结。

1）EPS 未上传

主要原因：

（1）加油站未及时做日结业务。

（2）加油站系统、设备、网络故障等客观原因导致无法日结。

（3）加油站营业状态未及时在系统中标注。

处理流程：

（1）若因加油站未及时日结，督促加油站尽快完成日结。

（2）若因系统、设备、网络、营业状态等原因导致加油站无法自行日结时，运行管理岗通知运维部门处理。

（3）运行管理岗联系加油站明确未上传原因。

（4）实际未营业的加油站，由清分管理岗在系统内标记为"未营业"。

2）等待生成对账文件

主要原因：

等待生成对账文件是由于加油站日结文件未及时上传造成，如：加油站未及时做日结操作，加油站内的系统、网络、设备原因等。

处理流程：

（1）若因未按规定时间日结，加油站应规范日结操作。

（2）若因系统、设备、网络等原因，由运维岗处理。

（3）已经产生的"等待生成对账文件"无须人为处理，系统每天 23：30 会自动发起对账，所有状态为"等待生成对账文件"的日结都会被处理为"等待 HOS 对账"。

3）等待 HOS 对账

主要原因：

（1）卡核心系统发起加油站日结对账后，未收到 HOS 对账结果会显示此状态。

（2）HOS 未返回对账结果的可能是由于 HOS 未收到 BOS 日结文件。

处理流程：

若原因为卡系统单边上传，清分管理岗按照差异处理流程处理。若清分管理岗无法处理或其他原因，清分管理岗联系财务人员，由 HOS 做相关处理后重新下发对账结果，由系统自动完成对账。

4）HOS 对账不平

主要原因：

加油站站级系统中的异常导致，如单边撤销、日结时点差异等。

处理流程：

（1）通知地市运维岗通过加油站站内 RPOS、BOS、EPS 系统提供的调整功能，修正 EPS 与 BOS 的差异后重新上传日结，卡与 HOS 重新对账。（具体详见第六章第 4 节）

（2）站级调整无法修正的，地市运维岗通知地市清算管理岗处理。

5）异常交易未处理

主要原因：

EPS 日结数据中存在未通过卡核心系统校验的交易。一般由于手工补录或卡支付终端错误产生，如补录交易的时间与小票不一致、卡支付终端上传数据不准确等。

处理流程：

（1）核对卡核心系统内交易数据与 EFT 小票不一致，地市清分管理岗在卡核心系统中参照加油站 EFT 小票修正数据后入账。

（2）核对卡核心系统内交易数据与 EFT 小票一致或无对应小票无法调整的。

两种处理方式：

（1）系统内交易数据与业务事实一致，由地市清算管理岗提交申请，地区清算管理岗审核后入账。

（2）系统内交易数据与业务事实不一致，由地区或地市公司清算管理岗作为非法交易处理。

5. 银行卡交易对账情况

该功能模块提供了银行卡交易的对账情况。

1）系统路径

运行管理>加油站日结对账监控>银行卡交易对账情况。使用缺省的查询条件，点击"查询"按钮，可查询出所有的信息；或在各查询条件中输入合法数据，点击"查询"按钮，可查出符合查询条件的信息，如图 7-23 所示。

■ 运行管理>加油站日结对账监控>银行卡交易对帐情况

📝定制　📋报表　📊柱状图　🥧饼状图　🖨打印预览　🖨打印　📤导出　◀返回

加油站银行卡交易对帐情况

统计机构：AA省大区　　　　统计人：a11　　　　统计单位：站

起始日期：2010-09-27　　　结束日期：2010-09-27

统计时间：2010-09-28 16:25:10　　统计依据：业务日期

机构地市	业务日期	未对帐 加油站数	总计 加油站数
AA省地市A	2010-09-27	2	2
	AA省地市A 汇总	2	2
AA省地市B	2010-09-27	1	1
	AA省地市B 汇总	1	1
总计		3	3

图 7-23　银行卡交易对账情况表页面

2）处理流程

地区公司/地市公司业务部门要对银行未对账情况进行监控，如出现差

异，由地区公司财务部门督导地市公司财务部门与银行进行对账，确保对账一致。

三、加油站异常交易监控

1. 加油站异常交易明细

该功能模块可以查询加油站异常交易明细，可以导出列表中的明细信息。

（1）系统路径：运行管理>加油站异常交易监控>加油站异常交易明细。使用缺省的查询条件，点击"查询"按钮，可查询出所有的信息；或在各查询条件中输入合法数据，点击"查询"按钮，可查出符合查询条件的信息，如图 7-24 所示。

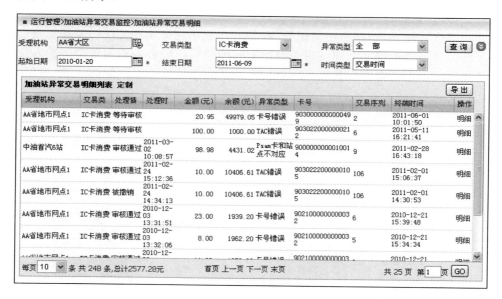

图 7-24　查询后页面

（2）点击列表中某信息的"明细"操作，进入显示明细页面，见图 7-25。

2. 加油站未处理异常交易监控表

以报表的形式统计异常交易，可按照异常类型、交易数、实际交易金额定制报表。

系统路径：运行管理>加油站异常交易监控>加油站异常交易监控表。输入查询条件，点击“查询报表”按钮，呈现出符合查询条件的报表，如图 7-26 所示。

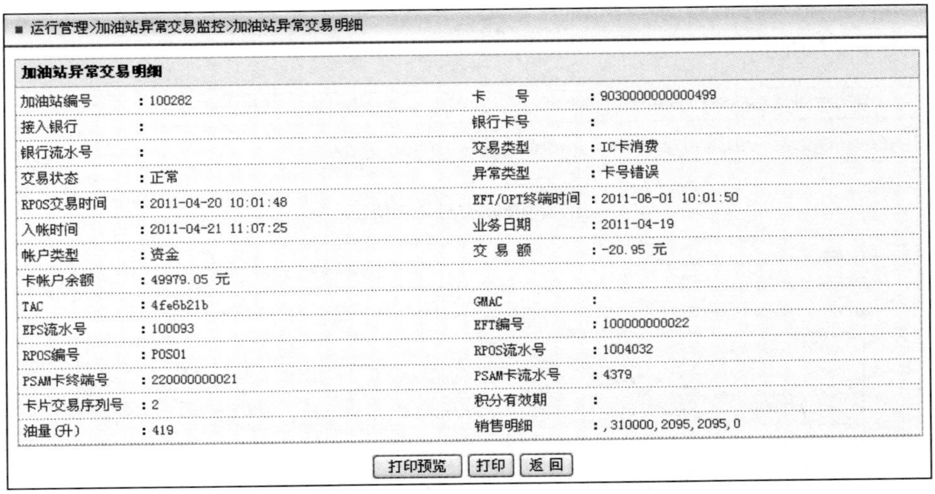

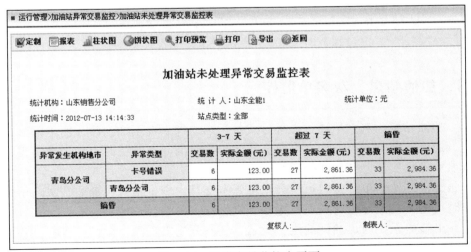

■ 运行管理>加油站异常交易监控>加油站异常交易明细

加油站异常交易明细

加油站编号	：100282	卡　　号	：9030000000000499
接入银行	：	银行卡号	：
银行流水号	：	交易类型	：IC卡消费
交易状态	：正常	异常类型	：卡号错误
RPOS交易时间	：2011-04-20 10:01:48	EFT/OPT终端时间	：2011-06-01 10:01:50
入帐时间	：2011-04-21 11:07:25	业务日期	：2011-04-19
帐户类型	：资金	交 易 额	：-20.95 元
卡帐户余额	：49979.05 元		
TAC	：4fe6b21b	GMAC	：
EPS流水号	：100093	EFT编号	：100000000022
RPOS编号	：POS01	RPOS流水号	：1004032
PSAM卡终端号	：220000000021	PSAM卡流水号	：4379
卡片交易序列号	：2	积分有效期	：
油量(升)	：419	销售明细	：,310000,2095,2095,0

打印预览　打印　返回

图 7-25　明细页面

■ 运行管理>加油站异常交易监控>加油站未处理异常交易监控表

定制　报表　柱状图　饼状图　打印预览　打印　导出　返回

加油站未处理异常交易监控表

统计机构：山东销售分公司　　统 计 人：山东全能1　　统计单位：元

统计时间：2012-07-13 14:14:33　　站点类型：全部

		3-7 天		超过 7 天		total	
异常发生机构地市	异常类型	交易数	实际金额(元)	交易数	实际金额(元)	交易数	实际金额(元)
青岛分公司	卡号错误	6	123.00	27	2,861.36	33	2,984.36
	青岛分公司	6	123.00	27	2,861.36	33	2,984.36
稿昏		6	123.00	27	2,861.36	33	2,984.36

复核人:＿＿＿＿＿　　制表人:＿＿＿＿＿

图 7-26　异常交易监控表页面

3．加油站异常交易处理情况

该功能模块提供了异常交易的处理情况，可按照异常类型、交易数、实际交易金额定制报表。

　　系统路径：运行管理>加油站异常交易监控>加油站异常交易处理情况。使用缺省的查询条件，点击"查询"按钮，可查询出所有的信息；或在各查询条件中输入合法数据，点击"查询"按钮，可查出符合查询条件的信息，如图 7-27 所示。

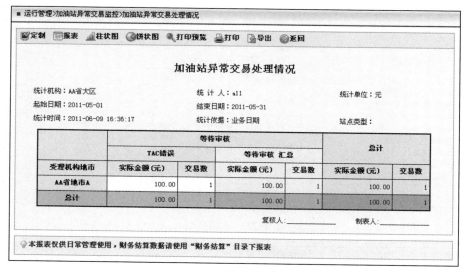

图 7-27　加油站异常交易处理情况页面

四、加油站黑、灰名单监控

　　加油站黑、灰名单通过文件方式每天由总部下发至加油站，由于网络带宽、速度等限制，下发黑灰名单会持续一段时间，在监控时点后加油站黑、灰名单数据应与总部保持一致。

　　加油站黑名单异常时可能会出现黑卡交易，产生损失；加油站灰名单异常时可能会导致异站解灰业务无法正常进行，影响客户体验。

　　卡核心系统内加油站的黑、灰名单状态分为"正常""数据错误""非最新版本""未上报"4 种：

　　"正常"为正常状态，不需要处理。

　　系统中存在黑、灰名单状态为"数据错误""非最新版本""未上报"的加油站，视作异常情况，需要及时处理。

1. 加油站黑灰名单明细

该功能模块提供了对加油站黑灰名单的监控明细。

系统路径：运行管理>加油站黑灰名单监控>加油站黑灰名单明细。使用缺省的查询条件，点击"查询"按钮，可查询出所有的信息；或在各查询条件中输入合法数据，点击"查询"按钮，可查出符合查询条件的信息，如图 7-28 所示。

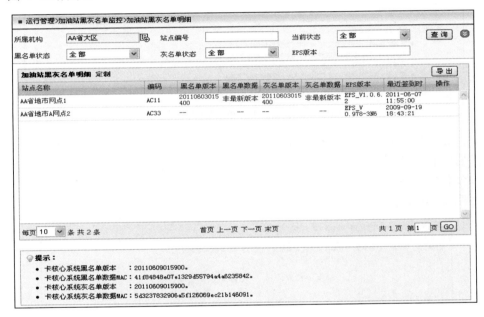

图 7-28　查询当前状态监控页面

2. 加油站黑灰名单监控表

该功能模块提供了对加油站黑灰名单的监控情况。

系统路径：运行管理>加油站黑灰名单监控>加油站黑灰名监控表。使用缺省的查询条件，点击"查询"按钮，可查询出所有的信息；或在各查询条件中输入合法数据，点击"查询"按钮，可查出符合查询条件的信息，如图 7-29 所示。

3. 加油站黑交易统计表

该功能模块提供了对黑交易的监控情况。

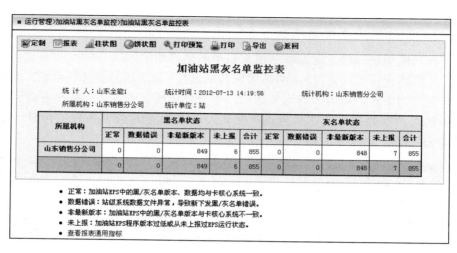

图 7-29　站级黑灰名单监控统计表页面

系统路径：运行管理>加油站黑灰名单监控>加油站黑交易统计表。使用缺省的查询条件，点击"查询报表"按钮，可查询出所有的信息；或在各查询条件中输入合法数据，点击"查询"按钮，可查出符合查询条件的信息，如图 7-30 所示。

图 7-30　黑名单卡交易监控报表页面

4．加油站历史黑灰名单明细

该功能模块提供了对站级历史黑灰名单的监控明细，供地区或地市公司运行管理人员查看。

系统路径：运行管理>加油站黑灰名单监控>加油站历史黑灰名单明细。使用缺省的查询条件，点击"查询"按钮，可查询出所有的信息；或在各查询条件中输入合法数据，点击"查询"按钮，可查出符合查询条件的信息，如图 7-31 所示。

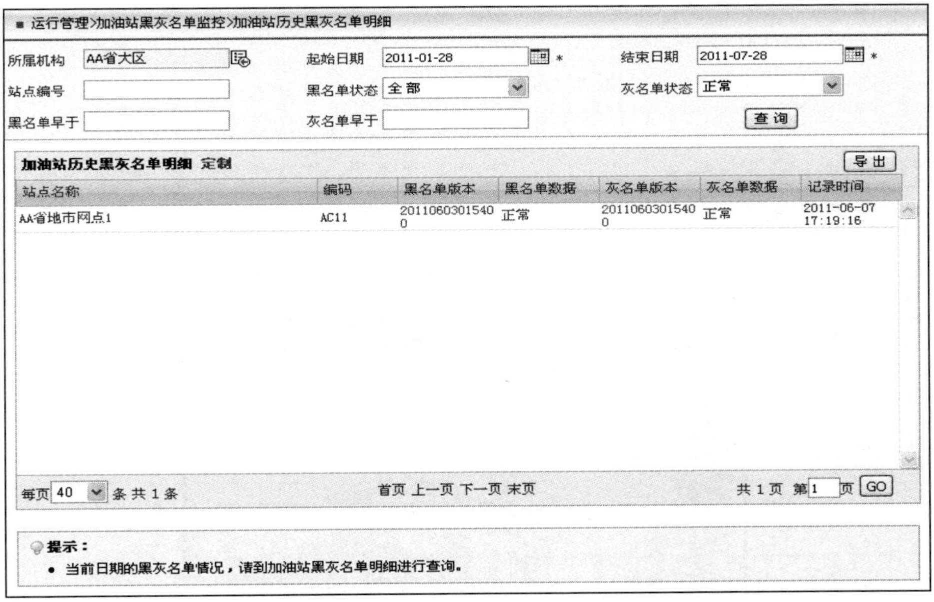

图 7-31　查询历史黑灰名单明细页面

5．加油站黑灰名单下载

该功能模块提供了对站级黑灰名单的下载，供地区或地市公司使用。

1）系统路径

运行管理>加油站黑灰名单监控>加油站黑灰名单下载。该功能模块的缺省页面，如图 7-32 所示。

2）黑名单下载

点击"下载"，如图 7-33 所示。

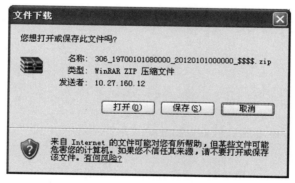

■ 运行管理>加油站黑灰名单监控>加油站黑灰名单下载

黑名单下载 灰名单下载

序号	文件名称	描述	操作
1	306_19700101080000_20120101000000_$$$$.zip	1970年01月01日08点00分 至 2012年01月01日00点00分数据	下载
2	306_20120101000000_20120201000000_$$$$.zip	2012年01月01日00点00分 至 2012年02月01日00点00分数据	下载
3	306_20120201000000_20120201015400_$$$$.zip	2012年02月01日00点00分 至 2012年02月01日01点54分数据	下载
4	306_20120201015400_20120202015400_$$$$.zip	2012年02月01日01点54分 至 2012年02月02日01点54分数据	下载
5	306_20120202015400_20120203015400_$$$$.zip	2012年02月02日01点54分 至 2012年02月03日01点54分数据	下载
6	306_20120203015400_20120204015400_$$$$.zip	2012年02月03日01点54分 至 2012年02月04日01点54分数据	下载
7	306_20120204015400_20120205015400_$$$$.zip	2012年02月04日01点54分 至 2012年02月05日01点54分数据	下载
8	306_20120205015400_20120206015400_$$$$.zip	2012年02月05日01点54分 至 2012年02月06日01点54分数据	下载
9	306_20120206015400_20120207015400_$$$$.zip	2012年02月06日01点54分 至 2012年02月07日01点54分数据	下载
10	306_20120207015400_20120208015400_$$$$.zip	2012年02月07日01点54分 至 2012年02月08日01点54分数据	下载
11	306_20120208015400_20120209015400_$$$$.zip	2012年02月08日01点54分 至 2012年02月09日01点54分数据	下载
12	306_20120209015400_20120210015400_$$$$.zip	2012年02月09日01点54分 至 2012年02月10日01点54分数据	下载

图 7-32　缺省页面

文件下载

您想打开或保存此文件吗?

名称：306_19700101080000_20120101000000_$$$$.zip
类型：WinRAR ZIP 压缩文件
发送者：10.27.160.12

[打开(O)]　[保存(S)]　[取消]

来自 Internet 的文件可能对您有所帮助，但某些文件可能危害您的计算机。如果您不信任其来源，请不要打开或保存该文件。有何风险?

图 7-33　文件下载页面

首先将文件下载到本地，然后运维人员将文件下发到加油站，存放在 BOS 所在机器的\\bos\eps\inbound 目录下解压。

3）灰名单下载

点击"灰名单下载"标签页，如图 7-34 所示。

点击"下载"，如图 7-35 所示。

首先将文件下载到本地，然后运维人员将文件下发到加油站，存放在 BOS 所在机器的\\bos\eps\inbound 目录下解压。

■ 运行管理>加油站黑灰名单监控>加油站黑灰名单下载

	黑名单下载	**灰名单下载**		

序号	文件名称	描述	操作
1	305_19700101080000_20120101000000_$$$$.zip	1970年01月01日08点00分 至 2012年01月01日00点00分 数据	下载
2	305_20120101000000_20120201000000_$$$$.zip	2012年01月01日00点00分 至 2012年02月01日00点00分 数据	下载
3	305_20120201000000_20120201015400_$$$$.zip	2012年02月01日00点00分 至 2012年02月01日01点54分 数据	下载
4	305_20120201015400_20120202015400_$$$$.zip	2012年02月01日01点54分 至 2012年02月02日01点54分 数据	下载
5	305_20120202015400_20120203015400_$$$$.zip	2012年02月02日01点54分 至 2012年02月03日01点54分 数据	下载
6	305_20120203015400_20120204015400_$$$$.zip	2012年02月03日01点54分 至 2012年02月04日01点54分 数据	下载
7	305_20120204015400_20120205015400_$$$$.zip	2012年02月04日01点54分 至 2012年02月05日01点54分 数据	下载
8	305_20120205015400_20120206015400_$$$$.zip	2012年02月05日01点54分 至 2012年02月06日01点54分 数据	下载
9	305_20120206015400_20120207015400_$$$$.zip	2012年02月06日01点54分 至 2012年02月07日01点54分 数据	下载
10	305_20120207015400_20120208015400_$$$$.zip	2012年02月07日01点54分 至 2012年02月08日01点54分 数据	下载
11	305_20120208015400_20120209015400_$$$$.zip	2012年02月08日01点54分 至 2012年02月09日01点54分 数据	下载
12	305_20120209015400_20120210015400_$$$$.zip	2012年02月09日01点54分 至 2012年02月10日01点54分 数据	下载

图 7-34 灰名单下载页面

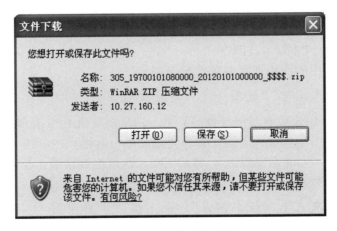

图 7-35 文件下载页面

五、加油站黑、灰名单异常状态

加油站黑、灰名单异常状态的原因及处理方法，如图 7-36 所示。

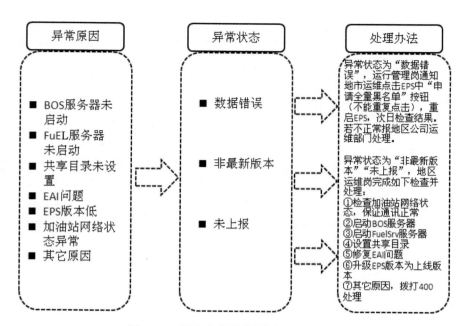

图 7-36　黑灰名单异常原因及处理流程

1. 黑、灰名单"数据错误"主要原因

（1）由于 EPS 版本过旧。

（2）EPS 中的历史黑灰名单数据未同步。

2. 黑、灰名单"数据错误"处理流程

（1）由于 EPS 版本过旧导致的异常，运维岗升级 EPS 到最新版本。

（2）若 EPS 版本正常，运行管理岗通知地市运维点击 EPS 中"申请全量黑名单"按钮（不能重复点击），重启 EPS，次日检查结果。若不正常报地区公司运维部门处理。

3. 黑、灰名单"版本错误""未上报"主要原因

系统、网络、设备故障导致黑名单未及时下发。

4. 黑、灰名单"版本错误""未上报"处理流程

（1）运行管理岗将黑灰名单"版本错误""未上报"状态的加油站明细提供给运维岗。

（2）地区运维岗完成如下检查并处理：

① 检查加油站网络状态，保证通讯正常。

② 启动 BOS 服务器。

③ 启动 FUEL 服务器（实际操作中多数不需要重启服务器）。

④ 设置共享目录。

⑤ 修复 EAI 问题。

⑥ 升级 EPS 版本为最新版本。

⑦ 其他原因，报总部 400 处理。

第五节　风险防范与控制

一、业务主要风险点识别

1. 可能存在的套利套现环节

1）发卡环节

在为单位客户办理消费折扣卡时，私自增加子卡数量并留存，用于套取消费折扣。

2）储值环节

利用促销储值优惠的政策，通过储值一定数目的金额套取储值优惠，而后再将储值金额套出。

（1）外部人员利用促销储值优惠的政策，通过储值一定数目的金额套取储值优惠，而后再将储值金额套出。

（2）售卡充值网点员工通过虚假储值，套取储值优惠，而后将虚拟储值金额套现，弥补储值金额差异。

（3）售卡充值网点员工在进行非油团购业务操作时，私自将团购资金充值加油卡，套取储值优惠，而后刷卡支付团购费用。

（4）可能存在外部人员为套取信用卡积分和额度金额，伙同员工代替现金储值客户刷卡储值。

3）消费环节

（1）售卡充值网点员工将现金消费部分用自有的消费折扣卡刷出，套取消费折扣。

（2）售卡充值网点员工将现金消费部分用自有的个人记名卡刷出，套取积分。

（3）客户伙同内部员工将其他客户现金消费部分用消费折扣卡刷出，套现套利。

（4）客户伙同内部员工，刷卡金额大于实际消费金额进行套现套利。

（5）售卡充值网点员工将代管卡消费返利部分套出，侵占客户利益。

（6）消费返利客户通过增发子卡给无关第三人，增大消费金额从而套取更多奖励。

（7）售卡充值网点员工通过撤销、挂起交易，事后通过消费 IC 卡套现套利。

（8）客户购买非油商品，支付时通过使用油品折扣卡代现金加油客户刷卡套取折扣。

4）消费环节可能存在无折扣卡套现

（1）部分客户为将卡内资金变现，伙同员工进行套现。

（2）部分客户为将卡内资金变现，在加油现场寻求现金加油客户，通过代刷加油卡套取现金。

（3）跨省套现。随着跨省客户开发力度加大，部分物流公司开始使用加油卡给予司机进行结算，卡片跨省消费逐步增多，主要集中在高速及省国道加油站，部分司机为增加现金流，与加油站员工勾结给予利益诱惑，帮助其套现。

5）消费环节可能利用信用卡套现套利

（1）利用与银行合作的促销活动，将客户现金消费部分用指定银行信用卡刷出，套取消费返利部分。

（2）利用自有信用卡、第三方卡，套取信用卡的还款优惠和银行积分。

（3）通过代刷客户信用卡、第三方卡，进行信用卡套现，获取非正当收益。

（4）售卡充值网点员工通过撤销、挂起交易，事后通过消费信用卡、第三方卡套取现金。

6）消费环节可能利用促销政策套利

售卡充值网点开展促销活动赠礼，网点员工未告知客户促销赠礼活动，私自截留礼品据为己有。

7）开展虚假业务可能套取公司奖励

售卡充值网点员工利用发卡奖励政策，虚开加油卡，虚拟充值，消费后套取发卡奖励。

2. 可能存在套取发票

1）储值环节可能套取发票

（1）客户大额储值套取发票，高于实际消费的部分金额通过套现收回。

（2）售卡充值网点员工未储值直接开取储值发票。

（3）售卡充值网点员工开具储值发票金额大于实际充值金额。

2）消费环节可能套取发票

（1）发票机脱机开票，客户开取高于实际消费金额的发票。

（2）单位客户通过员工虚增车队卡子卡（流向无关的散户），虚增消费从而套取增票。

（3）售卡充值网点员工通过撤销、挂起交易套取发票。

（4）客户消费发票未实时开具，违规补开发票金额大于实际消费金额。

（5）开票类型设置为储值开票的卡片，实际消费时又开具消费发票。

（6）将消费类商品销售开具专用发票，对客户用于直接消费而购买的烟、酒、食品、服装、鞋帽（不包括劳保专用部分）、化妆品、药品等商品开具增值税专用发票，将非油商品开成油品专用发票。

3. 可能存在扩大优惠范围

1）发卡环节私自办卡扩大折扣卡使用范围

售卡网点员工在为单位客户办理消费折扣卡时，私自增加子卡数量，用于自用或者赠送第三人使用。

2）储值环节扩大优惠范围

售卡充值网点员工未严格执行公司储值优惠的方案，对达不到储值优惠标准的部分给予优惠，扩大了优惠范围。

3）消费环节扩大优惠范围

（1）售卡充值网点员工利用手中折扣卡为第三方客户刷卡优惠，扩大消费折扣使用范围。

（2）售卡充值网点员工未严格执行分公司促销政策，对达不到促销活动要求的给予同样的销售政策，扩大促销范围。

4. 可能存在不规范操作

（1）加油卡客户协议无客户签字确认，发生客户纠纷。

（2）不记名卡和记名卡限额超过相关规定。

（3）网点在未收到实际充值款的情况下给客户充值。

（4）网点操作时将充值金额输入错误，导致公司利益损失。

（5）充值优惠日期与充值日期跨工作日。

（6）发票中未将消费折扣剔除或者标明，按消费原金额开具发票。

（7）撤销或作废的发票未加盖作废章，随意摆放不注意保管流向社会。

（8）网点每日未缴存或未足额缴存卡业务资金。

（9）网点在未经审批下，私自执行充值撤销，减少缴存款。

5. 可能存在客户信息泄露

不法分子利用员工或者员工主动泄露客户信息，可能给客户带来不必要的麻烦，甚至造成经济损失。

6. 可能通过交易挂起撤销进行套利套现

可登录加油站 BOS 后台，查询有无交易挂起和交易撤销，核实加油站交易挂起、撤销明细的真实性，如图 7-37、图 7-38 所示。

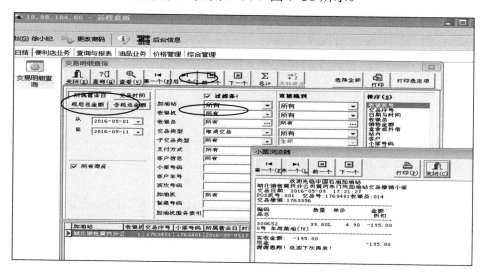

图 7-37　交易撤销查询页面

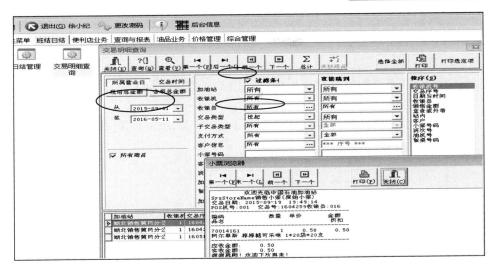

图 7-38　交易挂起查询页面

二、风险防控措施

1. 售卡网点层面

1) 日常培训

（1）岗位培训。每位新进员工必须在网点管理人员带领下学习相关管理规定，必须明确加油站的禁止操作事项：禁止刷卡套现、禁止私自代管客户卡，禁止代刷客户卡片、禁止虚开发票等，并要求新进员工留存学习记录。

（2）日常学习。网点管理人员利用站务会时间，指出日常工作中存在问题，定期向员工强调合规操作，学习管理制度，提高员工合规操作的自觉意识。

2) 发卡环节

（1）售卡充值网点 UKey 必须由网点管理人员负责保管，并且定期修改密码。

（2）售卡充值网点人员变动时，UKey、卡片以及相关台账必须作为交接的一项重要内容进行交接。

（3）个人卡发卡必须留存客户的身份证复印件，并在个人业务申请表上请客户签字确认，车队卡发卡必须留存客户签字盖章的子卡确认函。客户资料要按照相关规定妥善保管。

（4）发卡时引导客户设置密码，加强卡内资金安全。

3）储值环节

（1）售卡充值网点严禁变更客户储值支付方式，涉及储值优惠的，按照当期优惠规则给予客户。

（2）刷银行卡的客户须在刷卡小票上签字，信卡充值网点留存小票。

4）消费环节

（1）严禁员工代客户刷卡。

（2）严禁购买非油商品使用油品方式结算。

（3）严禁网点未经审批代管客户加油卡。对于确实有代管需求的，要客户出具代管委托书，明确付款方式，并经地区或地市公司审核后方可开展代管，地市公司对代管卡负有监管责任。

（4）刷银行卡的客户须在刷卡小票上签字，信卡充值网点留存小票。

撤销交易必须向地市公司申报，地市公司同意后方可进行操作。

（5）发票开具遵守国家和集团公司相关要求。

5）日常监控

（1）售卡充值网点管理人员可通过 EPS、CRM 等系统，开展加油卡异常数据筛查核实工作，对储值频次较多、金额较大的疑似异常卡片对比视频监控进行复核，对于套利、套现等违规行为，及时上报地市公司。

（2）售卡充值网点管理人员每日对发票开具情况进行抽查，对检查情况进行记录，发现违规开票的要及时上报地市公司。

（3）售卡充值网点管理人员每日对售卡凭证进行抽查，记录检查情况，发现问题及时进行整改。

（4）卡充值网点管理人员每日班结做好资金对账工作，发现短款现象要及时查明原因，对于操作错误造成的损失要设法追回，无法追回的按照相关规定处理。

2. 地市公司层面

1）完善管理制度

地市公司可根据上级单位管理制度，建立有关加油卡管理、发票管理的相关实施细则，开展加油卡业务促销或激励时，需注重加油卡业务风险防范。

2）加强日常监控

（1）地市公司可通过卡核心、CRM、自建数据分析等系统，定期开展加油卡异常数据筛查核实工作，对于套利、套现等违规行为，按照相关规定严肃处理。

（2）地市公司应加强对售卡充值网点进行加油卡业务检查，对于查处的问题要跟踪对接，保证售卡充值网点整改落实到位。

（3）地市公司应认真核实银行支票到账情况，及时核查充值资金到账情况，减少资金在途时间，遇有异常情况及时对相关网点进行查询、检查，以规避资金风险。

（4）地市公司财务部门要做好发票管理，网点领取发票必须到地市公司领取登记，网点撤销、作废的发票必须及时收缴。

3）签订风险防控廉洁自律责任书

地市公司组织涉及风险防控的员工签订廉洁自律书时，可加入风险防控的有关内容，让员工在思想意识形态上认识到风险防控的重要性。

4）引入法律追责制度

对于性质严重、影响恶劣的违规事件，地市公司应使用法律手段，打击违纪违规现象。

5）开展专项检查

（1）地市公司要定期开展加油卡专项检查工作。检查时重点关注围绕套现套利消费的特点，如：卡片消费量较大、卡片折扣额度较大、闲时操作（夜间和低峰期操作）、折扣子卡单独充值、储值刷卡同时操作。同时在检查时还要随机抽查消费频次较低、外省卡本地消费、刷取非油商品的卡片，保证卡片检查覆盖范围。

（2）及时通报。检查过后，要对售卡充值网点检查情况进行通报，特别是对于违规操作，一旦发现异常，必须彻查清楚，事后及时下发通知公告，对违规风气予以震慑。

3. 地区公司层面

1）制度建设

（1）完善管理制度。

地区公司可根据上级公司规章制度建立自身执行性较强的加油卡管理制度，指导督促地市公司及时开展加油卡监控工作，防止监控流于形式。

（2）举报制度。

充分发挥加油站内部员工及外部客户的监督作用，可在地区公司办公平台设立举报电话，对卡业务违规行为进行检举，营造加油卡操作环节公开、透明接受群众监督的工作氛围，对举报人信息实行保密。

2）创新管理

地区公司可结合自身实际，在管理创新上下功夫，让地市公司风险防控变被动接受检查为主动加强监控。例如利用折扣率差异化考核，促使地市公司高度关注折扣使用流向，关注加油卡业务运行中不规范折扣、卡交易等行为，提高卡监控力度。

3）源头管控

地区公司可将风险防范作为经营活动的重要因素进行考虑。进一步规范储值优惠、阶梯优惠、油非互动等促销形式，实际业务开展过程中要重点突出风险点管控，切实将风险管控贯穿于业务应用与营销活动全过程中。

4）日常检查

地区公司可通过卡核心、CRM、自建数据分析等系统，开展加油卡异常数据筛查核实工作，对于套利、套现等违规行为，按照相关规定严肃处理。

5）专项检查

地区公司要定期开展专项检查，可联合财务、审计部门开展加油卡异常交易检查工作，充分利用 CRM、卡核心、监察、远程视频监控等先进手段，进行数据分析排查工作，重点检查套现、套利、套发、虚假业务等关键风险点，通过专项检查提升各级公司风险防控水平。

6）跨省联动

根据地市公司上报疑似异常外省卡，由地区公司联系对应地区公司了解客户情况，如客户是否签约、储值情况、下挂子卡情况、下属车辆情况等，协助地市公司做好问题跟踪。

7）加强培训

地区公司可根据业务需要，组织地市公司、售卡充值网点管理人员，重点围绕加油卡业务流程、监控系统操作、常见风险解析等方面进行培训，提升基层管理人员实际动手和问题分析能力，更好地指导加油卡业务规范运行和健康持续发展。

4. 销售公司层面

1）系统建设

销售公司根据风险特征建立风险管控信息系统，持续完善 CRM 系统分析维度，不断调整异常规则，提升监控效率，把握事前、事中、事后三个环节，通过日常交易数据与系统设定的监控指标值比对，对异常数据自动报警，实现全覆盖的实时监控。

2）强化培训

销售公司根据实际业务需要，组织地区公司开展加油卡风险业务培训，强化问题根源治理，认真分析问题深层次原因，研究和制定从源头上解决问题的工作措施，不断总结在经营过程中衍生出的新型风险，举一反三，形成风险案例，实时进行共享，及时完善管理流程。

3）统筹协调

针对各地区公司本地卡外省消费套票等风险，定期收集地区公司筛选疑似异常外省卡，及时统筹协调对应地区公司了解客户情况，协助相关地区公司做好问题跟踪，逐步建立全国联动的风险防控机制。

5. 设备设施要求

（1）视频监控系统作为风险防控的重要手段，要求实现加油现场、油罐区、收银室、办公室、便利店等重点区域全覆盖，确保监控角度合理、视频画面清晰。

（2）要保证视频监控主机的硬盘存储时间达到 30 天以上。

（3）做好信息设备配备、维修、升级和调试工作，指导网点做好信息设备日常维护和保养，保证网点设备的正常运行。

6. 建立长效风险防范机制

随着业务的不断发展，新的技术手段与卡系统进行不断的融合以适应业务的发展需求，在促进业务发展给客户带来便利的同时也不免带来新的风险，要建立一套体系完备与时俱进的卡风险防控体系，从而建立长效防控机制。

1）建立行之有效的卡管理制度

（1）地区、地市必须根据本地客户消费习惯建立行之有效的卡管理制度。地区公司建立的卡管理制度必须认真梳理地区及地市公司的风险防控关键点，制定有效的操作办法，指导地市公司高效开展卡风险监控工作，确保监控有的放矢，风险防控到位。地市公司也要建立各自的卡管理制度，以制度的形式将网点从申请领卡、发卡、日常卡充值消费以及最后的卡回收各个环节的操作流程进行规范，并制定相应的奖惩措施，保证政策执行到位，将风险控制在源头。

（2）卡管理制度必须定时更新。随着业务的发展以及新技术的应用，出现了新的风险点。原有的办法无法对新的风险进行监控和预防，并且出现问题时没有判定的标准和依据，新的风险无法得到及时有效的防控，所以卡管理制度必须根据业务的发展不断进行更新。

（3）建立卡风险防控数据库。地区公司将日常检查以及地市公司自查、交叉检查等发现的问题案例牵头进行汇总，建立卡风险防控数据库，通过案例共享提升地市公司卡风险监控能力和水平，进而加强卡风险防控力度。

2）建立强大的风险防控队伍

（1）建立卡专业监管队伍。各地区、地市公司要加强卡监控力量，有条件的要建立卡监控专业队伍。在形式上地区公司加油站管理处可采取区块化监控模式，每名卡监控人员负责一部分地市公司，对业务风险类型进行识别和总结，单独完成全流程监控工作；地市公司卡监控人员负责本公司之内的业务风险识别和查处。

（2）充实卡管理备岗人员。地市公司作为卡风险防控的第一主体，要建立卡关键岗位备岗机制，备岗人员要定期与主岗人员一起参加卡风险方面的培训学习，定期与主岗人员进行实地检查，参与与卡关联的其他事物，保证主岗备岗业务能力相当，避免因关键人员岗位变动发生卡风险防控工作打折的情况出现。

（3）加强基层员工培训。所有新进员工、新任网点管理人员必须参加地区或者地市公司统一组织的卡业务知识专项培训，并进行相关的考核。通过多种形式的培训，逐步扩大卡风险防控群体，缩小卡风险防控的范围。

3）建立岗位风险预防机制

所有的风险归根结底是人的风险，对于人的管理是整个风险防控的核心，要建立长久的岗位风险预防机制。

（1）持续培训，强化岗位风险防控意识。风险潜伏在业务的全过程，因此要把风险防控摆在加强卡管理工作的重要位置，不断加强各层级、各岗位人员的风险意识，定期组织相关岗位人员参加专项培训学习，对日常业务中的风险进行详细的讲解和学习，持续强化岗位"自珍、自学、自省、自防"四种意识。

（2）固化模式，定期开展岗位风险识别。在日常业务中系统地开展岗位风险识别工作，融入加油卡管理全部环节，尤其在新员工入职、新业务启动前应开展卡风险识别，强化防范措施。

（3）强化管控，开展关键时点警示提醒。为让各级岗位时刻警醒，保持风险持续防控意识，除日常会议、培训强化风险警示外，在日常工作中可根据实际情况，不定时以通知、微信等形式告知风险点，起到警示作用，确保风险有效防控。

4）依靠系统提升风险防控水平

（1）系统应持续优化升级。卡系统以业务实际需求为出发点，已经具备一定的监控和管理功能，为业务开展带来便利，同时也使业务运行更加规范受控，减轻了岗位人员的工作强度，提升了业务效率降低了业务风险。新的业务还将不断涌现，风险防控任重而道远，用系统规范操作流程是规避风险的有效手段，为保障业务运作合规受控，卡系统的持续升级将更加贴近业务实际需求。

（2）已具备的系统监控功能。目前 CRM 系统已经具备套现分析功能，也可利用卡系统"运行管理"模块下"交易监控"中"个人客户异常消费套利监控"和"单位客户异常消费套利监控"，为地区/地市公司的风险监控提供了便利，异常数据判断也更加精准高效，操作人员工作强度进一步减轻，为加油卡整体风险防控水平提升提供基础保障。

三、CRM 系统套现分析功能

为强化加油卡套现管理，提升加油卡异常交易分析功能，CRM 系统中新增套现分析功能，依据加油卡异常监控规则，提供疑似刷卡套现的卡片明细、交易等信息，以供排查。

1. 登录

登录地址：https://iam.cnpc/applistjct/applist/，登录页面如图 7-39 所示。

图 7-39　CRM 系统登录页面

2. 主要功能

（1）套现分析：依据加油卡异常监控规则，提供疑似刷卡套现的卡片明细、交易等信息，以供排查。

加油卡异常监控规则（包括但不限于下述规则）：

单笔汽油消费×××元及以上

单日刷卡×次及以上

单日深夜刷卡×次及以上

一周内×天及以上深夜刷卡

一周内有混刷×次及以上

一周内汽油消费超过×××元（含）

一周内柴油消费超过×××元（含）

（2）白名单：对于交易频次、消费金额超出常规消费的异常交易行为的卡片，经网点、地市、地区公司逐级核查，确属是客户自主消费行为，经审批后，可纳入至 CRM 系统中白名单管理。

（3）业务规则

CRM 系统套现分析报表统计周期为一周，每周起止日期为周一到周日。

3. 职责权限

（1）销售公司负责制定全国加油卡异常监控规则，指导地区公司开展加油卡异常交易监控工作。

（2）地区公司负责组织辖区内加油卡异常交易核查工作；负责辖区内白名单审批和复核等工作。负责辖区内加油站套利、套现等违规行为备案工作。

（3）地市公司负责组织辖区内加油卡异常交易核查工作；负责辖区内白名单核查、确定、新增、撤销等工作；负责辖区内加油站套利、套现等违规行为复核、分析、处理及上报工作。

（4）加油站负责本站加油卡异常交易核查工作；负责本站白名单核查、上报、跟踪工作；负责本站套利、套现等违规行为上报工作。

4. 加油卡异常交易分析流程

1）登录路径

客户关系管理系统>智能分析>统计分析，如图 7-40 所示。

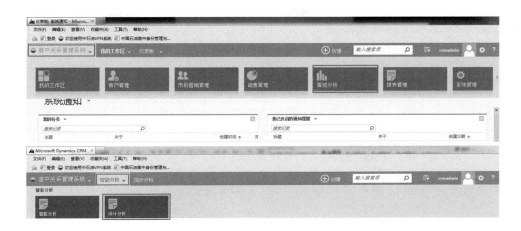

图 7-40　CRM 系统智能分析功能页面

2）统计分析报表

（1）汽油单笔消费×××元及以上，如图 7-41 所示。

日期：2016-12-04 至 2017-01-11　省公司*：中国石油辽宁...　地市：　加油站：　查询

1. 汽油单笔消费800元及以上　2. 单日刷卡3次及以上　3. 单日深夜刷卡3次及以上

序号	地市公司名称	地市公司编码	刷卡加油站	加油站编码	个人姓名	单位名称	单位编号	卡号	刷卡日期	总刷卡次数	超800刷卡次数	刷卡金额(元)	折扣金额(元)	折扣率(%)	开户机构	合同名称	超800消费升数	平均单次刷卡升数
1			辽宁丹东东出口加油站	EE26	邹福军	宽甸祺鑫矿业有限公司	1001580144	9100000000987376	2016-12-13	1	1	850.00	0.00	0.00%	辽宁丹东销售分公司	所有客户优惠合同	118.22	118.22
2					无	宽甸宝源建筑工程有限公司	1001113373	9130210000585317	2016-12-17	1	1	851.00	0.00	0.00%	辽宁丹东销售分公司	所有客户优惠合同	111.83	111.83
3					刘鹏	沈阳东通电子信息网络工程有限公司	1000828297	9130210001798407	2016-12-14	2	1	2280.00	0.00	0.00%	辽宁丹东销售分公司	所有客户优惠合同	381.27	381.27

图 7-41　CRM 系统统计分析报表-汽油单笔消费×××元及以上页面

（2）单日刷卡×次及以上，如图 7-42 所示。

日期：2016-12-04 至 2017-01-11　省公司*：中国石油辽宁...　地市：　加油站：　查询

1. 汽油单笔消费800元及以上　2. 单日刷卡3次及以上　3. 单日深夜刷卡3次及以上

序号	地市公司名称	地市公司编码	刷卡加油站	加油站编码	个人姓名	单位名称	单位编号	卡号	刷卡日期	刷卡次数	刷卡金额(元)	折扣金额(元)	折扣率(%)	合同名称	单日消费总升数	平均单次刷卡升数
1					张德权	无	0062480349	9030210002146234	2016-12-18	3	260.00	0.00	0.00%	所有客户优惠合同	41.08	13.69
2					林兴军	中移铁通有限公司丹东分公司	1001493550	9100000000986649	2016-12-16	3	600.00	0.00	0.00%	所有客户优惠合同	94.8	31.60

图 7-42　CRM 系统统计分析报表-单日刷卡×次及以上页面

（3）单日深夜刷卡×次及以上，如图 7-43 所示。

序号	地市公司名称	地市公司编码	刷卡加油站	加油站编码	个人姓名	单位名称	单位编号	卡号	刷卡日期	刷卡次数	刷卡天数	刷卡油品种数	刷卡金额（元）	折扣金额（元）	折扣率(%)	单日消费总升数	平均单次刷卡升数
1			辽宁铁岭销售分公司开原第六加油站	RJ4D	王伟	无		9030210001218265	2016-12-14	3	1	1	1100.00	0.00	0.00%	170.02	56.67
2			辽宁销售铁岭分公司兴东加油站	RJ0V	无	安达市三友空压配件有限公司		9130190001274486	2016-12-16	3	1	1	1530.00	0.00	0.00%	256.11	85.37
3					左洪革	铁岭市林业科学研究院		9130210001416043	2016-12-13	4	1	1	1140.00	0.00	0.00%	188.75	47.19

图 7-43　CRM 系统统计分析报表-单日深夜刷卡×次及以上页面

（4）一周内×天及以上深夜刷卡，如图 7-44 所示。

序号	地市公司名称	地市公司编码	刷卡加油站	加油站编码	个人姓名	单位名称	单位编号	卡号	刷卡日期	刷卡次数	刷卡天数	刷卡油品种数	刷卡金额（元）	折扣金额（元）	折扣率(%)	单日消费总升数	平均单次刷卡升数
1			辽宁丹东东出口加油站	RR26	刘月明	无	0027481296	9030210002076310	2016-12-13	1	6	1	100.00	0.00	0.00%	16.72	16.72
2									2016-12-14	1	6	1	160.00	0.00	0.00%	26.76	26.76
3									2016-12-15	1	6	1	178.00	0.00	0.00%	28.12	28.12
4									2016-12-16	1	6	1	160.00	0.00	0.00%	25.28	25.28
5									2016-12-17	1	6	1	165.00	0.00	0.00%	26.07	26.07
6									2016-12-18	1	6	1	155.00	0.00	0.00%	24.49	24.49

图 7-44　CRM 系统统计分析报表-一周内×天及以上深夜刷卡页面

（5）一周内汽柴混刷，如图 7-45 所示。

图 7-45　CRM 系统统计分析报表-一周内汽柴混刷页面

（6）一周内汽油消费×××元及以上，如图 7-46 所示。

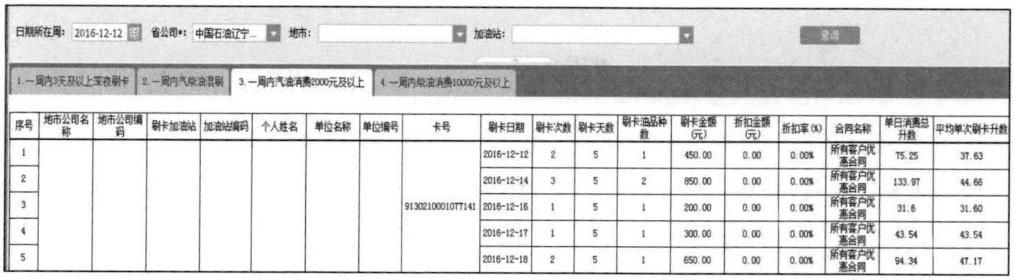

序号	地市公司名称	地市公司编码	刷卡加油站	加油站编码	个人姓名	单位名称	单位编号	卡号	刷卡日期	刷卡次数	刷卡天数	刷卡油品数	刷卡金额(元)	折扣金额(元)	折扣率(%)	合同名称	单日消费总升数	平均单次刷卡升数
1									2016-12-12	2	5	1	450.00	0.00	0.00%	所有客户优惠合同	75.25	37.63
2									2016-12-14	3	5	1	850.00	0.00	0.00%	所有客户优惠合同	133.97	44.66
3								913021000107T141	2016-12-16	1	5	1	200.00	0.00	0.00%	所有客户优惠合同	31.6	31.60
4									2016-12-17	1	5	1	300.00	0.00	0.00%	所有客户优惠合同	43.54	43.54
5									2016-12-18	2	5	1	650.00	0.00	0.00%	所有客户优惠合同	94.34	47.17

图 7-46　CRM 系统统计分析报表--一周内汽油消费×××元及以上页面

（7）一周内柴油消费×××元及以上，如图 7-47 所示。

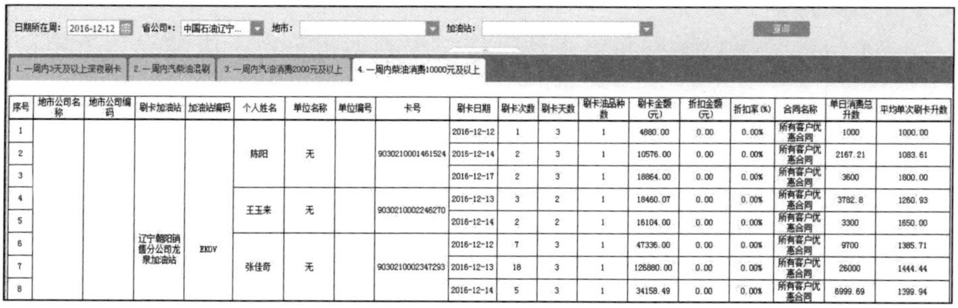

序号	地市公司名称	地市公司编码	刷卡加油站	加油站编码	个人姓名	单位名称	单位编号	卡号	刷卡日期	刷卡次数	刷卡天数	刷卡油品数	刷卡金额(元)	折扣金额(元)	折扣率(%)	合同名称	单日消费总升数	平均单次刷卡升数
1					陈阳	无		9030210001461524	2016-12-12	1	3	1	4880.00	0.00	0.00%	所有客户优惠合同	1000	1000.00
2									2016-12-14	1	3	1	10576.00	0.00	0.00%	所有客户优惠合同	2167.21	1083.61
3									2016-12-17	1	3	1	18864.00	0.00	0.00%	所有客户优惠合同	3600	1800.00
4			辽宁朝阳朝阳德亿分公司龙原加油站	EKDV	王玉来	无		9030210002246270	2016-12-13	3	2	1	18460.07	0.00	0.00%	所有客户优惠合同	3782.8	1260.93
5									2016-12-16	1	2	1	16104.00	0.00	0.00%	所有客户优惠合同	3300	1650.00
6					张佳奇	无		9030210002347293	2016-12-12	7	3	1	47336.00	0.00	0.00%	所有客户优惠合同	9700	1385.71
7									2016-12-13	18	3	1	126880.00	0.00	0.00%	所有客户优惠合同	26000	1444.44
8									2016-12-14	5	3	1	34158.49	0.00	0.00%	所有客户优惠合同	8999.69	1399.94

图 7-47　CRM 系统统计分析报表--一周内柴油消费×××元及以上页面

（8）单卡异常明细查询，如图 7-48 所示。

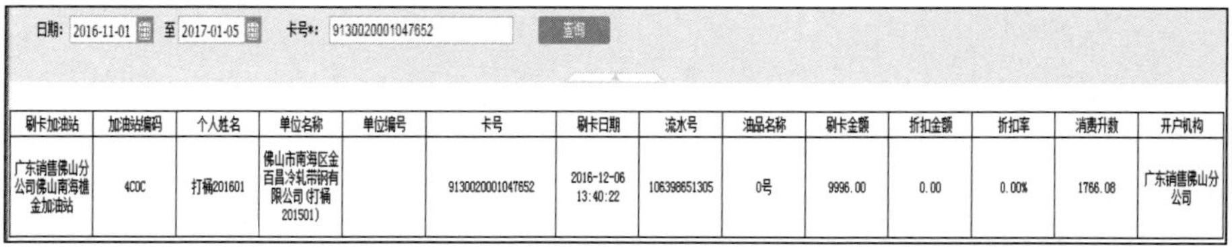

刷卡加油站	加油站编码	个人姓名	单位名称	单位编号	卡号	刷卡日期	流水号	油品名称	刷卡金额	折扣金额	折扣率	消费升数	开户机构
广东销售佛山分公司佛山南海雄金加油站	4C0C	打稿201601	佛山市南海区金百昌冷饥带钢有限公司 (打稿201501)		9130020001047652	2016-12-06 13:40:22	106398651305	0号	9996.00	0.00	0.00%	1766.08	广东销售佛山分公司

图 7-48　CRM 系统统计分析报表-单卡异常明细查询页面

3）核查流程

（1）加油站根据 CRM 系统每周数据分析报表，逐一与监控视频进行核实，将核实情况上报地市公司。

（2）地市公司根据加油站上报结果，通过远程视频监控平台进行抽查复核，对于违规行为根据制度及时处理，并向地区公司备案。

（3）地区公司根据地市公司上报情况，协调跨区违规行为进行处理。

5. 白名单管理流程

（1）加油站经理负责对白名单进行复核和申报，每周加油站经理根据上周系统中套现分析报表对卡片进行核查，将符合条件的卡号形成白名单（含：卡号、名称、申请理由），申请理由需包含车辆、加油习惯等信息，签字确认后，通过系统外上报至地市公司，并根据白名单消费情况定期提交撤销申请。

（2）地市公司为白名单管理责任主体，对上报白名单数据逐一核查，核实无误后经地市公司主要领导签字审核后向地区公司提交申请，经过地区公司审核后，地市公司将符合白名单条件的卡号在 CRM 系统中进行维护，并负责后期跟踪消费情况。

（3）地区公司负责白名单审核工作，根据地市公司上报情况审批申请，并定期对白名单真实性进行抽查。

第八章 网点管理与操作

一、UKey 管理

UKey 的领用、保管、使用等要做好登记，以备查看。UKey 原则上由售卡充值网点操作员保管，遇特殊情况按规定程序做好交接工作。对于未留交接记录的，由值班经理负责。若售卡充值网点操作员有人事变动，应及时报地市公司变更系统内 UKey 的相关信息。

二、终端设备管理

售卡充值网点终端设备应有专人保管，主要负责日常管理、保养、维护工作，确保系统正常使用。严禁更改设备各项参数配置（包括安装与系统无关的软件与硬件）及在计算机上做与售卡业务无关的操作。如违反规定，将追究操作人员责任。

建立设备运行档案，做好设备运行日常保养，及时掌握设备的运行状况。设备发生故障时，应及时向地市公司上报，由信息部门协调相关人员分析解决。未经许可，不得擅自进行维修。建立设备运行报废处理制度。对已达到使用年限或老化无法继续使用的设备、部件，应向地市公司申请报废，并进行相应的处理。

三、系统及网络管理

售卡充值网点网络设置要求仅限访问中国石油内部网络，严禁接入外网。当系统升级时，售卡充值网点须做好公告和客户解释工作，避免引起投诉。在地区、地市公司系统运维部门的指导下做好系统和网络管理工作，确保系统运行顺畅。软件、硬件配置应与系统运行要求相兼容。

第二节　卡片管理

一、计划申请

当卡片库存不足时，应及时向上级管理部门提报需求计划。

二、卡片领用

加油卡卡片从地市公司管理部门领取后，应确保在途卡片安全（在途不得超过 48 小时），到达网点后及时在系统内入库，同时卡片放入保险柜保管。

接收前需要认真核对所领取的卡片数量、号码是否与待入库单上一致。

具体操作步骤如下：

（1）系统路径：卡片管理>卡片管理>成品卡库存管理>卡片入库，进入"卡片入库"功能缺省页面。

（2）可输入查询条件或缺省查询条件，点击"查询"按钮，列举出符合条件的未接收卡片出库单信息。

（3）点击"操作"列表中的"入库"按钮，完成卡片入库，显示卡片入库单。

三、卡片保管

各类卡片直接涉及资金和信息的安全，一旦外泄必将影响系统的安全性和稳定性，必须提高卡片保管的安全意识，卡片领回后应按不同类别、不同状态进行保管。

对于已经预先存入金额的各类客户用卡，等同于现金，按照现金的保管制度执行。

四、销户卡片处理

售卡充值网点应先在加油系统进行销户处理后再将客户销户的卡片芯片进行剪损处理。

五、卡片盘点

每月开展加油卡数量盘点工作，填制加油卡数量盘点相关表单并上报；发现差异应及时查找原因，上报地市公司管理部门，并在系统中进行差异调整处理。

第三节　缴存单管理

一、定义

缴存是指每日售卡充值网点日结后，操作员将当日营业额通过银行上门取款或其他方式存入银行账户的行为。

缴存单是指售卡充值网点操作员在系统中进行封包、缴存而产生的单据。

二、缴存操作

1. 缴存单录入

缴存单的录入分两部分，现金录入和支票封包。现金可分多次录入，录入总金额不得大于应缴存现金额。

具体操作步骤如下：

系统路径：卡片管理>处理卡交易>缴存单>缴存单录入，进入"缴存单录入"功能缺省页面。售卡充值网点操作员在录入资金处填写金额，点击"录入"按钮后，信息会显示在现金已封包缴存单列表中。存在未被复核的现金缴存单，等待复核完毕再进行新增操作，如图 8-1 所示。

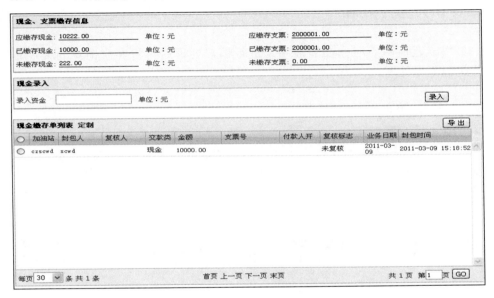

图 8-1　现金录入页面

2. 复核缴存单

售卡充值网点人员对录入和补缴的缴存单进行复核，若核实缴存单详细信息与实际不符时，可进行撤销操作。

具体操作步骤如下：

（1）系统路径：卡片管理>处理卡交易>缴存单>复核缴存单，进入"复核缴存单"功能缺省页面，如图 8-2 所示。

（2）点击列表中的"缴存单编号"进入缴存单详细页面，如图 8-3 所示。

（3）核实缴存单详细信息与实际相符后，点击"复核"按钮，如图 8-4 所示。

（4）打印单据。单据一式两联单，如图 8-5 所示。若核实缴存单详细信息与实际不符，点击"撤销"按钮。

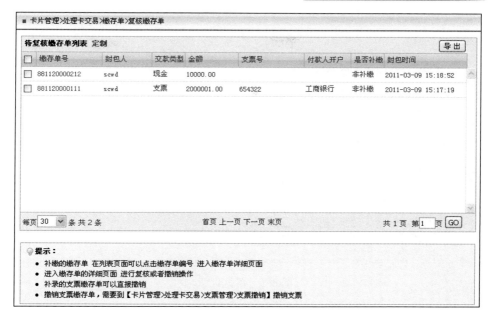

图 8-2 复核缴存单缺省页面

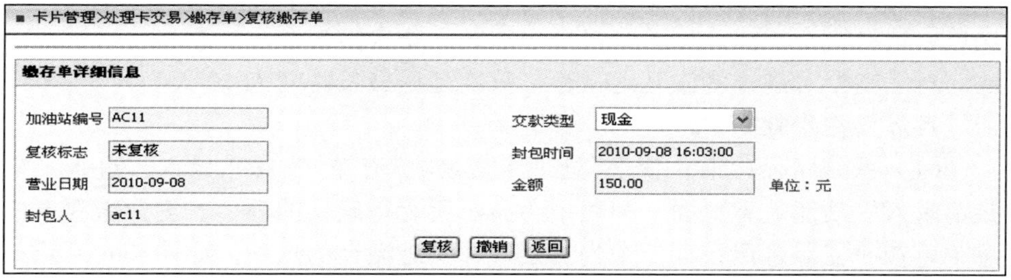

■ 卡片管理>处理卡交易>缴存单>复核缴存单

缴存单详细信息

加油站编号 AC11   交款类型 现金

复核标志 未复核   封包时间 2010-09-08 16:03:00

营业日期 2010-09-08   金额   150.00   单位：元

封包人   ac11

复核 撤销 返回

图 8-3 复核缴存单明细页面

图 8-4 成功提示页面

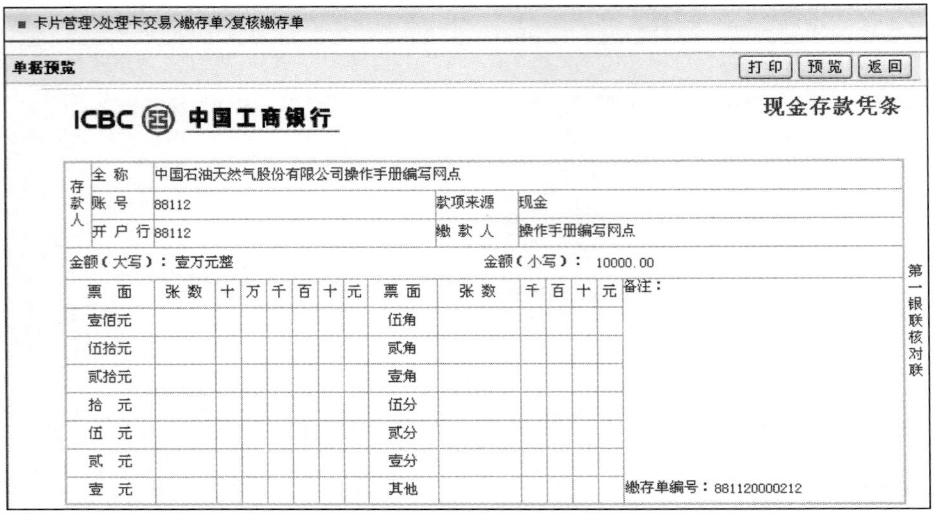
■ 卡片管理>处理卡交易>缴存单>复核缴存单

单据预览　打印　预览　返回

ICBC 中国工商银行　现金存款凭条

存款人	全称	中国石油天然气股份有限公司操作手册编写网点		
	账号	88112	款项来源	现金
	开户行	88112	缴款人	操作手册编写网点

金额（大写）：壹万元整　金额（小写）：10000.00

票面	张数	十	万	千	百	十	元	票面	张数	千	百	十	元	备注：
壹佰元								伍角						
伍拾元								贰角						
贰拾元								壹角						
拾元								伍分						
伍元								贰分						
贰元								壹分						
壹元								其他						缴存单编号：881120000212

第一联　银行核对联

图 8-5　单据页面

3. 交接单录入

系统会根据复核后的缴存单自动生成交接单。售卡充值网点操作员在交接单中选择缴存方式，核对交接单中的数据与实际资金、支票相符后进行确认。对于支票可进行多次延迟缴存，每次延迟最长时间为 10 天。

具体操作步骤如下：

（1）系统路径：卡片管理>处理卡交易>缴存单>交接单录入，进入“交接单录入”功能缺省页面。列表中会显示所有待确认的现金、支票缴存单信息，可在“支票延迟日期”中为支票选择延迟缴存的日期，如图 8-6 所示。

（2）为每条数据选择缴存方式（如“工行到行缴款”等），并点击“全部缴存”按钮，提交交接单，等待复核交接单。

4. 复核交接单

售卡充值网点操作员对系统生成的交接单进行复核，交接单信息与实际一致时，打印交接单提交加油站经理或加油站经理指定的人员（非售卡充值网点操作员）审核签字。通过本功能打印的交接单由加油站经理或加油站经理指定人员（非售卡充值网点操作员）进行人工复核。若核实交接单详细信息与实际不符时，可进行撤销操作。

具体操作步骤如下：

（1）系统路径：卡片管理>处理卡交易>缴存单>复核交接单，进入"复核交接单"功能缺省页面，如图 8-7 所示。

图 8-6 交接单录入页面

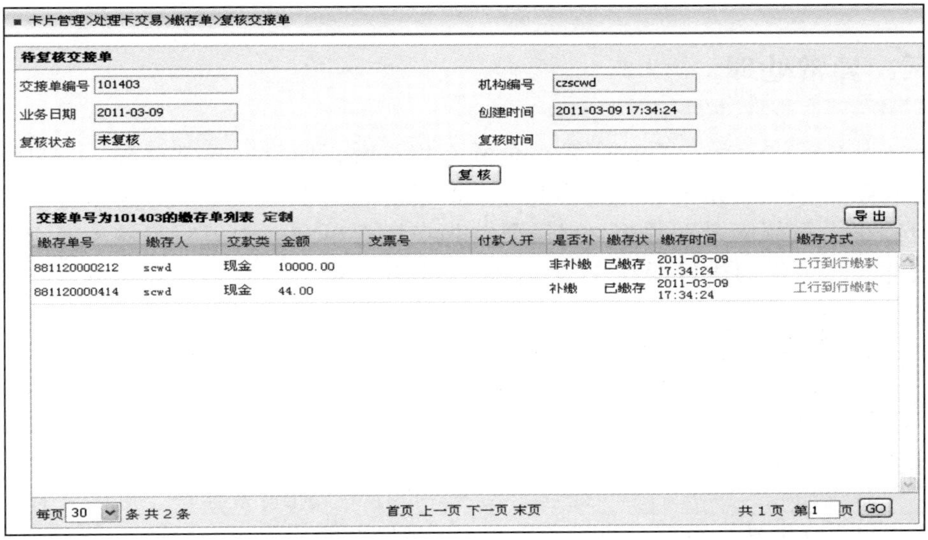

图 8-7 复核交接单缺省页面

（2）点击"复核"按钮，打印单据，如图 8-8 所示。

图 8-8　打印单据页面

三、异常处理

缴存实收金额与系统应缴存金额不相符时，应进行异常处理。如果缴存实收金额大于系统应缴存数据，此时须填写补缴缴存单；如果缴存实收金额小于系统应缴存数据，则需要首先在缴存单录入中填写系统应缴存数据并复核，然后进行缴存单异常录入并复核，最后按实际资金额度进行补缴并复核。

1. 补缴缴存单

补缴缴存单须进行复核才能生效。

具体操作步骤如下：

系统路径：卡片管理>处理卡交易>缴存单>补缴缴存单，进入"补缴缴存单"功能缺省页面，选择交款类型，填写金额后点击"补缴"，如图 8-9 所示。

图 8-9　补缴缴存单录入页面

2. 缴存单异常录入

存在异常的缴存单或补缴缴存单时，售卡充值网点操作员进行缴存单异常录入，并对异常缴存单进行复核。

具体操作步骤如下：

（1）系统路径：卡片管理>处理卡交易>缴存单>缴存单异常录入，进入"缴存单异常录入"功能缺省页面，列表中会显示所有复核过的现金和支票信息，如图 8-10 所示。

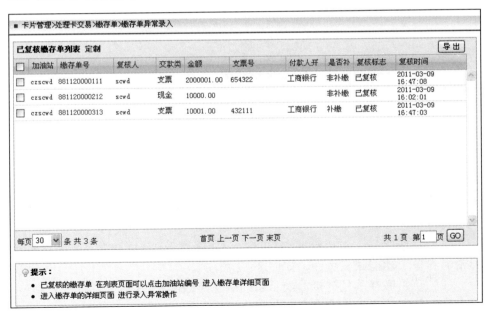

图 8-10　缴存单异常录入缺省页面

（2）点击列表中存在异常信息的缴存单号进入缴存单详细页面，如图 8-11 所示。

（3）填写异常原因，点击"录入异常"按钮，等待复核异常后生效。

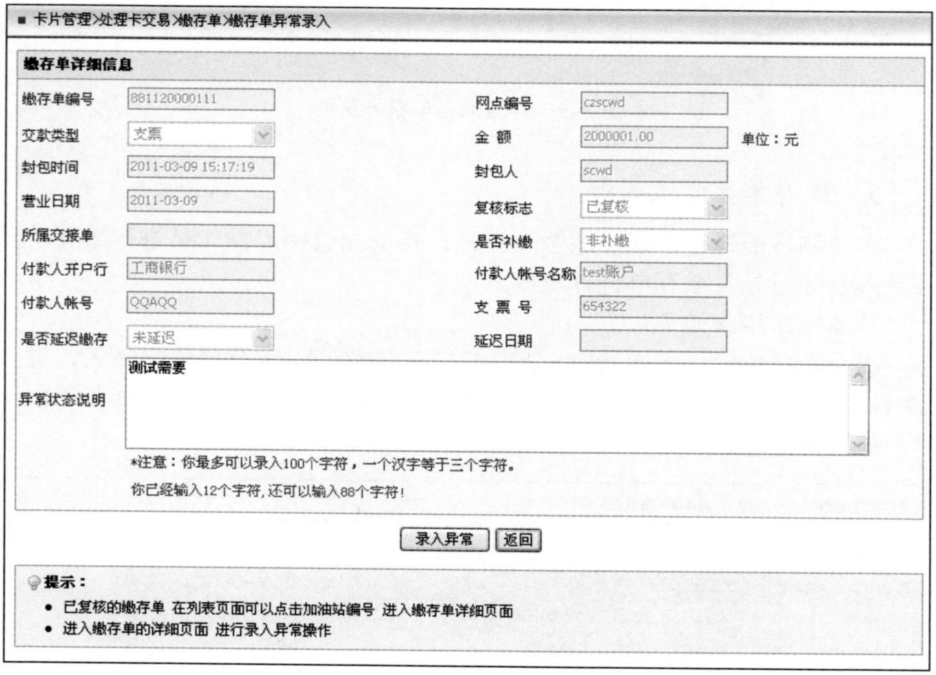

图 8-11　缴存单详细信息页面

3. 复核异常缴存单

售卡充值网点操作员对通过"缴存单异常录入"提交的单据进行复核。若核实缴存异常录入的单据详细信息有误时，可进行撤销操作。

具体操作步骤如下：

（1）系统路径：卡片管理>处理卡交易>缴存单>复核异常，进入"复核异常缴存单"功能缺省页面，如图 8-12 所示。

（2）点击缴存单号链接，显示明细信息，如图 8-13 所示。

（3）如审核通过，请点击"复核"按钮，如图 8-14 所示。若审核不通过，则点击"撤销"按钮。

	加油站	缴存单号	异常录入人	交款类	金额	支票号	付款人开	是否补	单蒙状态	异常记录时间
☐	czscwd	881120000111	scwd	支票	2000001.00	654322	工商银行	非补缴	异常缴存单	2011-03-09 17:09:20

复核异常的补缴缴存单 定制　　　　　　　　　　　　　　　　　　　　　　　　　　　　　　　　　　　[导出]

每页 30 ▼ 条 共 1 条　　　　　　　　首页 上一页 下一页 末页　　　　　　　　共 1 页 第 1 页 [GO]

💡 **提示：**
- 异常的补缴缴存单 在列表页面可以点击加油站编号 进入缴存单详细页面
- 进入缴存单的详细页面 进行异常复核或者撤销操作

图 8-12　复核异常缺省页面

缴存单详细信息

缴存单编号	881120000111	网点编号	czscwd
交款类型	支票 ▼	金 额	2000001.00　单位：元
封包时间	2011-03-09 15:17:19	封包人	scwd
营业日期	2011-03-09	复核标志	已复核 ▼
所属交接单		是否补缴	非补缴 ▼
付款人开户行	工商银行	付款人帐号名称	test账户
付款人帐号	QQAQQ	支 票 号	654322
是否延迟缴存	未延迟 ▼	延迟日期	
异常状态说明	测试需要		

[复核] [撤销] [返回]

💡 **提示：**
- 异常的补缴缴存单 在列表页面可以点击加油站编号 进入缴存单详细页面
- 进入缴存单的详细页面 进行异常复核或者撤销操作

图 8-13　异常缴存单明细页面

图 8-14　复核成功提示页面

第四节　班结日结管理

一、定义

1. 班结

操作员对当班实际发生的现金、表单以及手工业务流水登记表进行核对和存档的过程，即为班结。

2. 日结

每天下午标准日结时点后的班结，即为系统日结。

二、日结管理

日结部分包含三个功能：班结管理、班结查询和日结查询。

1. 班结管理

售卡充值网点操作员进行班结时，对当班实际发生的现金、表单以及手工业务流水登记表进行核对和存档。如为多人轮班，还应做好交接班工作，交接内容包括：设备、卡片、空白票据、未处理完的客户事项（如待确认支票、转账，来访等）。每天日结后，售卡充值网点操作员须核对当日日结报表，核对无误存档。当前班次超过 24 小时，或当前班次跟上次日结超过 24 小时且超过当天 24 时，系统将自动锁定，须做完班结再重新开班，才能进行正常业务操作。

本功能提供开班、结班操作，包括：确认开班、准备结班、确认结班等。

具体操作步骤如下：

（1）系统路径：卡片管理>处理卡交易>日结>班结管理，进入"班结管理"功能缺省页面。当前操作员准备结班。点击"确认结班"按钮结班成功。如图 8-15 所示。

■ 卡片管理>处理卡交易>日结>班结管理

当前班次

业务日期	2012-07-04	班次号	1
班结状态	已开班	管理员	qdwdqn
起始时间	2012-06-20 05:30:01	结束时间	

交易统计报表(单位:元)

受理站级	IC卡预收款				押金		其他收入	支票登记	网点收支合计
	现金充值	银行卡充值	其他支付	销户退款	押金收入	押金退还	手续费		
	1.1	1.2	8	2	4	5	7	9	c
总计	0	0	0	0	0	0	0	0	0

● 网点收支合计：c = 1.1 + 1.2 + 9 - 2 + 4 - 5 + 7 + 8

卡库存统计报表(单位:张)

卡片类型	卡片状态	期初库存	库存变动	期末库存
不记名卡	无卡注销	2	0	2
	预个人化	1001	0	1001
	注销	1	0	1
	不记名卡 汇总	1004	0	1004
平安联名卡	预个人化	200	0	200
	平安联名卡 汇总	200	0	200
普通车队卡	预个人化	997	0	997
	注销	2	0	2
	普通车队卡 汇总	999	0	999
普通个人卡	预个人化	989	0	989
	正常	2	0	2
	注销	2	0	2
	普通个人卡 汇总	993	0	993
总计		3196	0	3196

（a）

图 8-15　确认结班页面示例

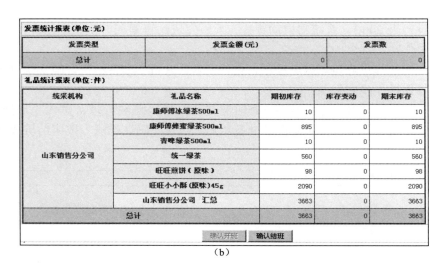

（b）

图 8-15　确认结班页面示例（续）

（2）当前操作员准备开班。进入功能页面，点击"确认开班"按钮开班成功。如图 8-16 所示。

图 8-16　操作员确认开班

2. 班结查询

可以查询指定班次的明细。报表包括：交易统计报表、卡库存统计报表、发票统计报表、礼品统计报表，明细包括：售卡充值网点交易明细、支票登记明细、卡片出入库明细列表、发票明细、积分兑换交易明细。

具体操作步骤如下：

（1）系统路径：卡片管理>处理卡交易>日结>班结查询，进入"班结查询"功能缺省页面。

（2）输入查询条件，点击"查询"按钮，在列表中点击"明细"操作查看班次信息。

3．日结查询

可以查询在一定时间跨度内的日结明细。

具体操作步骤如下：

（1）系统路径：卡片管理>处理卡交易>日结>日结查询，进入"日结查询"功能缺省页面。

（2）点击列表中的"查看报表"操作，如图8-17所示。

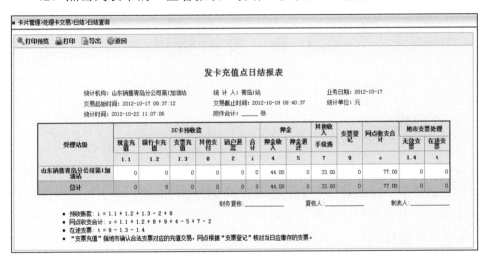

卡片管理>处理卡交易>日结>日结查询

🔍打印预览　🖨打印　📄导出　↩返回

发卡充值点日结报表

统计机构：山东销售青岛分公司第1加油站　　统计人：青岛1站　　业务日期：2012-10-17
交易起始时间：2012-10-17 09:37:12　　交易截止时间：2012-10-18 09:40:37　　统计单位：元
统计时间：2012-10-22 11:07:06　　附件合计：_____ 张

受理站级	IC卡预收款						押金		其他收入	支票登记	网点收支合计	地市支票处理	
	现金充值	银行卡充值	支票充值	其他支付	退户退盆	合计	押金收入	押金退还	手续费			无效支票	在途支票
	1.1	1.2	1.3	8	2	i	4	5	7	9	c	1.4	t
山东销售青岛分公司第1加油站	0	0	0	0	0	0	44.00	0	33.00	0	77.00	0	0
总计	0	0	0	0	0	0	44.00	0	33.00	0	77.00	0	0

财务复核：_____　　复核人：_____　　制表人：_____

- 预收账款：$i = 1.1 + 1.2 + 1.3 - 2 + 8$
- 网点收支合计：$c = 1.1 + 1.2 + 8 + 9 + 4 - 5 + 7 - 2$
- 在途支票：$t = 9 - 1.3 - 1.4$
- "支票充值"指地市确认合法支票对应的充值交易，网点根据"支票登记"核对当日应收像存的支票。

图8-17　日结报表页面

三、异常处理

（1）因系统、设备、网络等原因，售卡充值网点不能自行完成日结的，由地市公司核实系统业务数据，确认与实际业务一致后在系统内进行"完成日结"操作。

（2）班结、日结盘点出现长短款时，须如实上报地市公司相关部门并及时处理。处理差异后才能进行后续业务操作。

（3）发现疑似套利套现等违规行为时，须如实上报地市公司相关部门并及时处理。

四、凭证管理

（1）业务办理过程中的凭证统一保管。必打、选打凭证清单及保存年限等要求，详见附件六。

（2）班结报表、日结报表根据业务统一规定进行管理。

（3）发票凭证参照财务部门相关规定进行管理。

第五节　发票管理

一、管理规定

1．相关政策

发票管理严格执行《中华人民共和国发票管理办法》和当地税务部门的有关规定以及中国石油天然气股份有限公司相关管理规定。

2．开票信息

售卡充值网点操作员应根据客户的卡片账户信息开具普通发票和增值税专用发票。需要开具增值税专用发票的客户应同时提供购买方名称（不得为自然人）、纳税人识别号、地址电话、开户行及账号信息等四项信息。

3．开票变更

若客户提出变更开票类型，售卡充值网点操作员复核卡片账户信息和申请开票信息是否一致，同步在系统内变更相应信息，收回已开具的发票，避免重复开票。

4．重复开票

若发现有重复开票或多开票等情况，应将相应发票做回收处理。

5. 发票保管

发票的领用、保管、缴存指定专人负责，管理参照财务部门相关规定执行。

二、普通发票

个人客户须提供开票单位名称、税号、地址电话、开户行及银行账号后，开具发票。如不能提供单位名称，发票上应写个人信息。

具体操作步骤如下

（1）系统路径：卡片管理>处理卡交易>发票>普通发票（新），进入"普通发票（新）"功能缺省页面，如图 8-18 所示。

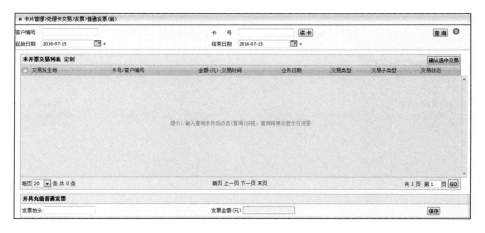

图 8-18　普通发票（新）功能页面

（2）输入客户编号或读卡，选择未开票历史交易的起始日期、结束日期，点击查询按钮右侧控件，点击"导入"按钮，弹出导入数据成功的提示信息。调整查询的时间范围，点击查询按钮，导入的数据即可显示在列表中，如图 8-19 所示。

（3）勾选一条至多条交易，点击确认选中交易按钮，系统会根据交易金额进行累加计算出开票金额，不能手动更改，发票抬头、纳税人识别号需要手动添加，如图 8-20 所示。

（4）点击"保存"按钮，开票成功。

图 8-19　未开票交易列表页面

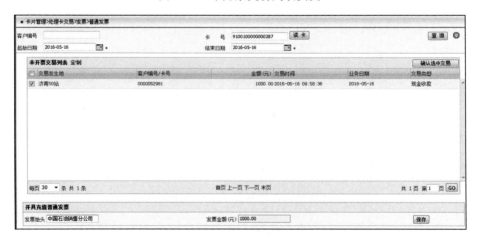

图 8-20　填写普通发票信息页面

三、增值税发票

根据公司实际情况设置增值税专用发票开具点。客户消费后开具增值税专用发票。

系统提供了按交易勾选的方式开具增值税发票的新功能，建议地区公司使用。仍保留了原按时段统计进行开具增值税发票功能。

1. 按交易勾选方式开票

按交易勾选的方式开具增值税发票的新功能，具体操作步骤如下：

（1）系统路径：卡片管理>处理卡交易>发票>增值税发票（新），进入"增值税发票（新）"功能缺省页面，如图8-21所示。

图8-21 读取卡片信息页面

（2）本功能已全新升级，2016年6月16日之前未能开票的交易如需开票，需先将历史未开票交易进行导入操作。输入客户编号或读卡，选择未开票历史交易的起始日期、结束日期，选择"是否参股站"，点击"查询"按钮右侧控件，点击"导入"按钮，弹出导入数据成功的提示信息。调整查询的时间范围，点击"查询"按钮，导入的数据即可显示在列表中，如图8-22所示。

图8-22 未开票交易记录页面

（3）勾选一条至多条交易，点击"选择交易"按钮，显示待开票交易列表，如图 8-23 所示。

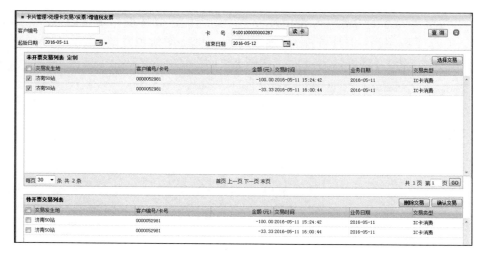

图 8-23　待开票交易列表页面

（4）点击"确认交易"按钮，进入开具增值税发票页面（可选中交易点击删除交易按钮，取消开具增值税发票），如图 8-24 所示。

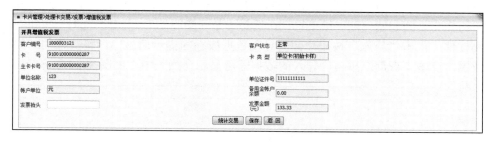

图 8-24　显示开具增值税发票页面

（5）手动输入发票抬头，点击统计交易按钮，显示客户交易统计结果，如图 8-25 所示。

（6）点击"打印"按钮，打印增值税发票统计交易报表。点击"保存"按钮，开票成功，返回到增值税发票初始页面，如图 8-26 所示。

2. 按时段统计开票

按时段统计进行开具增值税发票功能，具体操作步骤如下：

（1）系统路径：卡片管理>处理卡交易>发票>分时段开增值税发票，进入"分时段开增值税发票"功能缺省页面，如图 8-27 所示。

图 8-25　显示交易统计页面

图 8-26　开票成功页面

图 8-27　增值税发票页面

（2）读卡或者手动输入卡号或者输入客户编号，选择"起始日期""结束日期（不含）"，点击"查询"按钮，进入"开具增值税发票"页面，如图 8-28 所示。

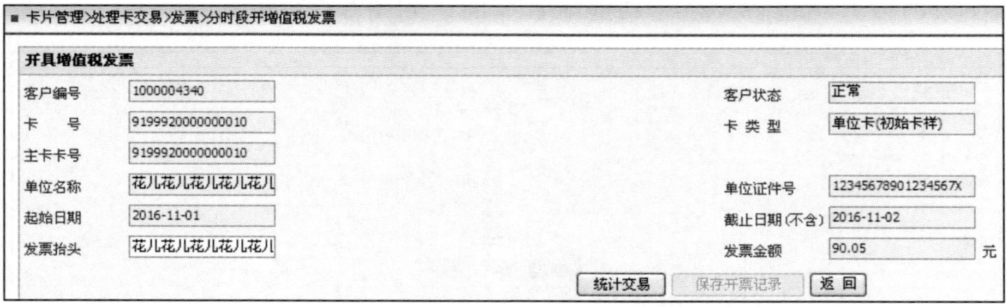

图 8-28　显示客户信息页面

（3）点击"统计交易"按钮，显示客户在这个时间段的交易统计结果，如图 8-29 所示。

图 8-29　显示交易统计页面

（4）点击"保存开票记录"按钮，客户开增值税专用发票成功。

四、退普通发票

出现发票重复开具或多开具等情况时，应检查客户开票类型是否为充值开普通发票和客户提交的发票有效性，须在系统内做"退普通发票"操作。

系统提供了按交易勾选的方式退普通发票的新功能，建议地区公司使用。仍保留了原按时段统计进行退普通发票功能。

1. 按交易勾选方式退票

按交易勾选的方式退普通发票的新功能，具体操作步骤如下：

（1）系统路径：卡片管理>处理卡交易>发票>退普通发票（新），进入"退普通发票（新）"功能缺省页面，如图8-30所示。

图8-30 读卡片信息，录入业务时间页面

（2）输入客户编号或读卡，选择起始日期和结束日期，点击"查询"按钮，发票列表中显示需退发票的交易数据列表，如图8-31所示。

图8-31 退票交易信息页面

（3）逐条勾选需退发票交易，点击"确认退发票"按钮，出现是否退还此发票提示框，点击"确定"按钮，即可成功为客户退还发票，如图8-32所示。

2. 按时段统计方式退票

按时段统计进行退普通发票功能，具体操作步骤如下：

（1）系统路径：卡片管理>处理卡交易>发票>退普通发票，进入"退普通发票"功能缺省页面。点击"读卡"按钮或者输入客户编号，如图8-33所示。

图 8-32 退票交易确认页面

图 8-33 读取卡片信息页面

（2）点击"查询"按钮，进入"退普通发票"页面，输入相应的"退票金额"，如图 8-34 所示。

图 8-34 填写退票金额页面

（3）点击"保存"按钮，系统提示保存成功，且返回该模块的初始页面。

五、变更开票类型

个人记名卡开普通发票，可持卡变更开票类型（"充值开票"和"消费开票"）。由消费开普通发票可以直接变更未充值开发票。充值开普通发票变更需要按照"退普通发票"流程完成退票后方可变更。

车队卡变更开票类型，须通过主卡变更，主卡下附属的司机卡做同步卡片数据操作。主卡附属的司机全部完成同步数据操作后，变更方可成功。

具体操作步骤如下：

（1）系统路径：卡片管理>处理卡交易>发票>变更开票类型，进入"变更开票类型"功能缺省页面。点击"读卡"按钮或者输入客户编号，如图 8-35 所示。

图 8-35　缺省页面

（2）点击"查询"按钮，进入客户的详细信息页面，如图 8-36 所示。

图 8-36　客户详细信息页面

（3）选择客户的新开票类型，点击"变更"按钮，系统提示客户的开票类型变更成功，显示打印凭证，如图 8-37 所示。

图 8-37　客户变更发票凭证页面

六、网上充值开票

开票类型为充值开普通发票的个人卡客户，在昆仑加油卡门户网站、第三方平台为加油卡充值后，可持卡到售卡充值网点开具发票。

具体操作步骤如下：

（1）系统路径：卡片管理>处理卡交易>发票>网上充值发票，进入"网上充值发票"功能缺省页面。点击"读卡"按钮，查询出未开发票的网上充值交易，如图8-38所示。

（2）进行开票操作，保存发票金额成功。

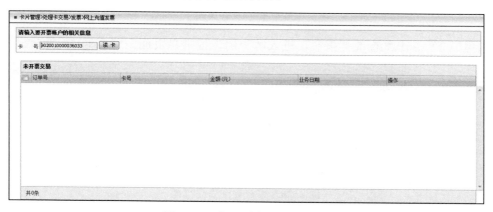

图8-38　未开票交易列表页面

第六节　网点营销管理

一、折扣合同申请

售卡充值网点操作员可根据上级公司制定的折扣规则，为持车队卡和个人记名卡客户办理折扣优惠申请。

　　地区公司在系统内根据不同地域和不同客户类型设定相应折扣，仅在本地区公司所辖加油站有效。

　　为客户办理折扣绑定或变更合同类别时，应提醒客户出示有效证件和卡片，并同步卡片数据。

　　售卡充值网点无优惠权限。

　　客户充值后，操作员根据客户要求提交折扣合同申请，提交地市审核，系统先按照地区公司制定的客户合同规则，自动查找符合要求的客户合同，如果找到符合条件的客户合同，则自动为客户绑定该合同，并为客户同步卡数据，客户即可享受折扣。如果系统未找到符合条件的客户合同，则生成一个客户折扣申请，等待地市审核。

　　具体操作步骤如下：

　　（1）系统路径：卡片管理>日常运营>卡片业务>折扣客户申请，进入"折扣客户申请"功能缺省页面，如图 8-39 所示。

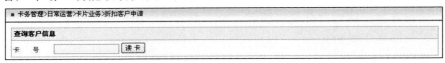

图 8-39　折扣客户申请页面

　　（2）在读卡器中插入卡片，点击"读卡"按钮，进入提交申请页面，系统默认为最后一笔充值交易，如图 8-40 所示。

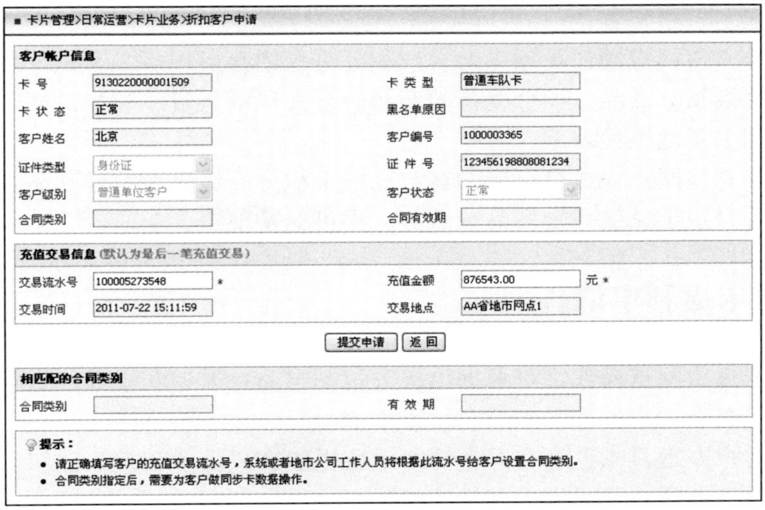

图 8-40　折扣客户申请页面

（3）确认无误，点击"提交申请"按钮，系统先按照地区公司制定的客户合同规则，自动查找符合要求的客户合同，如果找到符合条件的客户合同，则自动为客户绑定该合同，如图8-41所示。并为客户同步卡数据，如图8-42所示。客户即可享受折扣。

图 8-41　申请成功　　　　　　　图 8-42　同步卡片数据成功

（4）如果系统未找到符合条件的客户合同，则生成一个客户折扣申请，等待地市审核。待地市公司审核后，售卡充值网点操作员需为客户同步卡数据，客户即可享受折扣。

二、积分管理

积分规则可由销售公司和地区公司制定。积分可在全国通积通兑。

不记名卡不积分。

售卡充值网点操作员须先对客户积分进行圈存操作后，客户方可到指定兑换点兑换积分商品。积分兑换的商品必须在现场点货、验货，如无质量问题，原则上不能退换。

售卡充值网点操作员可告知客户在线上积分商城兑换积分商品。

积分只用于兑换指定商品或服务，不可兑换现金。

三、月末返利申请

售卡充值网点操作员可根据上级公司制定的月末返利规则，为持车队卡和个人记名卡客户办理月末返利优惠申请。

为客户办理月末返利合同变更时，应提醒客户出示有效证件和卡片。

售卡充值网点无月末返利优惠权限。

操作员提交月末返利合同申请，地市公司审核。

具体操作步骤如下：

（1）系统路径：卡片管理>日常运营>卡片业务>变更月末返利合同，进入"变更月末返利合同"功能缺省页面，如图8-43所示。

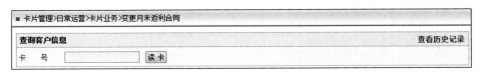

图8-43　变更月末返利合同页面

（2）在读卡器中插入卡片，点击"读卡"按钮，显示客户档案、账户信息。选择"新月末返利合同""新合同有效期"，如图8-44所示。

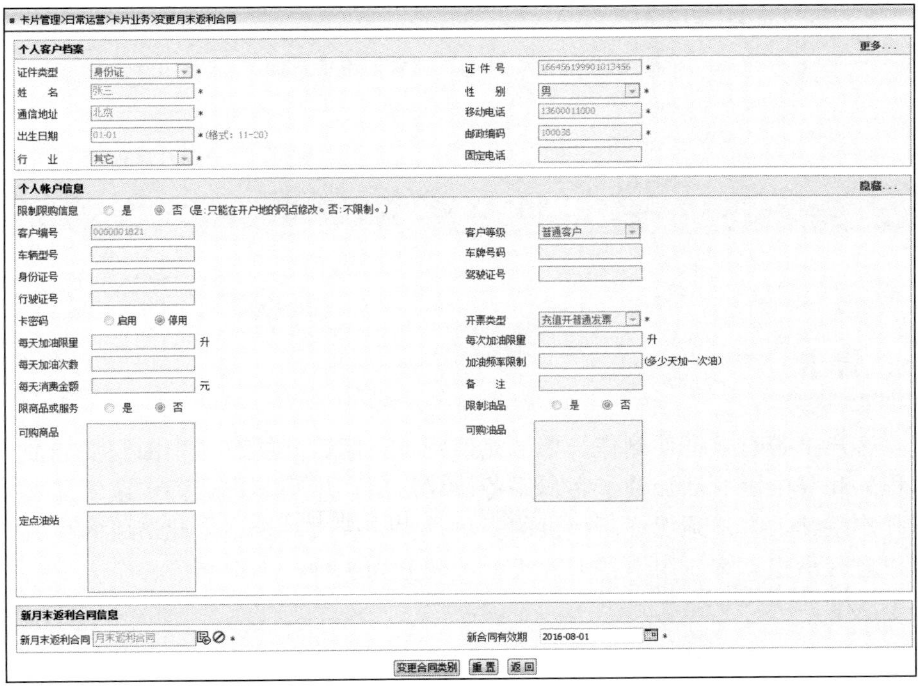

图8-44　变更月末返利合同申请页面

（3）点击"变更合同类别"按钮，提示月末返利合同类别变更申请提交成功，等待审核，如图8-45所示。

■ 卡片管理>日常运营>卡片业务>变更月末返利合同

月末返利合同变更申请		打印预览 打印 返回

合同有效期打印单据

业务流水号：　　　　　　　交易网点：　中国石油山东青岛第一加油站

卡　　号：	9001010000002215	客户姓名：	张三	证件　号：	16645619990101345
卡状态：	正常	客户编号：	0000001821	原合同类别：	
合同类别：	月末返利合同	合同有效期：	2016-08-01	创建人：	wdqn
创建时间：	2016-07-10 12:40:17	审核人：		审核时间：	

操作员：　wdqn　　　　　交易时间：　2016-07-10 12:40:17　　　客户签字：

图 8-45　变更月末返利合同申请页面

第七节　业务办理

一、售卡

客户携带有效证件到任一售卡充值网点，阅读并同意《中国石油加油卡章程》和《中国石油加油卡客户服务协议》后，填写客户业务申请表即可办理开户手续。客户须保证所提供的资料真实、有效，否则由此造成的损失由客户自行承担。客户用卡按卡片类型不同分为 3 种：不记名卡、个人记名卡和车队卡。

1. 不记名卡业务

按国家规定：单张不记名卡最高限额 1000 元；购买不记名卡时，一次性购买 1 万元（含）以上的，客户须提供有效身份证件，网点须留存购卡人及其代理人姓名、单位名称、有效身份证件号码和联系方式。

单位一次性购买不记名卡金额达 5000 元（含）以上或个人一次性购买

不记名卡金额达 5 万元（含）以上的，应通过银行转账方式购卡，不得使用现金，应对转出、转入账户名称、账号、金额等进行逐笔登记。

售卡充值网点操作员应提醒客户不记名卡不挂失、不补卡、不销户、不密码重置。

客户可持个人有效证件到任一售卡充值网点，将不记名卡升级为个人记名卡。

不记名卡售卡具体操作步骤如下：

（1）系统路径：卡片管理>处理卡交易>售卡>不记名卡售卡，进入"不记名卡售卡"功能缺省页面，如图 8-46 所示。

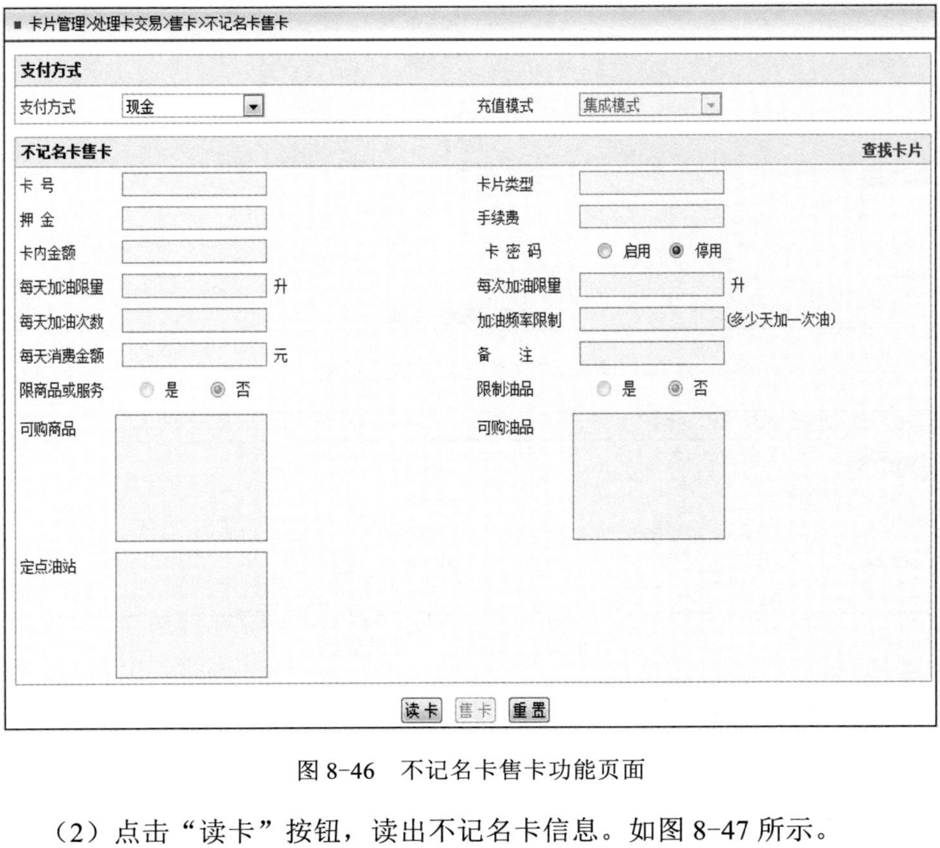

图 8-46　不记名卡售卡功能页面

（2）点击"读卡"按钮，读出不记名卡信息。如图 8-47 所示。

（3）选择支付方式。默认为"现金"，可选择支票。若选择"支票"后会出现支票支付的详细页面，如图 8-48 所示。

（4）点击"售卡"按钮，系统提示售卡成功，显示售卡凭证，如图 8-49 所示。

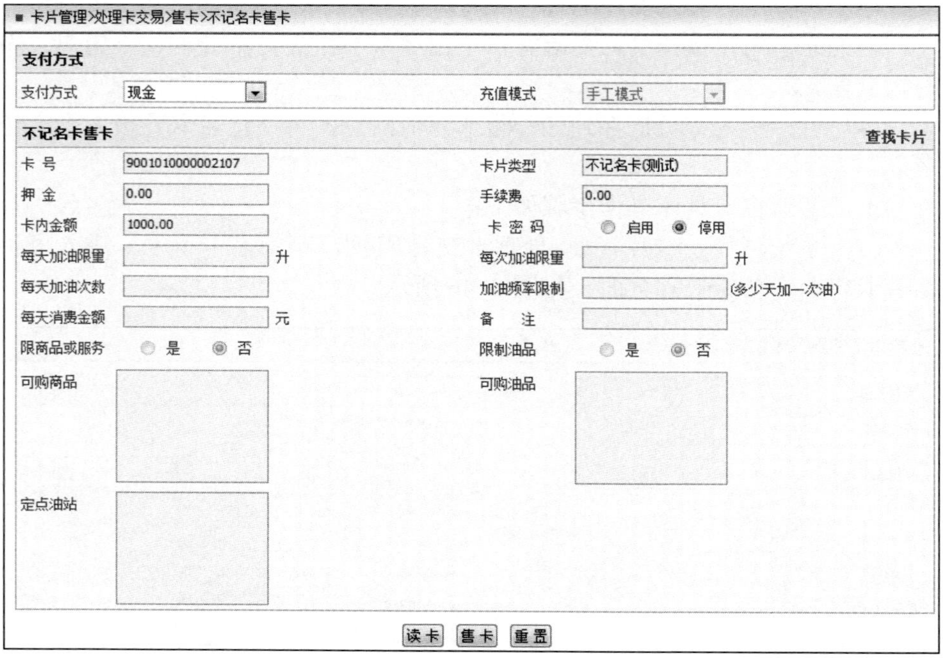

■ 卡片管理>处理卡交易>售卡>不记名卡售卡		

支付方式

支付方式	现金 ▼		充值模式	手工模式 ▼

不记名卡售卡   查找卡片

卡 号	9001010000002107	卡片类型	不记名卡(测试)
押 金	0.00	手续费	0.00
卡内金额	1000.00	卡 密 码	○ 启用 ● 停用
每天加油限量	升	每次加油限量	升
每天加油次数		加油频率限制	(多少天加一次油)
每天消费金额	元	备 注	
限商品或服务	○ 是 ● 否	限制油品	○ 是 ● 否
可购商品		可购油品	
定点油站			

读卡　售卡　重置

图 8-47　不记名卡信息页面

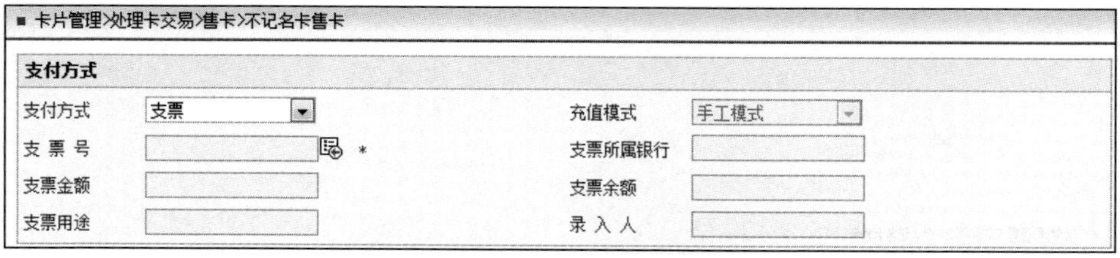

■ 卡片管理>处理卡交易>售卡>不记名卡售卡		

支付方式

支付方式	支票 ▼	充值模式	手工模式 ▼
支票号	*	支票所属银行	
支票金额		支票余额	
支票用途		录入人	

图 8-48　支票支付方式页面

2. 个人记名卡业务

客户申请办理个人记名卡业务须出示有效证件（如身份证、驾驶证、军官证等）并留存复印件，填写《个人客户业务申请表》并签字确认。在核对客户信息无误后进行售卡，建议客户设置加油卡密码以加强对卡内资金安全的保护。打印售卡凭证，要求客户签字确认并留存（售卡凭证为选打凭证，由各地区公司确定）。

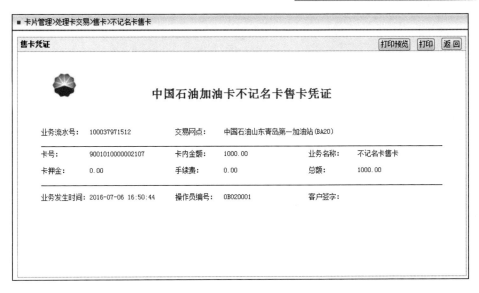

图 8-49　不记名卡售卡凭证页面

按国家规定：单张个人记名卡限额不得超过 5000 元，充值后资金余额不得超过 5000 元；个人一次性购买/充值金额达 5 万元（含）以上的，应通过银行转账方式购卡，不得使用现金，应对转出、转入账户名称、账号、金额等进行逐笔登记。

具体操作步骤如下：

（1）系统路径：卡片管理>处理卡交易>售卡>个人记名卡售卡，进入"个人记名卡售卡"功能缺省页面，点击"推荐人读卡"按钮，将推荐人卡片信息读出（如果客户没有推荐人，该步骤可省略），如图 8-50 所示。

图 8-50　个人记名卡售卡页面

（2）点击"读卡"按钮，将待售卡片信息读出，如图 8-51 所示。

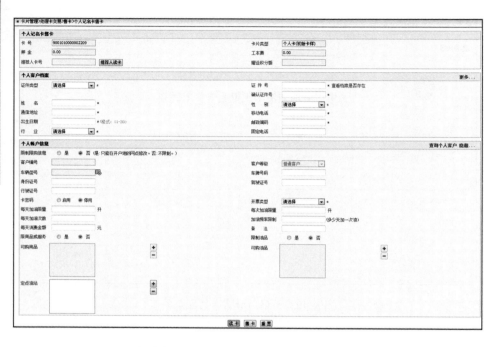

图 8-51 读取个人记名卡信息页面

（3）在"个人客户档案"点击"更多"按钮，可维护个人客户档案明细，输入正确的个人信息，包括证件类型、证件号等必填项（加红色星号）。如图 8-52 所示。

图 8-52 填写个人客户档案明细页面

（4）在"个人账户信息"中选择开票类型（必填项）。其他选填项可根据客户需要进行设置。如图 8-53 所示。

图 8-53　增加商品、油品、区域限制页面

（5）卡密码项默认为停用，可手动改为启用。启用密码后，售卡时须用户由密码键盘输入密码。

（6）点击"售卡"按钮，出现确认提示，点击"确定"按钮，系统提示售卡成功，进入凭证页面，如图 8-54 所示。

图 8-54　打印个人记名卡售卡凭证页面

3. 车队卡业务

车队客户申请办理车队卡业务，须出示本单位的营业执照或其他有效证件原件（复印件需加盖单位公章），以及经办人有效证件（如身份证、驾驶证、军官证等）和盖单位公章的授权证明，留存复印件，填写《中国石油昆仑加油卡单位客户业务申请表》并签字确认。新增司机卡时，须提供单位相应证明及管理卡。在核对客户信息无误后进行售卡，建议客户设置加油卡密码以加强对卡内资金安全的保护，打印售卡凭证，要求客户签字确认并留存。

车队卡卡片资金账户上限 5 万元，备用金账户充值不设限。

车队卡客户新增司机卡时，须提供单位相应证明。

根据单位管理需要可进行启用、停用或修改密码等操作，还可对车队司机卡进行油品、油站以及便利店商品等消费的限制。

若单位客户组织层级较多，可在地市公司将车队卡客户进行多级分层管理。上级单位可直接给直属下级单位分配或者汇总资金。

具体操作步骤如下：

（1）系统路径：卡片管理>处理卡交易>售卡>车队卡售卡，进入"车队卡售卡"功能缺省页面，已有单位档案的客户，可根据车队主卡或客户编号进行查询，再进行新增售卡操作。对于无单位档案的客户，须新建单位客户，再进行售卡，如图 8-55 所示。

图 8-55　车队卡售卡页面

（2）点击"新建单位客户"操作，进入新建单位客户页面，如图 8-56 所示。

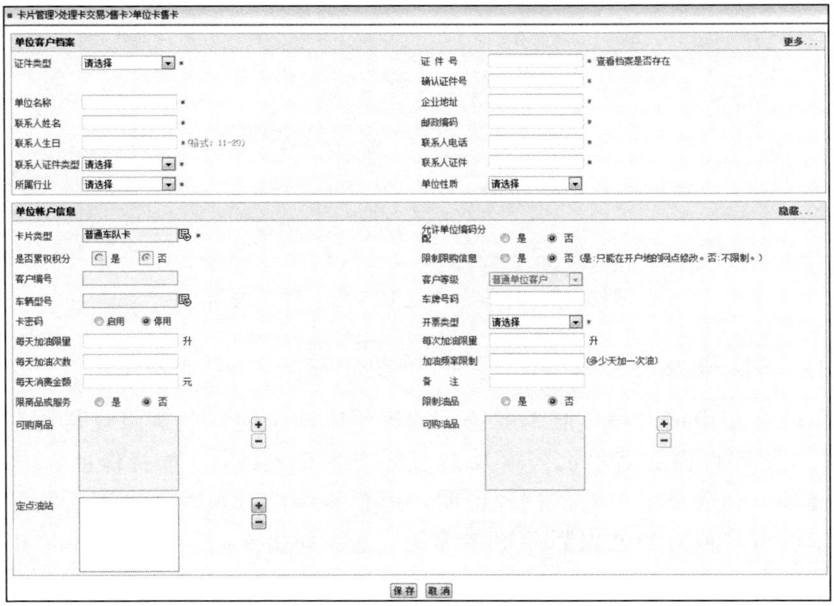

图 8-56　新建单位客户页面

（3）输入证件类型和证件号，点击"查看档案是否存在"的链接会提示档案是否已经存在。若已存在，则提示档案已存在，如图 8-57 所示。点击"确定"按钮，填写账户信息就会用同一个证件号又创建一个单位账户。

若不存在，则提示档案不存在，如图 8-58 所示。

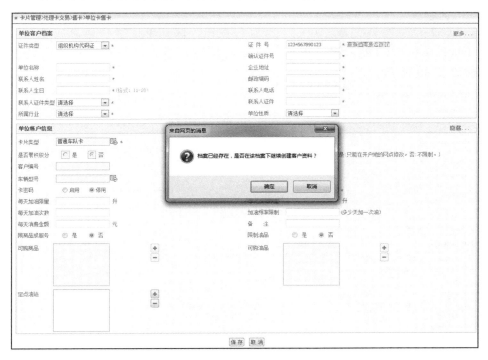

图 8-57　同一个证件号创建多份档案页面

图 8-58　档案不存在页面

（4）在"单位客户档案"中点击"更多"操作，出现单位客户档案明细信息，加红色星号部分为必填项，其他选填项可根据客户需要进行设置。如图 8-59 所示。

（5）卡密码项默认为停用，可手动改为启用（启用密码后，售卡时须用户由密码键盘输入密码）。

（6）信息写入完成，点击"保存"按钮，保存单位客户信息成功，弹出创建单位部门提示框，点击"确定"按钮，进入维护部门信息页面，如图 8-60 所示。

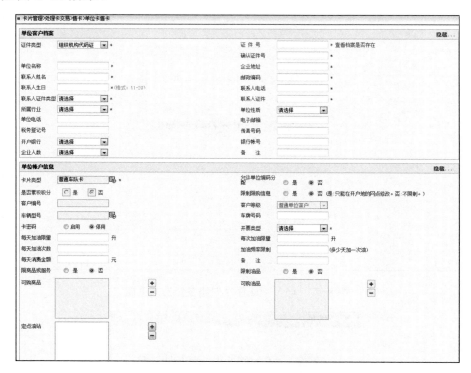

图 8-59　单位客户档案、账户信息设置页面

（7）点击"增加"操作，可为单位创建部门，如图 8-61 所示。

（8）填写部门信息，点击"保存"按钮，如图 8-62 所示。

（9）新增完部门，点击"部门维护完成"按钮，进入单位账号信息页面，如图 8-63 所示。

（10）点击"增加"按钮，进入新增司机页面。可新建匿名账户或有档案账户。如图 8-64 所示。

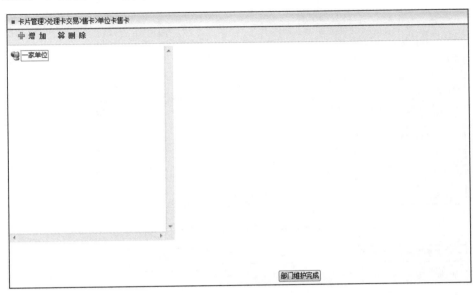

图 8-60　维护部门信息页面

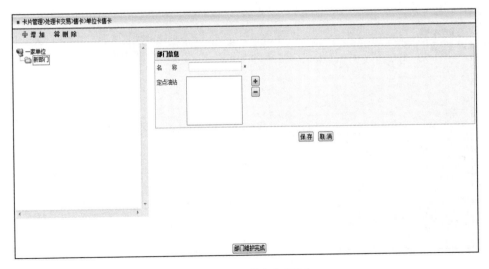

图 8-61　新增部门页面

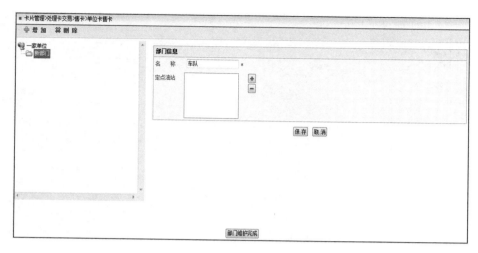

图 8-62 维护部门信息页面

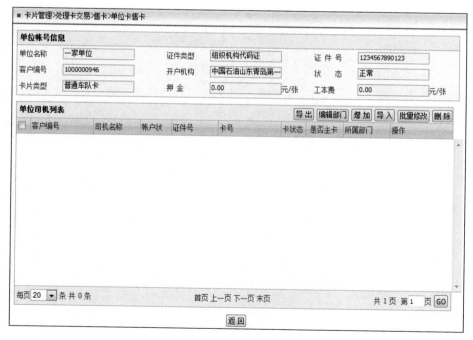

图 8-63 单位账号信息页面

（11）填写完成后，点击"确定"按钮，新建单位司机客户成功，在单位司机列表中可看到新建出的司机用户（系统支持批量导入操作），如图 8-65 所示。

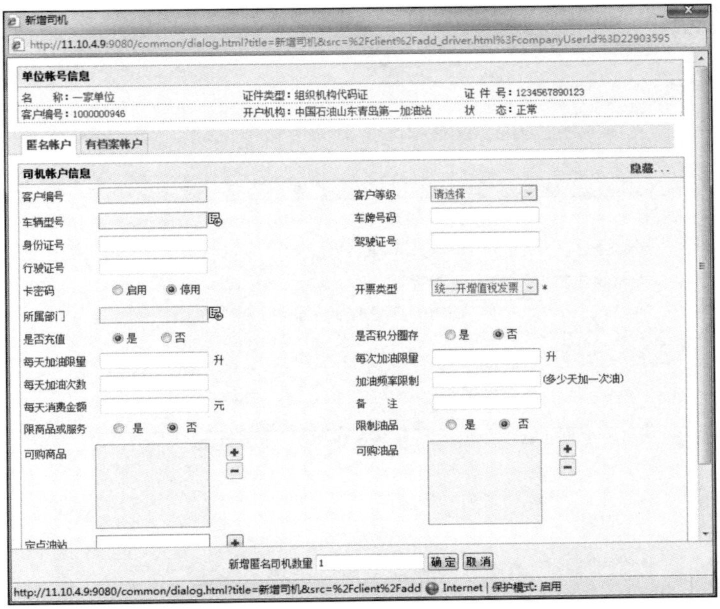

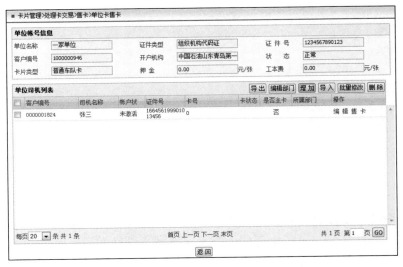

图 8-64　新增单位有档案司机和是否充值项页面

图 8-65　新增司机成功更新列表页面

（12）在司机列表中，可对新建的司机进行售卡操作，点击司机列表中的"售卡"操作，售卡成功，进入凭证页面，如图 8-66 所示。

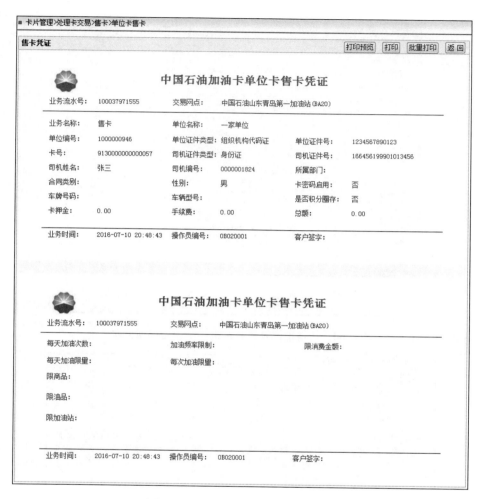

图 8-66　打印车队卡售卡凭证页面

4. 产品卡激活业务

客户持总部发售、积分商城兑换、昆仑好客便利店或第三方平台如京东商城购买的产品卡，可在全国任一售卡充值网点进行激活。售卡网点操作人员为客户的产品卡进行激活操作。

（1）系统路径：**卡片管理>处理卡交易>售卡>总部售卡激活**，进入"总部售卡激活"功能缺省页面，如图 8-67 所示。点击"读卡"按钮，显示卡片信息，选择预充值金额的"支付方式"。

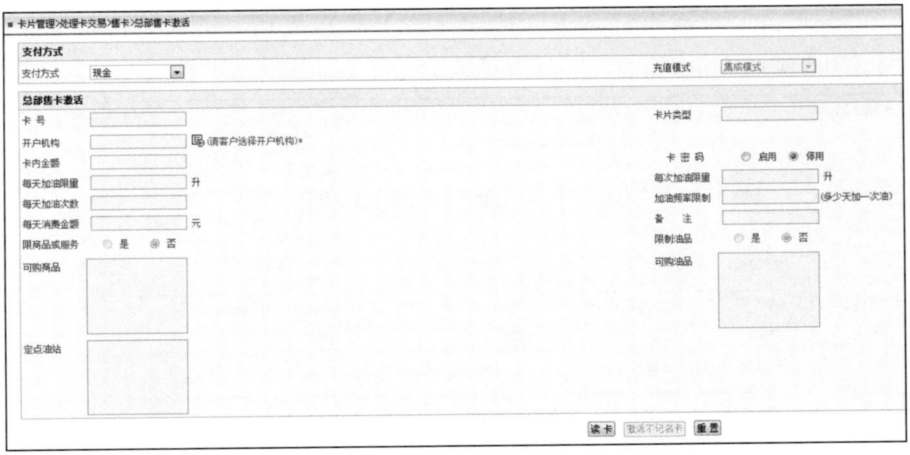

图 8-67 总部售卡激活页面

（2）点击"开户机构"右侧控件按钮，弹出"选择单位"的对话框，如图 8-68 所示。查询并选择所属开户机构，并点击"确定"按钮。

图 8-68 选择开户机构页面

（3）点击"激活不记名卡"按钮，售卡激活成功，进入凭证页面，如图 8-69 所示。

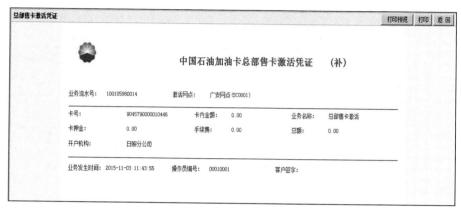

图 8-69　总部售卡激活业务凭证页面

5. 批量售卡业务

批量售卡业务，主要包括：不记名卡批量售卡和个人记名卡批量售卡。

1）不记名卡批量售卡

主要业务流程分为批量售卡（不需要写卡）和不记名卡圈存（需要写卡）两步，售卡网点操作人员操作时，批量售卡业务与不记名卡圈存业务可分步骤独立操作。

具体操作步骤如下：

（1）系统路径：卡片管理>处理卡交易>售卡>不记名批量售卡，进入"不记名批量售卡"功能缺省页面，如图 8-70 所示。

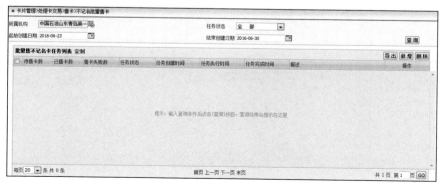

图 8-70　不记名卡批量售卡页面

（2）点击"新增"按钮，显示批量售不记名卡表单，选择预充值金额的"支付方式"和"卡片类型"，如图 8-71 所示。可通过"添加更多号段"增加更多卡号段，新增的卡号段保存之后才有效；点击"删除"则直接删除当前行号段，不需保存；点击"保存"按钮，提示表单保存成功，如图 8-71 所示。确认信息无误后可点击"提交任务"按钮，提示提交成功，等待后台任务执行售卡操作，如图 8-72 所示。

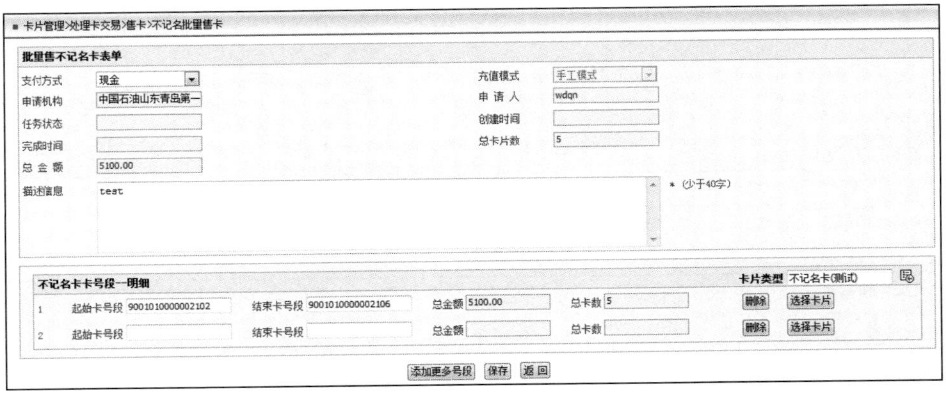

图 8-71　批量售不记名卡表单页面（1）

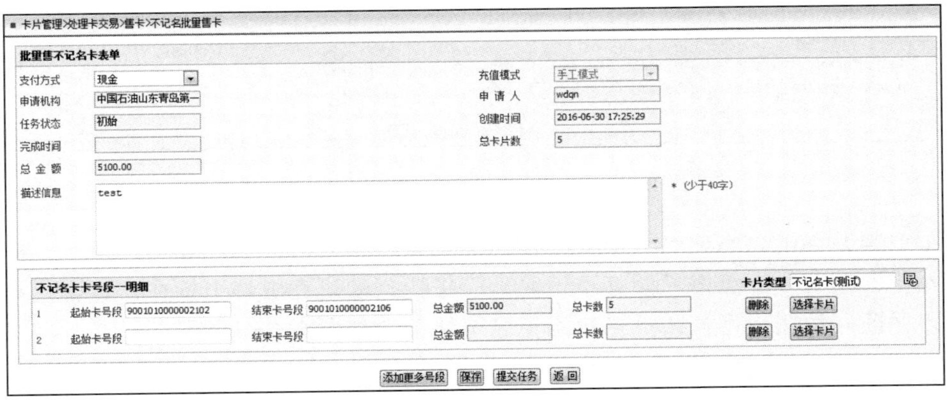

图 8-72　批量售不记名卡表单页面（2）

（3）操作员可在"不记名批量售卡"功能页面的任务列表查看任务进度及执行状态，如图 8-73 所示。当任务为"执行结束"状态时，点击操作列的

"查看"链接，进入表单页面，如图 8-74 所示。

图 8-73　批量售不记名卡任务列表页面

图 8-74　批量售不记名卡表单页面（3）

（4）点击"不记名卡圈存"按钮，进入圈存界面，如图 8-75 所示，插入待售的卡片，点击"圈存不记名卡"按钮，即可完成售卡操作；点击"打印凭证"按钮，可打印批量售不记名卡凭证，如图 8-76 所示。

2）个人记名卡批量售卡

办理个人记名卡批量售卡时，售卡充值网点先批量导入客户信息后才能进行售卡。若客户需要绑定折扣合同，需地市公司审核后才能完成售卡。

具体操作步骤如下：

（1）系统路径：卡片管理>处理卡交易>售卡>个人记名卡批量售卡，进入"个人记名卡批量售卡"功能缺省页面，如图 8-77 所示。

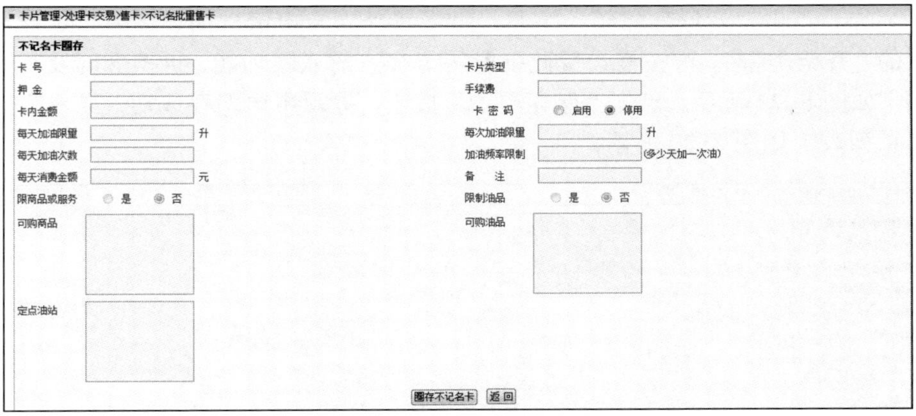

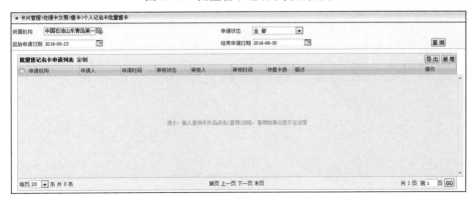

图 8-75　批量售不记名卡圈存页面

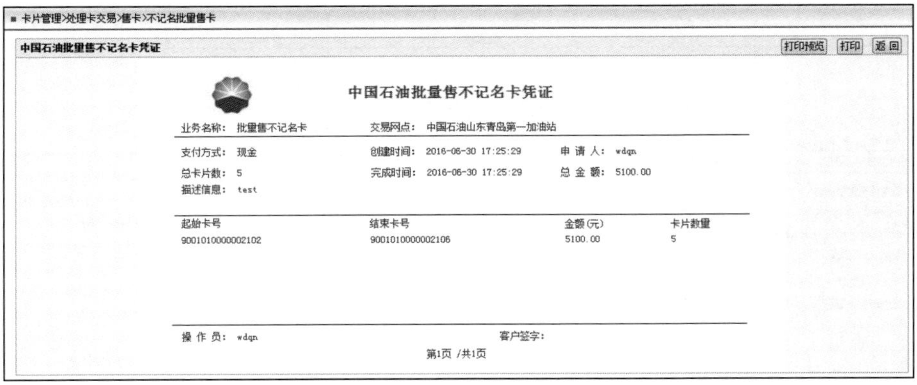

图 8-76　批量售不记名卡凭证页面

图 8-77　批量售个人记名卡页面

（2）点击"新增"按钮，填写"批量售个人卡申请"描述信息，选择客户的"开票类型"，可按需设置此批量售卡客户的八限功能、折扣合同及有效期，如图 8-78 所示。点击"保存申请"按钮，提示申请保存成功，显示客户信息列表，如图 8-79 所示。

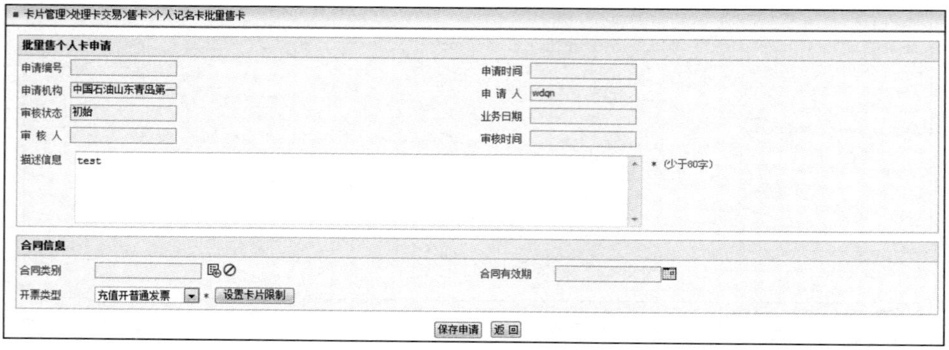

图 8-78　批量售个人记名卡申请页面（1）

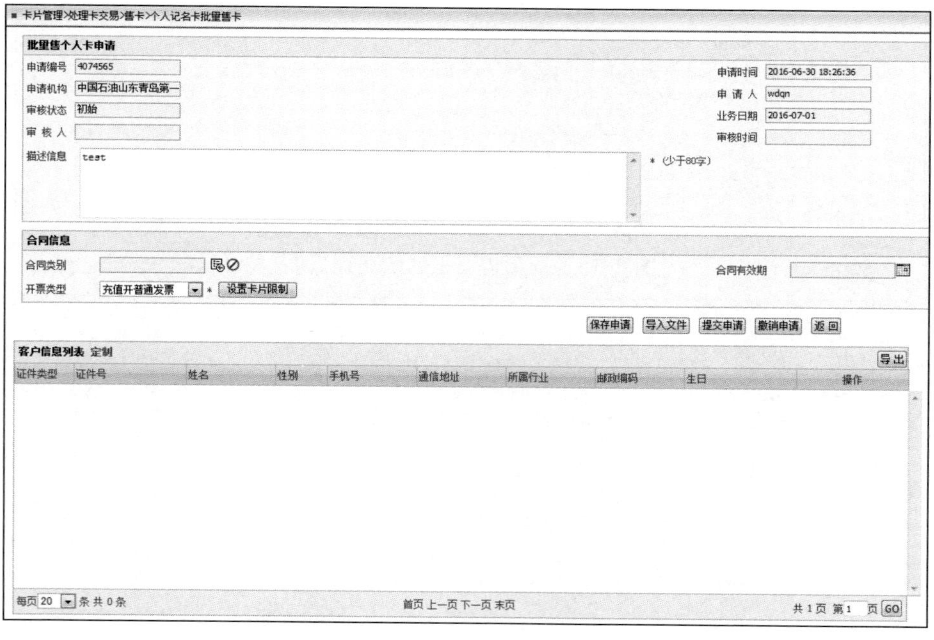

图 8-79　批量售个人记名卡申请页面（2）

（3）点击"导入文件"按钮，弹出"导入批量记名卡客户档案"对话框，如图 8-80 所示。选择预先制作并核实无误的批量文件（如客户档案重复，导入的客户会直接使用原有客户，不会覆盖系统原客户档案），点击"确认上传"按钮，按系统提示导入完成客户信息，如图 8-81 所示。

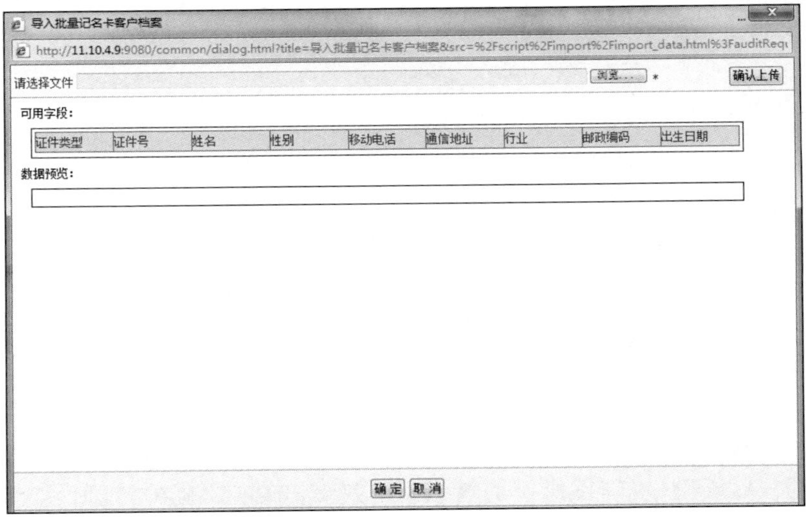

图 8-80　批量售个人记名卡申请页面（3）

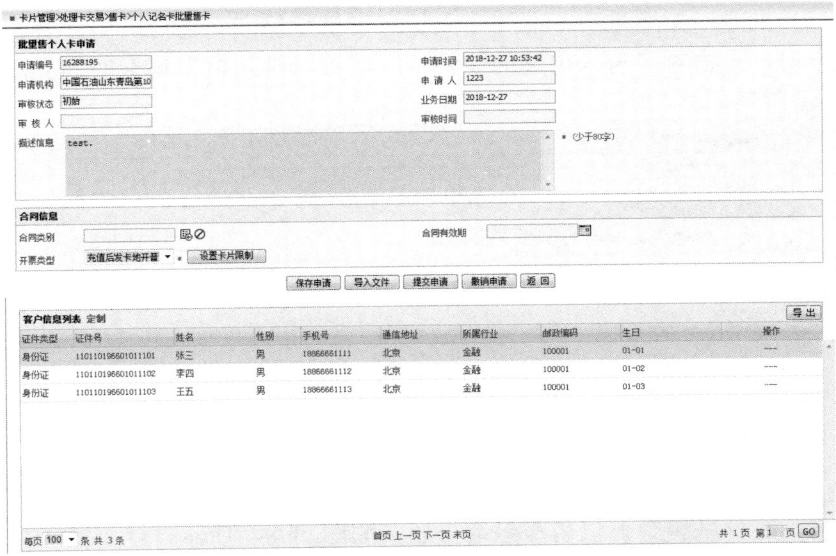

图 8-81　批量售个人记名卡申请页面（4）

（4）点击"提交申请"按钮，包括折扣合同的申请，提示等待审核，需告知地市公司进行审核操作，如图 8-82 所示；不包括折扣合同的申请，系统自动审核通过。

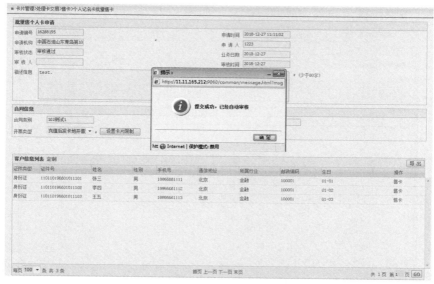

图 8-82　批量售个人记名卡申请页面（5）

（5）批量审核通过后，在"个人记名卡批量售卡"功能页面，查询出此售卡申请，点击对应售卡申请的"售卡"链接，进入批量售卡明细界面，如图 8-83 所示。

图 8-83　批量售个人记名卡申请列表

（6）在批量售个人记名卡申请页面，如图 8-84 所示，逐个插卡，点击"售卡"按钮完成卡片的售出，并打印售卡凭证。

图 8-84　批量售个人记名卡申请列表页面

二、充值

1. 按加油卡账户类型划分

充值包括卡账户充值和备用金账户充值 2 种方式。不记名卡、单位卡副卡只能进行卡账户充值，备用金账户不能充值。个人记名卡、车队卡可进行卡账户充值、备用金账户充值。具体充值上限请按业务要求执行。

1）有卡充值

客户须持卡到售卡充值网点充值，在核对客户的资金无误后，选择对应的充值方式，打印充值凭证，要求客户签字确认并留存。可以支持使用现金、银行卡、支票及其他等支付方式。

具体操作步骤如下：

（1）系统路径：卡片管理>处理卡交易>充值>卡充值，进入"卡充值"功能缺省页面，点击"读卡"按钮，读出卡片信息，输入充值金额。

（2）若选择支付方式为"现金"，如图 8-85 所示。

（3）若选择支付方式为"银行卡"，充值模式选用"手工模式"须手工录入银行卡支付打印的支付小票信息。充值模式选用"集成模式"时须在与系统集成的充值专用 POS 机上刷卡充值即可，如图 8-86 所示。

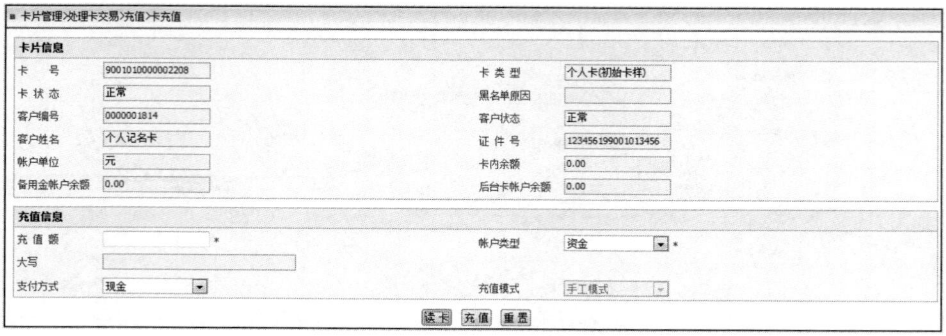

图 8-85　读取卡片输入金额页面

图 8-86　银行卡充值页面

（4）若选择支付方式为"支票"，如图 8-87 所示，点击"支票号"后的控件，出现支票信息窗口，选择支票，并点击"确定"，如图 8-88 所示。

图 8-87　支票充值页面

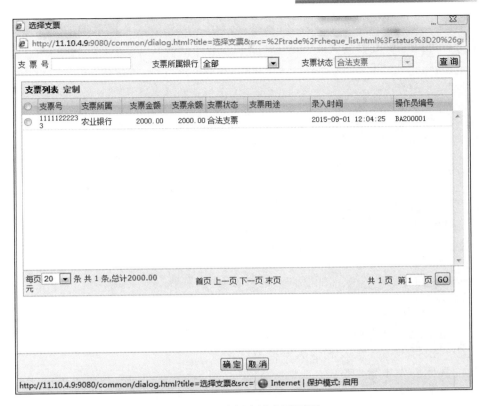

图 8-88　选择合法支票页面

（5）若选择支付方式为"其他"，如图 8-89 所示，需要选择其他支付方式中具体的某一项进行充值。

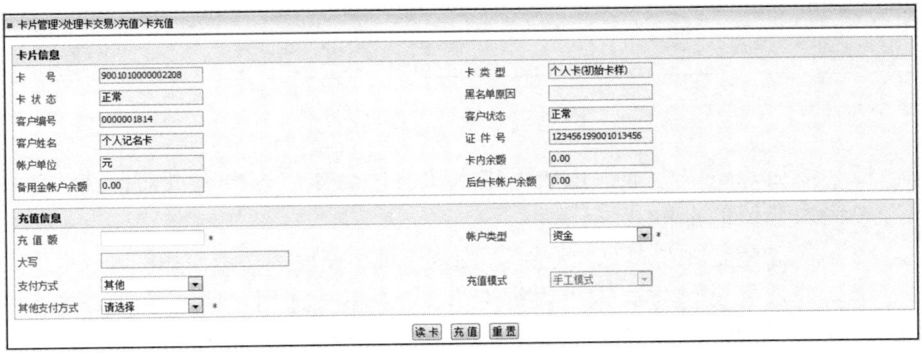

图 8-89　其他支付方式充值页面

（6）点击"充值"按钮，按系统提示可完成充值，并显示加油卡充值凭证，如图8-90所示。

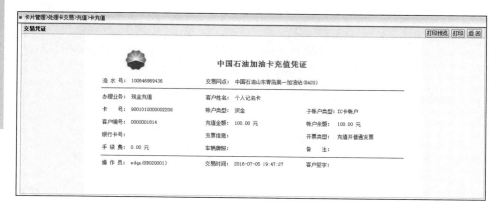

图 8-90　打印充值凭证页面

2）备用金充值

售卡充值网点操作员将资金充值到客户的备用金账户中。可以支持使用现金、银行卡、支票及其他等支付方式。

具体操作步骤如下：

（1）系统路径：卡片管理>处理卡交易>充值>备用金充值，进入"备用金充值"功能缺省页面，点击"读卡"按钮，读出卡号或输入客户编号，进入查询。如图8-91所示。

图 8-91　查询卡片页面

（2）然后点击"查询"按钮，进入"备用金账户充值"页面，在"充值额"中输入充值的金额。

（3）若选择支付方式为"现金"，则直接填写充值额即可。如图8-92所示。

（4）若选择支付方式为"银行卡"，充值模式选用"手工模式"须手工录入银行卡支付打印的支付小票信息，如图8-93所示。充值模式选用"集成模式"时须在与系统集成的充值专用POS机上刷卡充值即可。

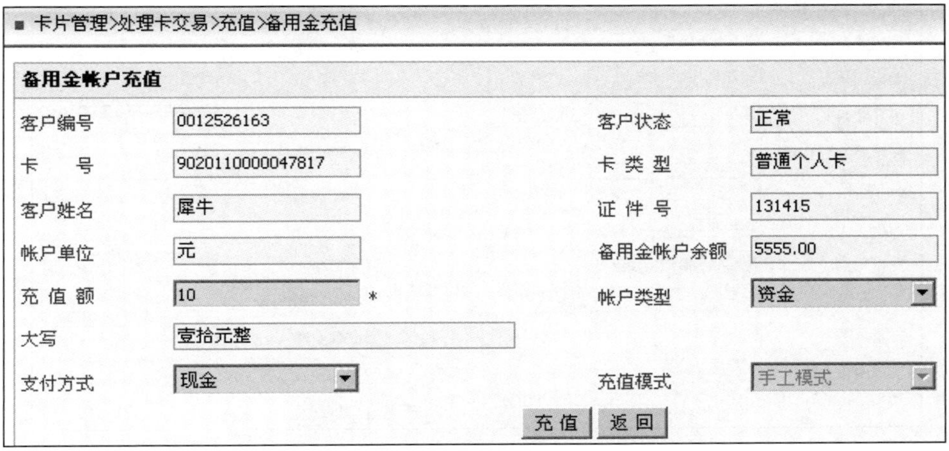

图 8-92　备用金账户充值页面

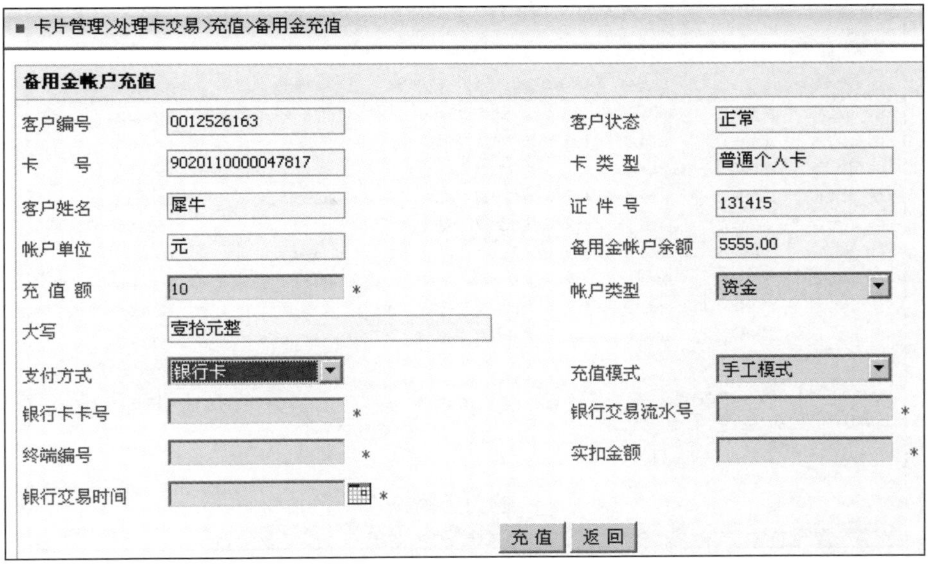

图 8-93　输入金额选择支付方式页面

（5）若选择支付方式为"支票"，如图 8-94 所示，点击"支票号"后的控件，出现支票信息窗口，选择支票，并点击"确定"，如图 8-95 所示。

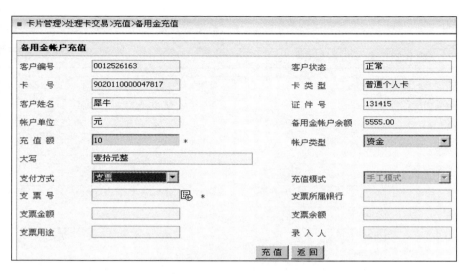

图 8-94　支票充值页面

图 8-95　选择合法支票页面

（6）若选择支付方式为"其他"，如图 8-96 所示，需要选择其他支付方式中具体的某一项进行充值。

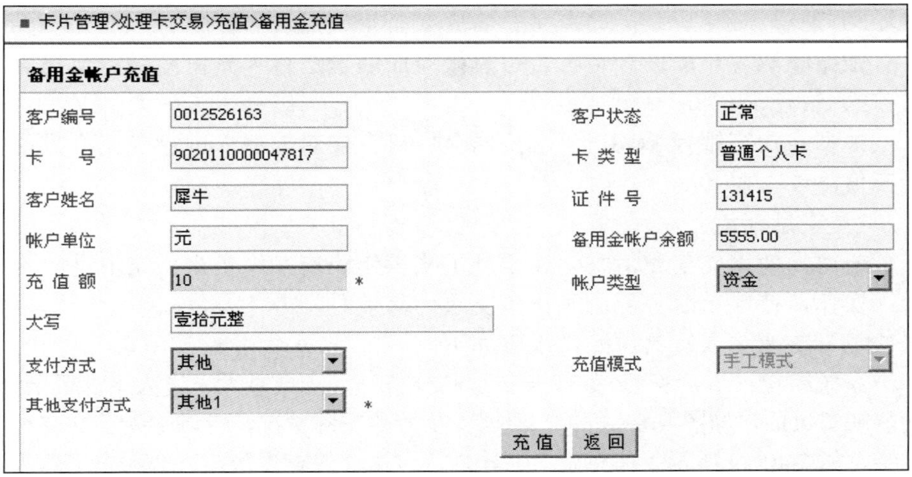

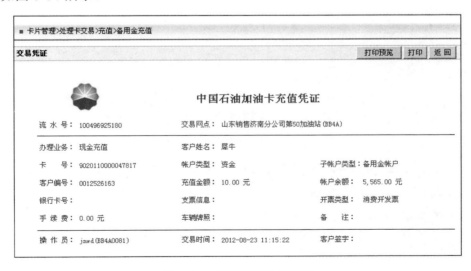

图 8-96　其他支付方式页面

（7）点击"充值"按钮进行充值，系统提示充值成功，打印充值凭证，如图 8-97 所示。

图 8-97　打印充值凭证页面

2. 按支付方式划分

加油卡充值可使用现金、银联卡、支票、网银划转和其他等支付。

1）现金充值

根据收取客户的现金金额，可直接对加油卡进行卡充值或备用金充值。

2）银行卡充值

根据客户在银行 POS 上所刷的金额，可直接对加油卡进行卡充值或备用金充值。

3）支票充值

若客户使用支票充值时，属于顺进账操作流程，先要在系统中进行支票录入操作，待地市财务部门确认该支票为有效时，方可充值。

（1）支票录入，具体操作步骤如下：

系统路径：卡片管理>处理卡交易>支票管理>支票录入，进入"支票录入"功能缺省页面，如图 8-98 所示。根据支票号的实际情况，可以输入英文字母和数字，如图 8-99 所示。信息录入完毕后，点击"保存"按钮，会弹出提示"请确认"提示框，如图 8-100 所示。点击"确定"按钮，提示支票登记成功，如图 8-101 所示。点击"确定"按钮，显示支票登记凭证页面，如图 8-102 所示。

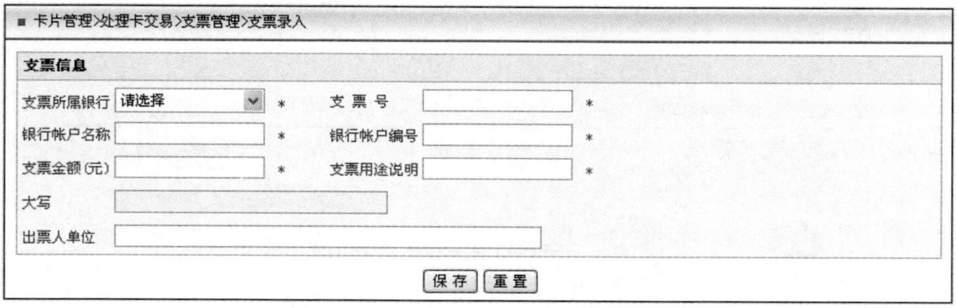

图 8-98　支票录入缺省页面

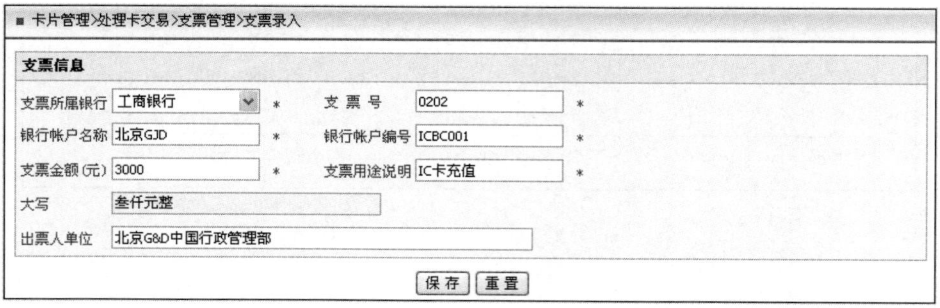

图 8-99　支票信息录入页面

图 8-100　提示信息页面

图 8-101　提示信息页面

图 8-102　打印支票登记凭证页面

（2）备用金支票充值

在进行备用金支票充值时，客户提供相应的支票，操作员录入支票信息及充值信息。系统将记录该支票充值为临时交易，等待地市公司财务部门确认该支票的有效性。若该支票确认为有效时，相关的临时交易也将被确认为正式交易，同时客户备用金账户的余额也会被更新；如果支票被确认为非法时，相关的临时交易将被撤销。如果在交易后马上发现录入的支票信息有误，可直接在柜台将相关交易取消。但是如果支票被确认后，将不能再被撤销。

具体操作步骤如下：

系统路径：卡片管理>处理卡交易>充值>备用金支票充值，进入"备用金支票充值"功能缺省页面，如图 8-103 所示。输入"支票所属银行"等必填项，点击"添加更多充值信息"按钮则可实现给多账户充值，点击"读卡"

按钮或输入客户编号，输入充值金额，点击"充值"按钮充值成功，显示充值凭证，如图 8-104 所示。

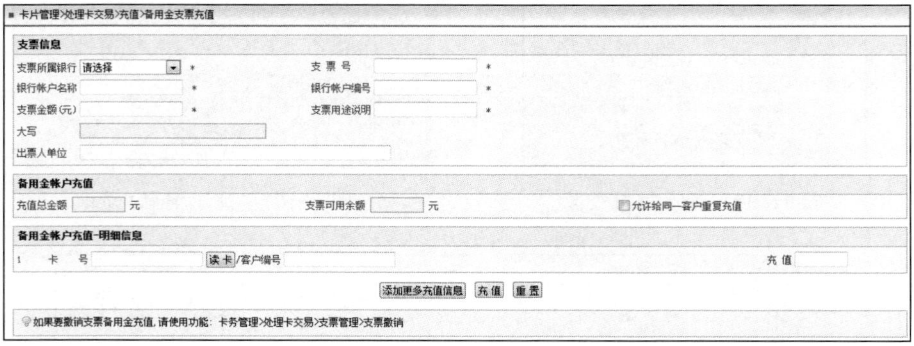

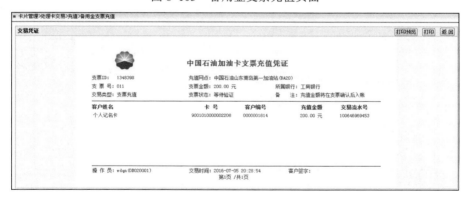

图 8-103 备用金支票充值页面

图 8-104 打印充值凭证页面

4）到账通知充值

客户持银行进账单存根到售卡充值网点充值时，属于倒进账操作流程，操作员确认为到账通知充值后，可向系统中录入到账信息，待地市财务部门确认为有效后，方可进行充值。

使用支票或网银完成资金到账后，对客户备用金账户进行充值。售卡充值网点操作人员根据客户提供的进账单存根等信息进行加油卡充值操作录入到账信息；若售卡充值网点不能够直接确认银行到账信息，可向系统中录入到账信息，系统记录充值为临时交易，等待交易确认为有效时，相关的临时交易也将被确认为正式交易，同时客户备用金账户的余额也会被更新；如果交易被确认为无效，相关的临时交易将被撤销。如果在交易后马上发现录入的交易信息有误，可直接在柜台取消，相关交易也将被删除。但如果交易被确认后，将不能再被撤销。

具体操作步骤如下：

（1）系统路径：卡片管理>处理卡交易>充值>到账通知充值，进入"到账通知充值"功能缺省页面，如图8-105所示。

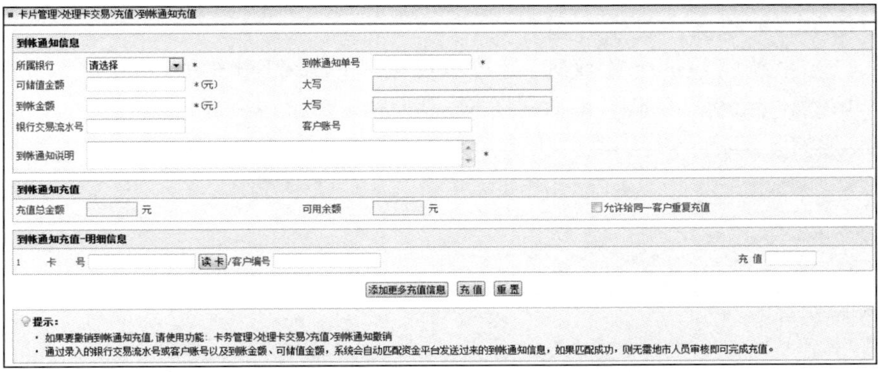

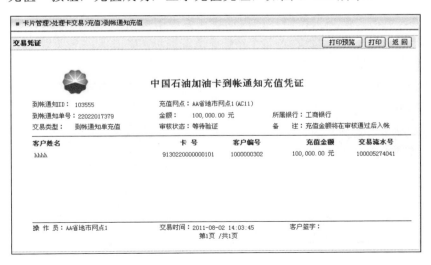

图8-105 备用金支票充值页面

（2）输入"所属银行"等必填项，点击"添加更多充值信息"按钮则可实现给多账户充值，点击"读卡"按钮或输入客户编号，输入充值金额，点击"充值"按钮，充值成功，显示充值凭证，如图8-106所示。

图8-106 打印到账通知充值凭证页面

3. 批量充值

单批次操作，售卡网点操作人员可同时给多个客户账户进行充值。

1）需审核的批量充值

客户按照规定格式填写含有客户信息和充值信息的文件，提交给售卡充值网点操作员。由售卡充值网点操作员复核无误后导入系统内，打印批量充值申请单，要求客户签字并留存。

（1）系统路径：卡片管理>处理卡交易>充值>批量充值，进入"批量充值"功能缺省页面，如图8-107所示。

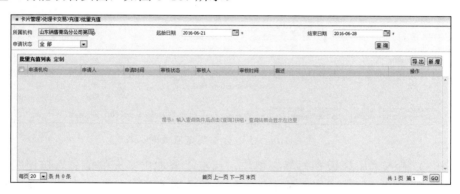

图8-107　批量充值缺省页面

（2）点击"新增"按钮，进入批量充值申请页面，如图8-108所示。输入描述信息后，点击"保存申请"按钮。系统提示"申请保存成功"，点击"确定"按钮，显示批量充值交易列表框，如图8-109所示。

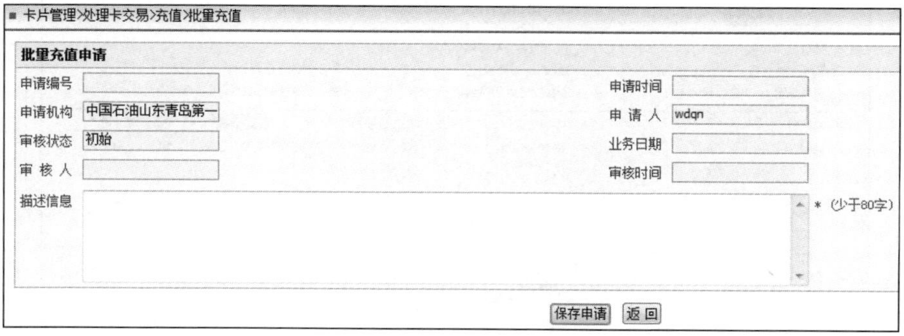

图8-108　批量充值申请页面

图 8-109　批量充值交易列表页面

（3）点击"导入文件"按钮，弹出"导入批量充值数据"对话框，如图 8-110 所示。选择预先制作并核实无误的批量文件，点击"确认上传"按钮，按系统提示导入完成客户信息，如图 8-111 所示。

图 8-110　导入批量充值数据页面

233

图 8-111　导入后批量充值列表页面

（4）导入完成后，点击"提交申请"按钮，提示等待审核，需告知地市公司进行审核操作，如图 8-112 所示。

图 8-112　提交申请等待审核页面

（5）批量审核通过后，在"批量充值"功能页面，查询出此批量充值申请，如图 8-113 所示。点击对应充值申请的"查看"链接，进入批量充值明细界面，如图 8-114 所示。

图 8-113　批量充值列表页面

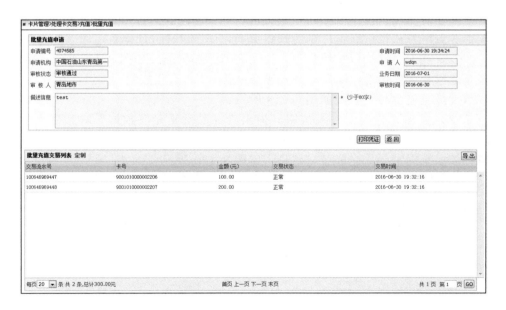

图 8-114　批量充值列表页面

（6）点击"打印凭证"按钮，打印批量充值凭证，如图 8-115 所示。

图 8-115　批量充值凭证页面

2）无审核的批量充值

客户按照规定格式填写含有客户信息和充值信息的文件，提交给售卡充值网点操作员。由售卡充值网点操作员复核无误后导入系统内，打印批量充值申请单，要求客户签字并留存。

（1）系统路径：卡片管理>处理卡交易>充值>多支付方式批量充值，进入"多支付方式批量充值"功能缺省页面，如图 8-116 所示。

（2）点击"增加"按钮，进入批量充值添加页面，如图 8-117 所示。输入充值额和描述信息，选择支付方式后，点击"保存"按钮，提示保存成功，显示批量充值交易列表，如图 8-118 所示。

（3）点击"导入文件"按钮，弹出"导入批量充值数据"对话框，如图 8-119 所示。选择预先制作并核实无误的批量文件，点击"确认上传"按钮，按系统提示导入完成客户信息，如图 8-120 所示。

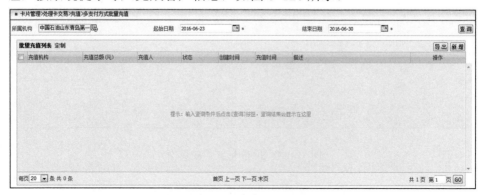

图 8-116　批量充值凭证页面

图 8-117 批量充值凭证页面

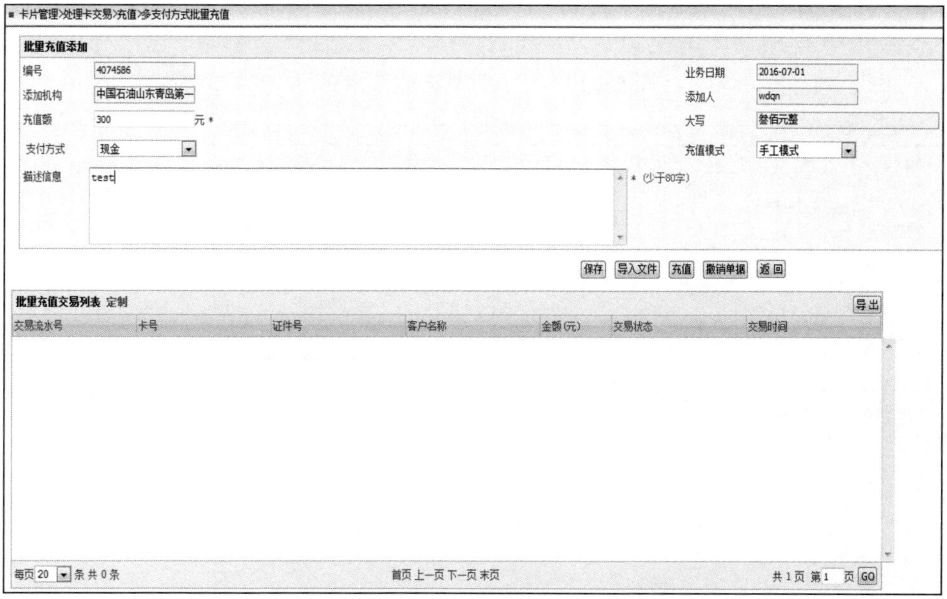

图 8-118 批量充值凭证页面

图 8-119　导入批量充值数据页面

图 8-120　导入后批量充值交易列表页面

（4）导入完成后，点击"充值"按钮，提示批量充值成功，如图 8-121 所示。

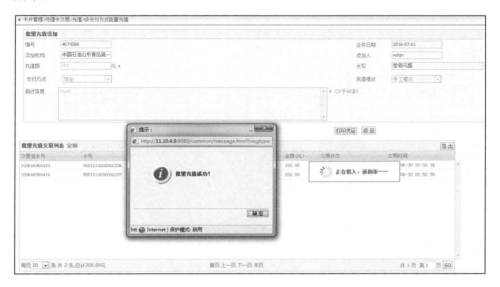

图 8-121　导入后批量充值交易列表页面

（5）点击"打印凭证"按钮，可打印多支付方式批量充值凭证，如图 8-122 所示。

图 8-122　导入后批量充值交易列表页面

4. 充值异常处理

1）支票撤销

支票录入或备用金支票充值完成后，发现支票号或金额录入有误等情况时，可取消此次支票充值。

（1）系统路径：卡片管理>处理卡交易>支票管理>支票撤销，进入"支票撤销"功能缺省页面，如图 8-123 所示。

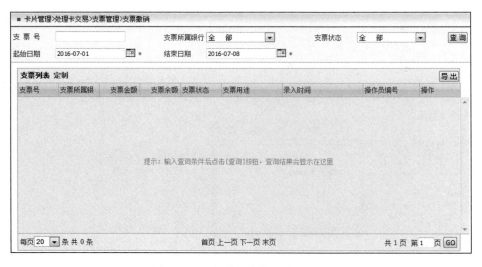

图 8-123　支票充值撤销缺省页面

（2）输入查询条件，点击"查询"按钮，查询出所有信息，如图 8-124 所示，也可以输入相应的查询条件，查询出符合查询条件的信息来。

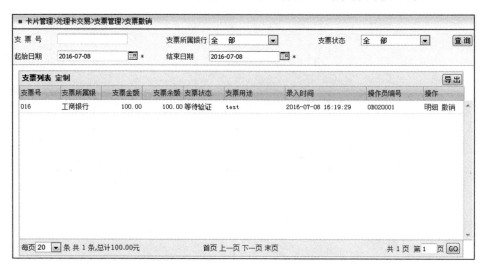

图 8-124　缺省查询全部支票页面

（3）点击列表中需要撤销的支票信息的"撤销"操作，系统提示用户"请确认"，点击"确定"按钮后，显示中国石油支票撤销凭证页面，如图 8-125 所示。

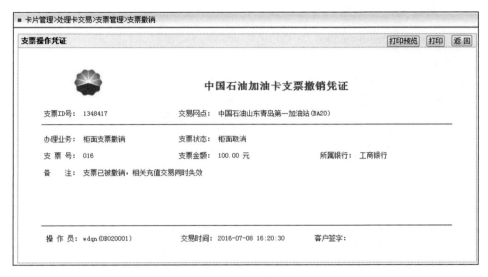

图 8-125　打印支票撤销凭证页面

2）卡充值撤销

售卡充值网点操作员完成卡充值业务后发现客户支付金额有错误，需要进行卡充值撤销。操作前须读卡，输入对应交易流水号、充值额。

卡充值撤销业务需审核后才能进行撤销操作，卡充值撤销业务有原有模式、同级审核和上级审核三种审核模式。

原有模式：即无须业务审核控制。

同级审核：售卡充值网点操作员提交业务申请，售卡充值网点管理员通过系统路径"卡片管理>日常运营>卡片业务>同级申请审核"找到同级申请审核功能，进行业务审核。操作员与管理员权限应互斥。

上级审核：售卡充值网点操作员提交业务申请，上级地市公司通过系统路径"卡片管理>日常运营>卡片业务>卡业务申请审核"找到卡业务申请审核功能，进行业务审核。

具体操作步骤如下：

（1）系统路径：卡片管理>处理卡交易>充值>卡充值撤销，进入"卡充值撤销"功能缺省页面，点击"读卡"按钮，输入"原交易流水号"等必填项，如图 8-126 所示。

（2）点击"撤销"按钮，显示"等待上级审核"，审核完成后，按步骤（1）重新撤销，提示撤销成功，显示充值撤销凭证，如图 8-127 所示。

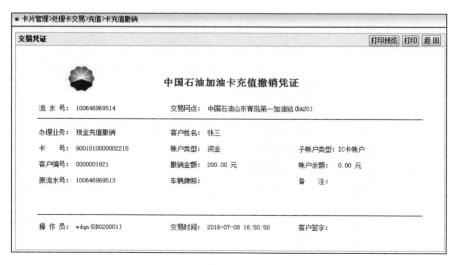

图 8-126　卡充值撤销页面

图 8-127　打印充值撤销凭证页面

3）备用金充值撤销

备用金充值时，如发现充值金额有误，将此笔充值取消的过程。

备用金充值撤销业务有三种审核模式供选择。增加业务审核环节后，需先进行审核，再进行业务操作。

原有模式：即无须业务审核控制。

同级审核：售卡充值网点操作员提交业务申请，售卡充值网点管理员通过系统路径"卡片管理>日常运营>卡片业务>同级申请审核"找到同级申请审核功能，进行业务审核。操作员与管理员权限应互斥。

上级审核：售卡充值网点操作员提交业务申请，上级地市公司通过系统路径"卡片管理>日常运营>卡片业务>卡业务申请审核"找到卡业务申请审核功能，进行业务审核。

具体操作步骤如下：

（1）系统路径：卡片管理>处理卡交易>充值>备用金充值撤销，进入"备用金充值撤销"功能缺省页面，输入"客户编号"，"原交易流水号"等必填项，如图 8-128 所示。

图 8-128 备用金充值撤销页面

（2）点击"撤销"按钮，提示撤销成功后显示充值撤销凭证，如图 8-129 所示。

4）到账通知撤销

到账通知撤销是指到账通知充值时，如发现充值金额有误，将此笔充值取消的过程。

具体操作步骤如下：

（1）系统路径：卡片管理>处理卡交易>充值>到账通知撤销，进入"到账通知撤销"功能缺省页面，输入"到账通知单号"，"所属银行"等信息进行查询，如图 8-130 所示。

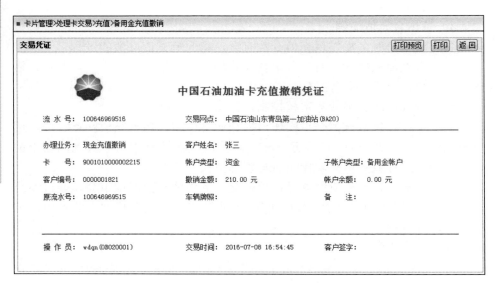

图 8-129　打印充值撤销凭证页面

图 8-130　到账通知撤销页面

（2）点击"撤销"按钮，撤销成功后显示到账充值撤销凭证，如图 8-131 所示。

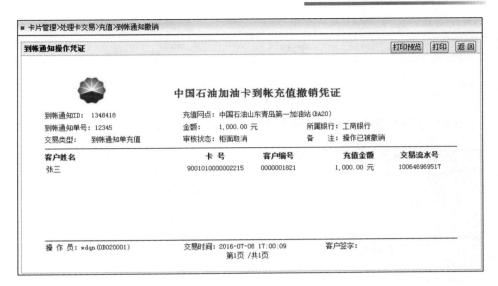

图 8-131　打印充值撤销凭证页面

三、转账

车队卡客户可进行单位账户分配/汇总业务。

客户须填写分配/汇总申请表并签字确认，提供车队主卡，在核对申请表信息与系统信息一致后，方可进行分配/汇总操作，打印分配/汇总凭证，要求客户签字确认并留存。

进行单位账户分配操作时，须注意单位账户余额满足本次分配总额。

主要包含三个功能模块的内容：单位账户分配、单位账户汇总和备用金转账。

1. 单位账户分配

指将单位账户中资金或积分分配到下属的司机账户中。

具体操作步骤如下：

（1）系统路径：卡片管理>处理卡交易>转账>单位账户分配，进入"单位账户分配"功能缺省页面，点击"读卡"按钮（必须读单位主卡），如图 8-132 所示。

图 8-132　读取单位主卡页面

（2）点击"查询"按钮，进入"单位账户分配"页面，如图 8-133 所示。

图 8-133　单位账户分配页面

（3）点击"模板维护"按钮，进入"单位模板维护"窗口，在"分配金额"中输入要分配的金额，如图 8-134 所示。或通过导入功能维护分配列表，如图 8-135 所示，点击导入进入分配金额对话框，点击浏览，然后点击确认上传，再点击确定，完成要导入的司机卡的金额。

（4）在"单位模板维护"窗口中点击"确定"按钮，"单位账户分配"中的"分配额"显示出本次分配总额（应不大于备用金账户余额），点击"分配"按钮，系统提示分配成功，显示"中国石油分配汇总凭证"页面，如图 8-136 所示。

图 8-134 单位模板维护页面

图 8-135 文件导入分配的司机金额页面

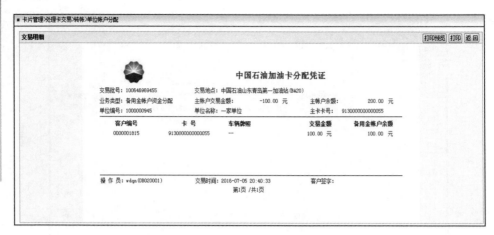

图 8-136　打印分配凭证页面

2. 单位账户汇总

指将单位账户下的某个或某些司机卡备用金账户中的资金或积分汇总到单位账户中。

具体操作步骤如下：

（1）系统路径：卡片管理>处理卡交易>转账>单位账户汇总，进入"单位账户汇总"功能缺省页面，点击"读卡"按钮（必须读单位主卡），如图 8-137 所示。

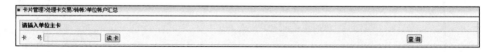

图 8-137　读取单位主卡页面

（2）点击"查询"按钮，进入"单位账户汇总"页面，如图 8-138 所示。

（3）点击"模板维护"按钮，进入"单位模板维护"窗口，如图 8-139 所示。

（4）在"汇总金额"中输入要汇总的金额，点击"确定"按钮，点击"汇总"按钮，系统提示汇总成功，显示汇总凭证，如图 8-140 所示。

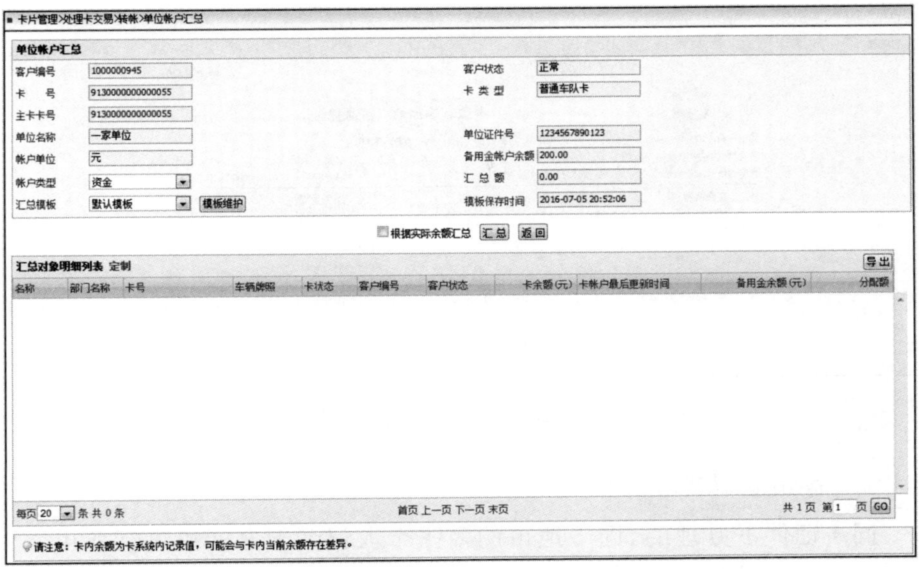

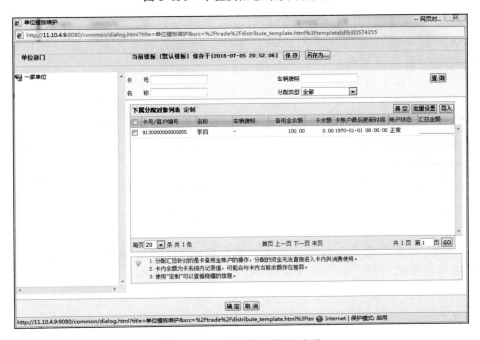

图 8-138　单位及汇总对象列表页面

图 8-139　单位模板维护页面

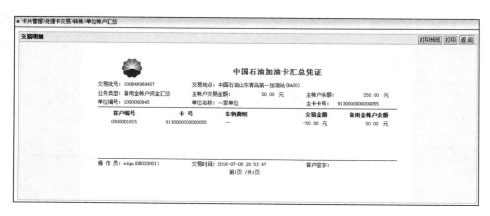

图 8-140　打印汇总凭证页面

3. 备用金转账

同一证件下办理的、同一地市的多张个人记名卡之间可进行备用金资金/积分转账，客户转账积分时，须在转账完成后注销积分转出卡。客户持卡到售卡充值网点，提出转账申请，操作员根据客户需求，将一个备用金账户的资金/积分向另一个备用金账户进行划转，打印转账凭证，提示客户签字确认并在售卡网点进行留存。不记名卡和车队卡不能使用该模块进行备用金转账。

具体操作步骤如下：

（1）系统路径：卡片管理>处理卡交易>转账>备用金转账，进入"备用金转账"功能缺省页面，点击"读卡"按钮，如图 8-141 所示。

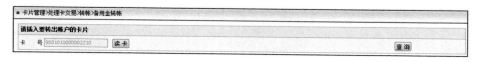

图 8-141　读取个人卡片页面

（2）点击"查询"按钮，进入"账户转账"页面，输入"转账额"，读出接受转账的卡号，如图 8-142 所示。

图 8-142　读取转账卡页面

（3）点击"转账"按钮，系统提示转账成功，显示转账凭证，如图 8-143 所示。

图 8-143　转账凭证页面

四、圈存圈提

1. 圈存

圈存是指将备用账户中的资金或积分转移到加油卡卡片账户中的操作。

售卡充值网点操作员读卡，将卡片备用金账户的资金/积分转到卡片资金账户，打印圈存凭证，要求客户签字确认并留存。

具体操作步骤如下：

（1）系统路径：卡片管理>处理卡交易>圈存圈提>圈存，进入"圈存"功能缺省页面。点击"读卡"按钮，读出卡片信息，输入"圈存额"等必填项。

（2）点击"圈存"按钮，系统提示圈存成功，显示圈存凭证。

2. 圈提

圈提是指将加油卡中部分金额或积分转移到备用金账户的操作。

售卡充值网点操作员读卡，将卡片资金账户的资金/积分转回卡片备用金账户，打印圈提凭证，要求客户签字确认并留存。

具体操作步骤如下：

（1）系统路径：卡片管理>处理卡交易>圈存圈提>圈提，进入"圈提"功能缺省页面。点击"读卡"按钮，读出卡片信息，输入"圈提额"等必填项。

（2）点击"圈提"按钮，系统提示圈提成功，显示圈提凭证。

五、销户退款

销户退款是指给予充值优惠或月末返利等优惠的客户，不办理销户退款。

1. 个人记名卡销户退款

客户办理个人记名卡销户退款时，须到开户地市指定网点办理。须出示开户时提供的有效证件，充值时开具的发票（未开发票应提供当时开具的收据或充值凭证），并留存证件复印件。售卡充值网点受理销户申请后，应及时查验申请销户的加油卡剩余金额。在核对证件信息与系统信息一致后，方可在系统内进行销户操作，打印销户凭证，经客户签字确认后，按照有关流程及时上报地市公司业务管理部门。经地市公司主管加油卡业务的负责人和财务负责人共同审核后，给予批复；售卡充值网点收到批复后通知客户按批复要求办理正式退款。从受理业务到正式退款在 20 个工作日内完成。个人记名卡销户后积分同步清零。

具体操作步骤如下：

（1）若客户持卡销户，通过系统路径：卡片管理>处理卡交易>销户退卡>个人有卡销户，进入"个人有卡销户"功能缺省页面，点击"读卡"按钮，读出卡片信息，如图 8-144 所示。

图 8-144　读取卡片信息页面

（2）点击"销户"按钮，系统提示用户是否做个人销户，如图 8-145 所示。

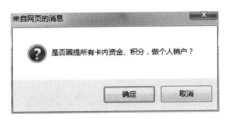

图 8-145　销户提示页面

（3）点击"确定"按钮，销户成功，进入凭证页面，如图 8-146 所示。

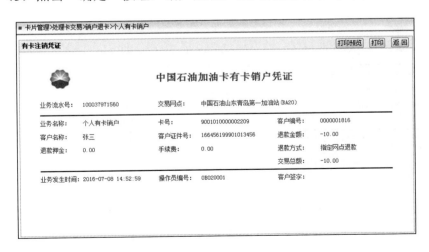

图 8-146　打印有卡注销凭证页面

（4）若客户卡片丢失，先对卡片进行挂失操作，再通过系统路径：卡片管理>处理卡交易>销户退卡>个人无卡销户，进入"个人无卡销户"功能缺省页面，如图 8-147 所示。进行注销操作，打印销户凭证，如图 8-148 所示。

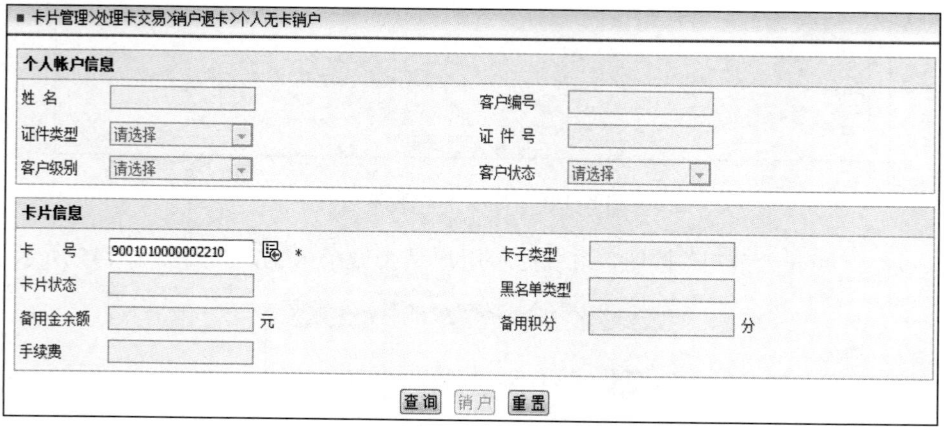

图 8-147　个人无卡销户页面

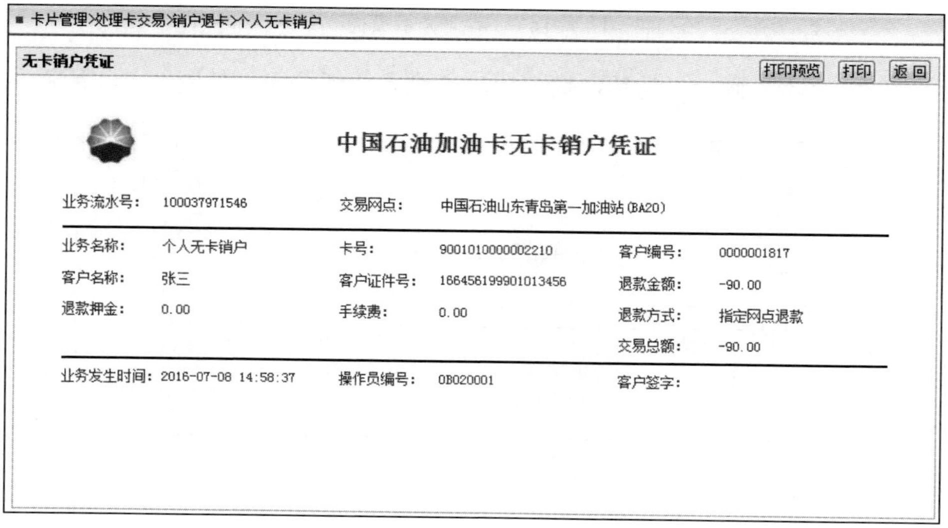

图 8-148　个人无卡销户凭证页面

2. 车队卡销户退款

车队卡客户在加油卡有效期内销户退款时，须到开户地市指定网点办理。须出示本单位的营业执照或其他有效证件原件(复印件需加盖单位公章)、开户时经办人的有效证件，充值时开具的发票（未开发票应提供当时开具的收据或充值凭证）留存证件复印件。售卡充值网点受理销户申请后，应及时查验申请销户的加油卡剩余金额。在核对证件信息与系统信息一致后，方可在系统内进行销户操作，打印销户凭证，经客户签字确认后，按照有关流程及时上报地市公司业务管理部门。经地市公司主管加油卡业务的负责人和财务负责人共同审核后，给予批复；售卡充值网点收到批复后通知客户按批复要求办理正式退款。从受理业务到正式退款不得超过 20 个工作日。

具体操作步骤如下：

（1）系统路径：卡片管理>处理卡交易>销户退卡>单位销司机卡，进入"单位销司机卡"功能缺省页面，如图 8-149 所示。读取单位主卡或输入客户编号，点击"查询"按钮，进入单位账号信息页面。

图 8-149　单位销司机卡页面

（2）若客户持卡销户，点击有卡注销操作，将要注销的司机卡进行读卡操作，如图 8-150 所示。点击"注销"按钮，注销成功，进入注销凭证页面，如图 8-151 所示。

图 8-150　有卡注销单位司机卡页面

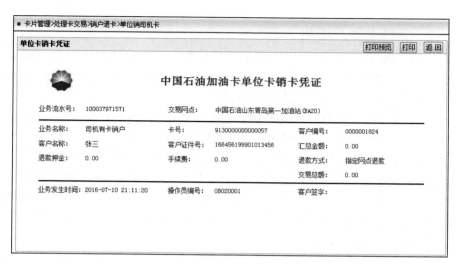

图 8-151　打印车队卡销卡凭证页面

（3）若客户卡片丢失，先对卡片进行挂失操作，再选择无卡销户操作，如图 8-152 所示。进行注销操作，打印销户凭证，如图 8-153 所示。

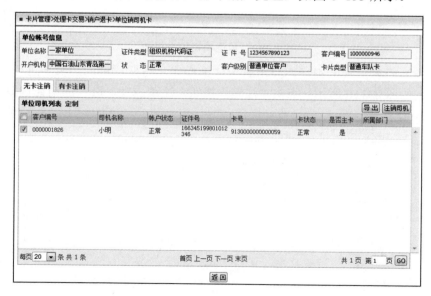

图 8-152　无卡注销单位司机卡页面

图 8-153　打印车队卡销卡凭证页面

（4）当单位下所有司机都已经销户后，注销单位账户。通过系统路径：卡片管理>处理卡交易>销户退卡>单位销户，进入"单位销户"功能缺省页面，使用单位主卡或输入客户编号，点击"查询"按钮，显示出客户信息，如图 8-154 所示。

图 8-154　单位账户信息页面

（5）点击"注销单位"按钮，注销单位成功，进入凭证页面，如图 8-155 所示。

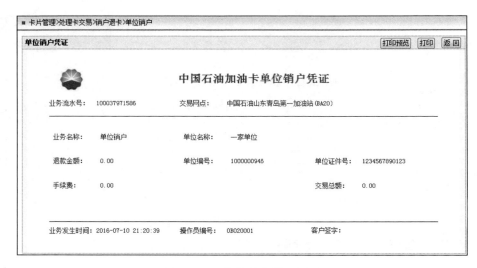

图 8-155　单位销户凭证页面

六、挂失/补卡/解挂

1. 临时挂失

客户卡片遗失后，可通过 95504 客服电话或门户网站临时挂失，并在 7 日之内到售卡充值网点正式挂失。

2. 挂失

客户到售卡充值网点办理正式挂失时须出示开户时的有效证件并留存复印件。在核对证件信息与系统信息一致后，方可进行操作。打印挂失凭证，要求客户签字确认并留存。并提醒客户挂失的卡片 24 小时后生效。挂失的卡片 24 小时内发生的消费交易损失由客户自行承担，24 小时后发生的消费交易损失由中国石油承担。

卡片挂失有两种账户校验方式。

（1）个人卡：可以通过校验个人有效证件进行挂失操作。

（2）车队卡：既可通过校验单位有效证件也可校验单位主卡进行挂失操作。

卡片挂失业务有三种审核模式供选择。增加业务审核环节后，需先进行审核，再进行业务操作。

原有模式。即无须业务审核控制。

校验证件。通过输入开户时使用的证件信息进行系统校验。

同级审核。售卡充值网点操作员提交业务申请，售卡充值网点管理员通过系统路径"卡片管理>日常运营>卡片业务>同级申请审核"找到同级申请审核功能，进行业务审核。操作员与管理员权限应互斥。

具体操作步骤如下：

① 系统路径：卡片管理>日常运营>黑名单管理>挂失，进入"挂失"功能缺省页面，如图 8-156 所示。

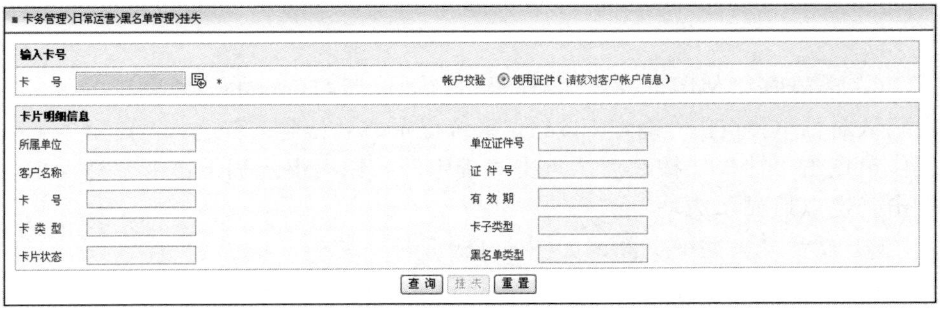

图 8-156　查询卡片页面

② 查询条件中输入卡片类型是个人卡的卡号，点击"查询"按钮，显示卡片明细信息，如图 8-157 所示。查询条件中输入卡片类型是车队卡的卡号，点击"查询"按钮，显示卡片信息，这里有两种账户校验方式：使用证件或使用主卡，如图 8-158 所示。

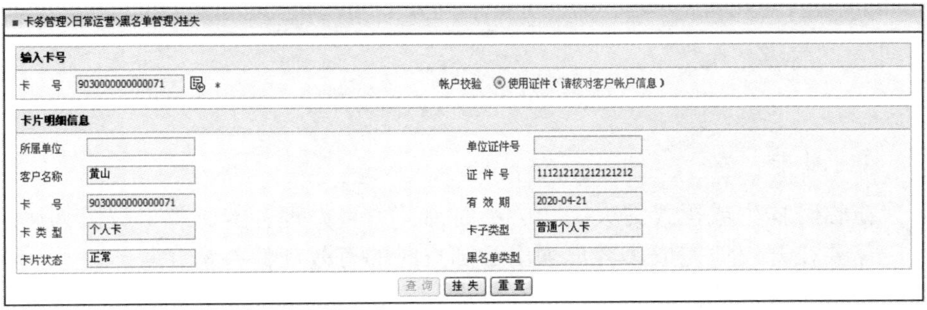

图 8-157　卡片挂失页面

图 8-158　卡片挂失页面

③ 若选择"使用证件",操作员审核通过后即可点击"挂失"按钮,弹出确认对话框,点击"确定"按钮,系统提示成功信息;若选择"使用主卡",操作员点击"挂失"按钮后,点击"确定"按钮,提示插入主卡,插入主卡点击确定以后显示成功。

④ 显示挂失凭证页面,如图 8-159 所示。

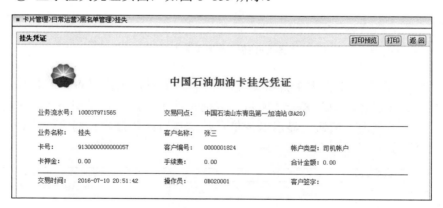

图 8-159　打印挂失凭证页面

3. 补卡

在临时挂失或正式挂失满 24 小时后,方可办理补卡。补卡权限为属地化,需要在开户地完成。客户须出示开户时的有效证件并留存复印件。在核对证件信息与系统信息一致后,方可进行操作,建议客户设置加油卡密码,打印补卡凭证,要求客户签字确认并留存。若补卡凭证提示收取手续费时,须收取客户对应额度的费用。

补卡成功后，旧卡在系统内自动无卡销户，旧卡备用金账户资金/积分将会同步转入新卡备用金账户，旧卡卡片资金账户资金/积分将在 5 个自然日后转入新卡备用金账户。

具体操作步骤如下：

（1）系统路径：卡片管理>日常运营>卡片业务>补卡，进入"补卡"功能缺省页面，如图 8-160 所示。

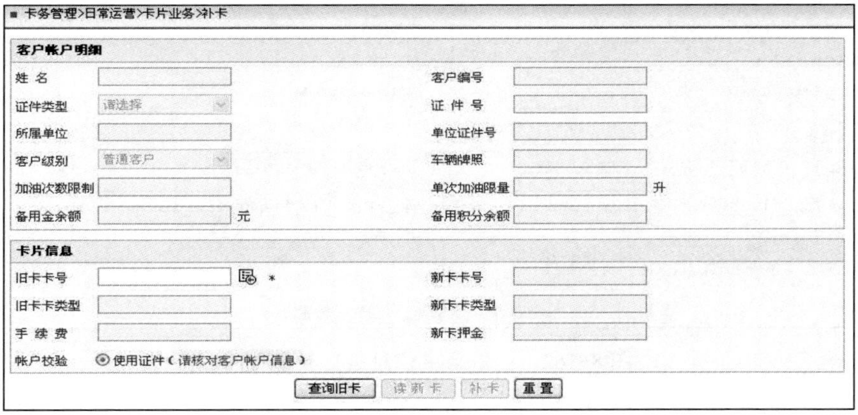

图 8-160　补卡功能页面

（2）输入旧卡卡号，点击"查询旧卡"按钮，读出旧卡卡片信息，如图 8-161 所示。

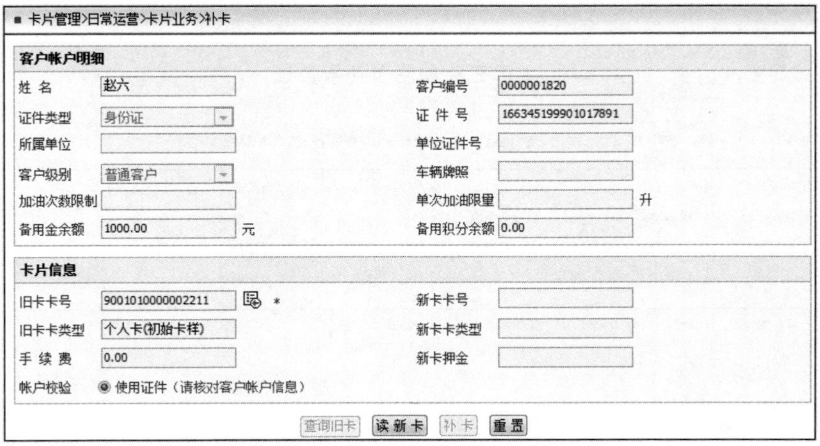

图 8-161　查询旧卡信息页面

（3）插入新卡片（注：新卡片状态为预个人化卡片，卡片类型与旧卡卡片类型一致），点击"读新卡"按钮，读出新卡卡片信息，如图 8-162 所示。

■ 卡片管理〉日常运营〉卡片业务〉补卡

客户帐户明细

姓 名	赵六	客户编号	0000001820
证件类型	身份证	证 件 号	166345199901017891
所属单位		单位证件号	
客户级别	普通客户	车辆牌照	
加油次数限制		单次加油限量	升
备用金余额	1000.00 元	备用积分余额	0.00

卡片信息

旧卡卡号	9001010000002211 　*	新卡卡号	9001010000002212
旧卡卡类型	个人卡(初始卡样)	新卡卡类型	个人卡(初始卡样)
手 续 费	0.00	新卡押金	0.00
帐户校验	◉ 使用证件（请核对客户帐户信息）		

查询旧卡　读 新 卡　补 卡　重 置

图 8-162　读取新卡信息进行补卡页面

（4）点击"补卡"按钮，提交地市公司审核后，提示补卡成功，显示补卡凭证页面，如图 8-163 所示。

■ 卡片管理〉日常运营〉卡片业务〉补卡

补卡凭证　　　　　　　　　　　　　　　　　　　打印预览　打印　返回

中国石油加油卡补卡凭证

业务流水号：	100037971542	交易网点：	中国石油山东青岛第一加油站(BA20)		
业务名称：	补卡	客户名称：	赵六	客户证件号：	166345199901017891
旧卡卡号：	9001010000002211	退旧卡押金：	0.00	客户编号：	0000001820
新卡卡号：	9001010000002212	收新卡押金：	0.00	手续费：	0.00
				交易总额：	0.00
业务发生时间：2016-07-07 14:33:48		操作员编号：	0B020001	客户签字：	

图 8-163　打印补卡凭证页面

4．解挂

客户持卡到售卡充值网点提出解挂时，须出示开户时的有效证件并留存复印件。在核对证件信息与系统信息一致后，方可进行操作，打印解挂凭证，要求客户签字确认并留存。提醒客户处理解挂的卡片 24 小时后生效。

卡片处理解挂有两种账户校验方式。

个人卡：可以通过校验个人有效证件进行解挂操作。

车队卡：既可通过校验单位有效证件也可校验单位主卡进行解挂操作。

具体操作步骤如下：

（1）系统路径：卡片管理>日常运营>黑名单管理>处理解挂，进入"处理解挂"功能缺省页面，如图 8-164 所示。

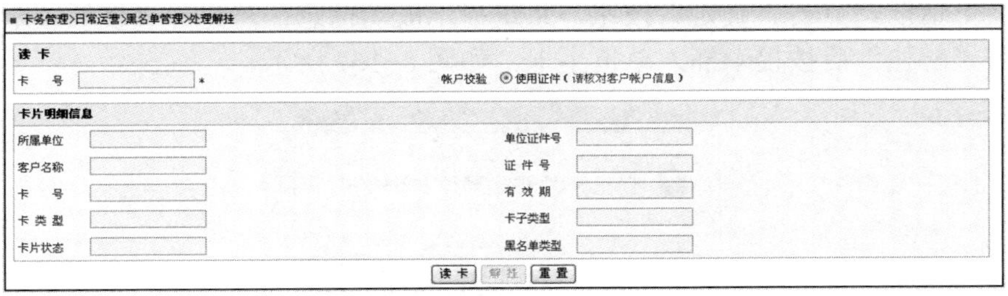

图 8-164　查询挂失卡片页面

（2）插入卡片类型是个人卡时，点击"查询"按钮，显示卡片明细信息，如图 8-165 所示；插入卡片类型是车队卡时，点击"查询"按钮，显示卡片信息，这里有两种账户校验方式：使用证件或使用主卡，如图 8-166 所示。

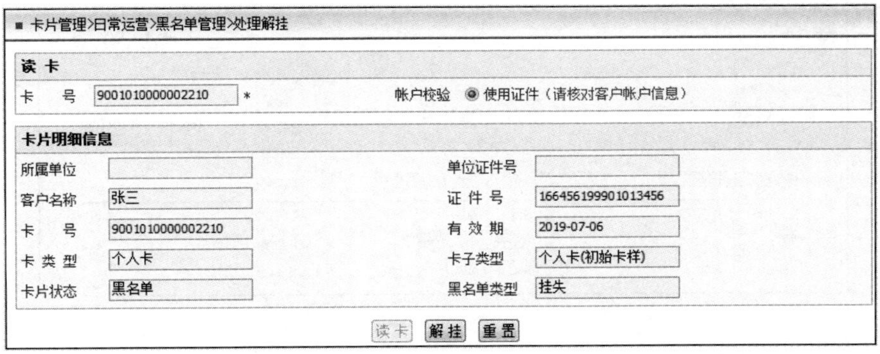

图 8-165　卡片解挂页面（个人）

图 8-166 卡片解挂页面（单位）

（3）若选择"使用证件"，操作员审核通过后点击"解挂"按钮，弹出确认对话框，点击"确定"按钮，系统提示成功信息；若选择"使用主卡"，点击"解挂"后按提示插入单位主卡，如图 8-167 所示。

图 8-167 确认信息页面

（4）插入单位主卡，点击"确定"按钮，系统提示成功信息后，显示解挂凭证页面，如图 8-168 所示。

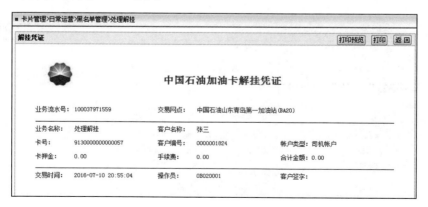

图 8-168 打印解挂凭证页面

七、密码管理

1. 密码修改

客户持卡到售卡充值网点修改密码，须出示开户时的有效证件并留存复印件。在核对证件信息与系统信息一致后，方可进行操作，打印密码修改凭证，要求客户签字确认并留存。

具体操作步骤如下：

（1）系统路径：卡片管理>日常运营>卡片业务>密码修改，进入"密码修改"功能缺省页面。

（2）点击"读卡"按钮，弹出"请持卡人输入密码"的对话框，输入卡片密码完成校验，显示卡片信息。

（3）点击"修改密码"按钮，弹出"请持卡人输入密码"的对话框，在该对话框中2次输入新的密码完成校验，提示密码修改成功。点击"确定"按钮，显示密码修改凭证页面。

2. 密码重置

客户持卡到售卡充值网点重置密码，须出示开户时的有效证件并留存复印件。在核对证件信息与系统信息一致后，方可进行操作，打印密码重置凭证，要求客户签字确认并留存。

密码重置业务有三种审核模式供选择。增加业务审核环节后，需先进行审核，再进行业务操作。

原有模式。即无须业务审核控制。

校验证件。通过输入开户时使用的证件信息进行系统校验。

同级审核。售卡充值网点操作员提交业务申请，售卡充值网点管理员通过系统路径"卡片管理>日常运营>卡片业务>同级申请审核"找到同级申请审核功能，进行业务审核。操作员与管理员权限应互斥。

具体操作步骤如下：

（1）系统路径：卡片管理>日常运营>卡片业务>密码重置，进入"密码重置"功能缺省页面。

（2）若为个人卡片，点击"读卡"按钮，读出卡片信息，使用证件进行校验，如图8-169所示。点击"重设密码"按钮，弹出"请持卡人输入新的密码"的对话框，在该对话框中2次输入新的密码完成校验，如图8-170所示。

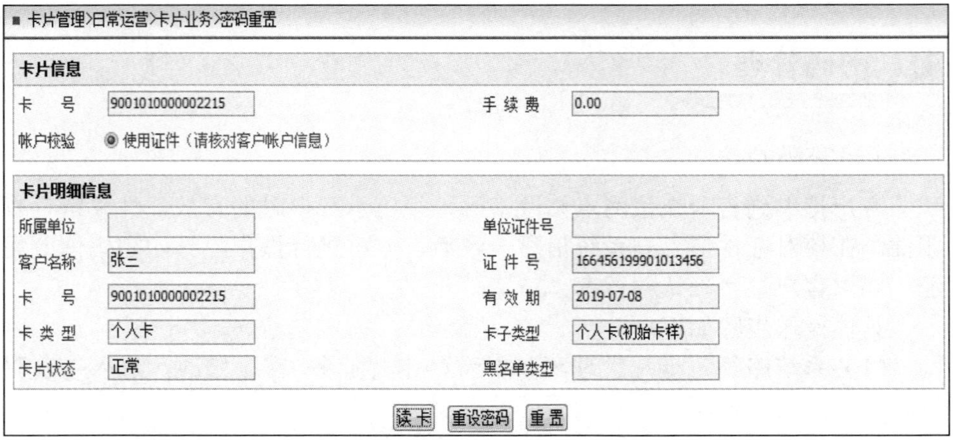

图 8-169　读取卡片信息页面

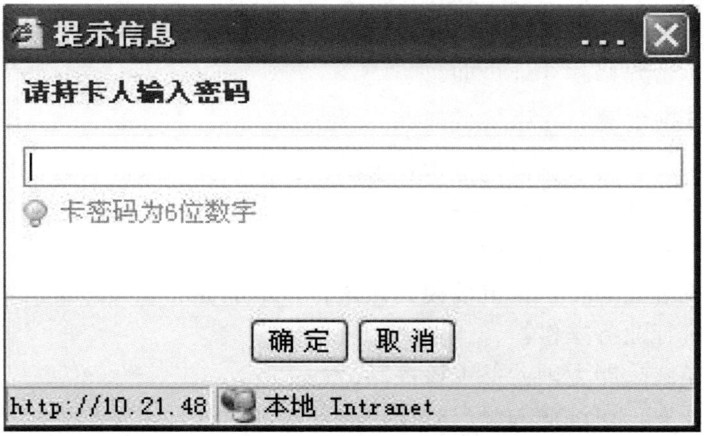

图 8-170　输入新密码页面

（3）若为单位车队卡，可使用单位有效证件校验（同个人卡片操作）；或选择使用单位车队主卡校验，如图 8-171 所示。点击"重设密码"按钮，弹出插入主卡提示框，插入主卡后点击"确定"按钮，提示主卡验证成功，插入欲重设密码卡片，然后点击"确定"按钮，弹出密码输入提示框，在该对话框中 2 次输入新的密码完成校验（必填项）。

■ 卡片管理>日常运营>卡片业务>密码重置

卡片信息

卡　　号	9130000000000057	手 续 费	0.00
帐户校验	◉ 使用主卡 ◯ 使用证件（请核对客户帐户信息）		

卡片明细信息

所属单位	一家单位	单位证件号	1234567890123
客户名称	张三	证 件 号	1664561999010113456
卡　　号	9130000000000057	有 效 期	2026-07-08
卡 类 型	单位卡	卡子类型	普通车队卡
卡片状态	正常	黑名单类型	

读 卡　重设密码　重 置

图 8-171　读取卡片信息页面

（4）提示密码重置完成。点击"确定"按钮，显示重置密码凭证页面，如图 8-172 所示。

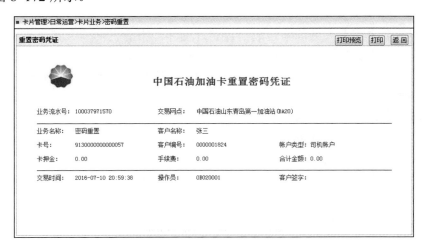

图 8-172　打印重置密码凭证页面

3．密码启用/停用

客户持卡到售卡充值网点启用/停用密码，须出示开户时的有效证件并留存复印件。在核对证件信息与系统信息一致后，方可进行操作，打印密码启用/停用凭证，要求客户签字确认并留存。

具体操作步骤如下：

（1）系统路径：卡片管理>日常运营>卡片业务>密码启用停用，进入"密码启用停用"功能缺省页面，点击"读卡"按钮。

（2）若卡片无密码，则直接显示卡片信息。若要启用密码，点击"启用密码"按钮，弹出两次密码输入框，正确输入一致密码，弹出"密码启用成功"的提示。点击"确定"按钮，显示密码启用停用凭证。

（3）若卡片有密码，弹出密码输入框，输入密码点击"确定"按钮，读出卡片信息。若要停用密码，点击"停用密码"按钮，弹出"密码停用成功"的提示，点击"确定"按钮，显示密码启用停用凭证。

八、异常卡处理

1. 记名卡

记名卡芯片损坏、无法读卡，可使用补卡功能更换新卡。

2. 不记名卡

不记名卡因非人为因素造成卡片芯片损坏，不能正常刷卡时，可通过异常卡处理流程处理。须先在售卡充值网点提交异常卡处理申请，经地市公司审核后生效。申请生效后，由售卡充值网点为客户补办新的不记名卡。

当属于以下情况之一时，不予办理异常卡处理：

（1）芯片未损坏，只是发生卡面划破等折旧情况；

（2）购卡原始凭证丢失；

（3）实物卡片丢失；

（4）经办人有效证件与购卡原始凭证的签字信息不一致；

（5）实物卡片卡号与购卡原始凭证的卡号信息不一致；

（6）地区公司判定的其他条件。

3. 处理流程

1）售卡充值网点

售卡充值网点操作人员接到客户异常卡处理申请后，首先明确卡片不能刷卡的原因为非人为因素导致，然后复核客户出示的购卡原始凭证、实物卡片、客户有效证件无误后，在卡系统中操作异常卡处理申请，提交地市公司审核，打印异常卡处理申请单据、留存客户有效证件复印件、购卡原始凭证复印件、回收实物卡片，一并提交给地市公司。

具体操作步骤如下：

（1）售卡充值网点操作员登录卡系统，选择"卡片管理>处理卡交易>异常处理>不记名卡异常处理"功能，如图8-173所示。

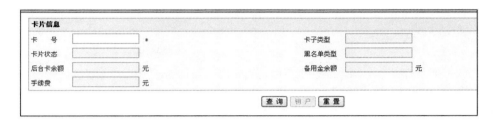

图8-173 不记名卡异常处理功能页面

（2）输入不记名卡卡号，点击"查询"按钮，查询出不记名卡的信息，并弹出提示框。如图8-174所示。

图8-174 提交申请页面

（3）在提示框中点击"确定"按钮，提交销户申请成功。如图8-175所示。

2）地市公司

地市公司在接到售卡充值网点提交的申请后，通过系统路径"卡片管理>日常运营>卡片业务>卡业务申请审核"找到卡业务申请审核功能，复核无误后在卡系统中进行审核。

图 8-175 提示页面

售卡充值网点在申请审批生效后，使用售卡功能，为客户重新办理不记名卡售卡业务。

九、其他日常业务

1. 换卡

客户持原卡到售卡充值网点提出换卡要求，须出示开户时的有效证件并留存复印件。在核对证件信息与系统信息一致后，方可进行操作。建议客户设置加油卡密码，打印换卡凭证，要求客户签字确认并留存。

旧卡卡片资金账户资金/积分和备用金账户资金/积分将同步转入客户新卡相应账户。

具体操作步骤如下：

（1）系统路径：卡片管理>日常运营>卡片业务>换卡，进入"换卡"功能缺省页面，如图 8-176 所示。

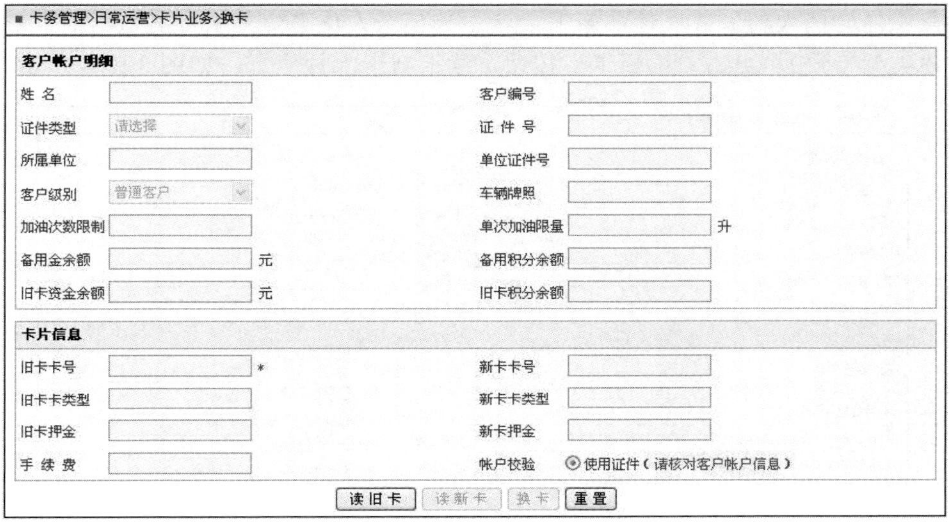

图 8-176　查询旧卡页面

（2）插入卡片，点击"读旧卡"按钮，弹出确认对话框"换卡需要圈提卡内所有资金，积分，是否圈提"，点击"确定"按钮，读出当前卡片信息及客户账户信息且圈提其资金，积分，如图 8-177 所示。

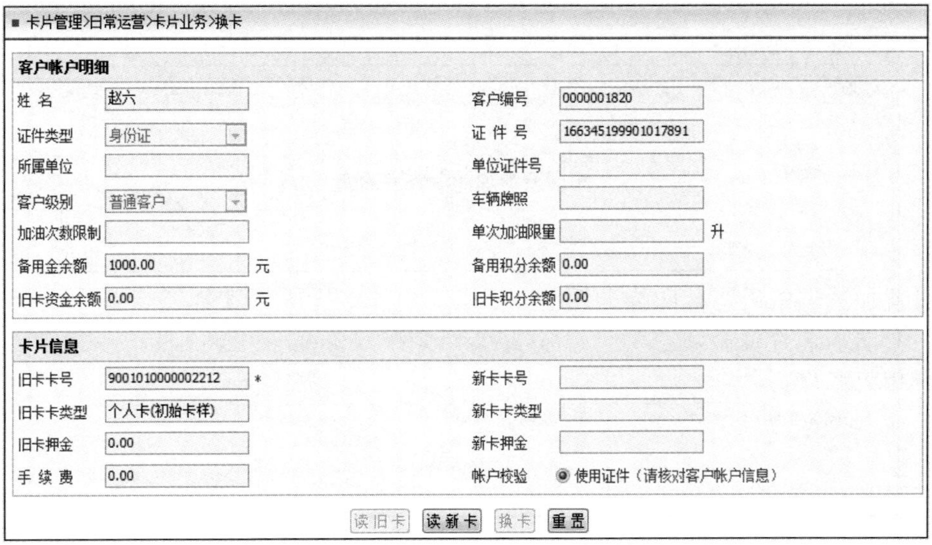

图 8-177　读取旧卡信息页面

（3）插入新卡片（注：新卡片状态为预个人化卡片，卡片类型与旧卡卡片类型一致），点击"读新卡"按钮，读卡新卡卡片信息，如图 8-178 所示。

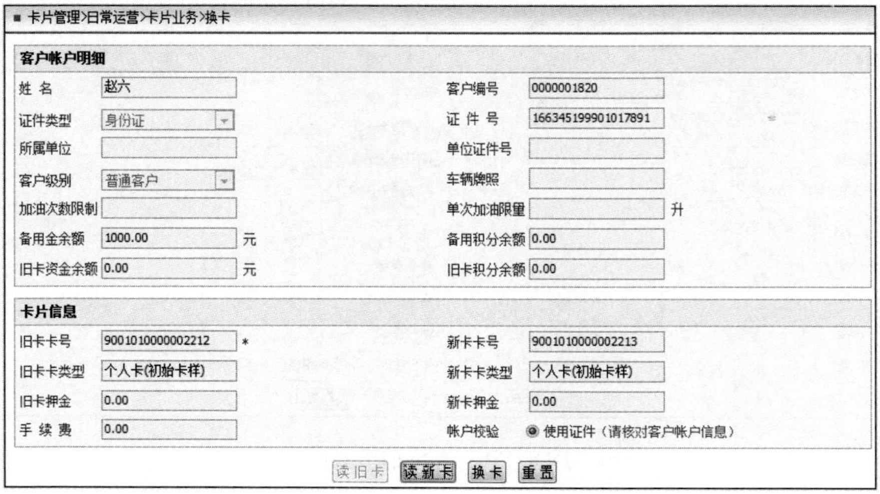

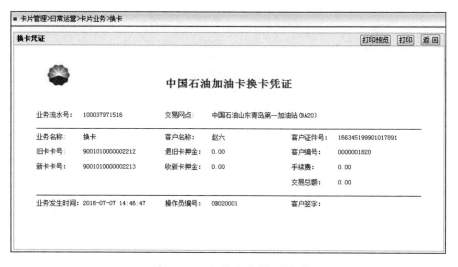

图 8-178　读取新卡信息进行换卡页面

（4）点击"换卡"按钮，原卡片被注销，提示换卡成功，进入凭证页面，如图 8-179 所示。

图 8-179　打印换卡凭证页面

2. 延长卡片有效期

按国家规定：记名卡不得设有效期，不记名卡有效期不得少于 3 年。记名卡长期有效，使用满 3 年，为保证持卡人后续正常使用，须持卡到中国石油售卡充值网点进行卡片维护。不记名卡有效期 3 年，过期尚有余额的，可办理延期业务。

卡片失效期在 6 个月以内的加油卡，直接使用"处理失效卡功能"办理；对于卡片失效期超过 6 个月的加油卡，使用"特定网点延长有效期"功能给予办理。

客户持卡到售卡充值网点提出延长卡片有效期要求时，须出示开户时的有效证件，在核对证件信息与系统信息一致后，方可进行操作，打印处理失效卡凭证，要求客户签字确认并留存。

对于延长卡片有效期的具体操作步骤如下：

（1）若卡片失效期在 6 个月以内，通过系统路径：卡片管理>日常运营>卡片业务>处理失效卡，进入"处理失效卡"功能缺省页面，如图 8-180 所示。

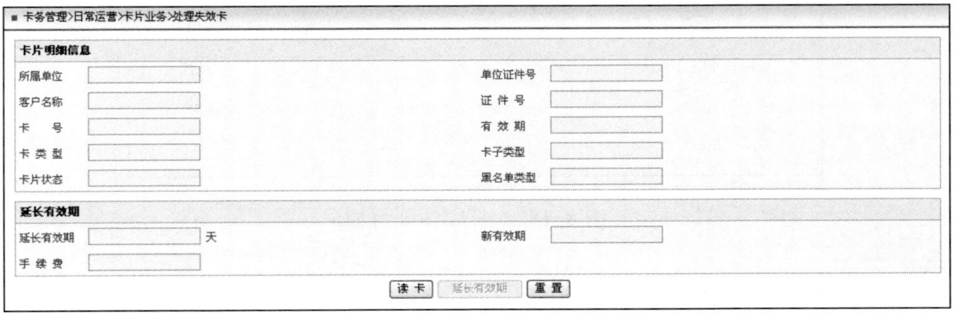

图 8-180　查询失效卡页面

（2）若卡片失效期超过 6 个月，通过系统路径：卡片管理>日常运营>卡片业务>特定网点延长有效期，进入"特定网点延长有效期"功能缺省页面，如图 8-181 所示。

（3）插入卡片，点击"读卡"按钮，读出卡片信息，点击"延长有效期"按钮，点击"确定"按钮，卡片有效期会自动延长到特定时间，进入凭证页面，如图 8-182 所示。

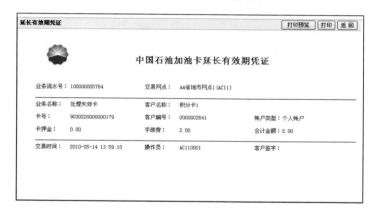

图 8-181　延长有效期页面

图 8-182　打印凭证页面

3. 升级不记名卡

客户持卡到售卡充值网点办理升级不记名卡业务时，须提供个人有效证件并留存复印件，填写《中国石油昆仑加油卡个人客户业务申请表》并签字确认。在核对申请表信息无误后，方可进行操作，同时建议客户设置加油卡密码，打印升级不记名卡凭证，要求客户签字确认并留存。

具体操作步骤如下：

（1）系统路径：卡片管理>日常运营>卡片业务>升级不记名卡，进入"升级不记名卡"功能缺省页面，如图 8-183 所示。

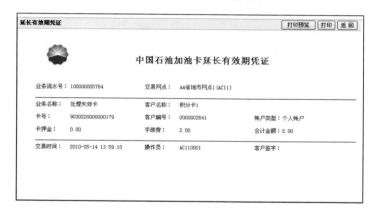

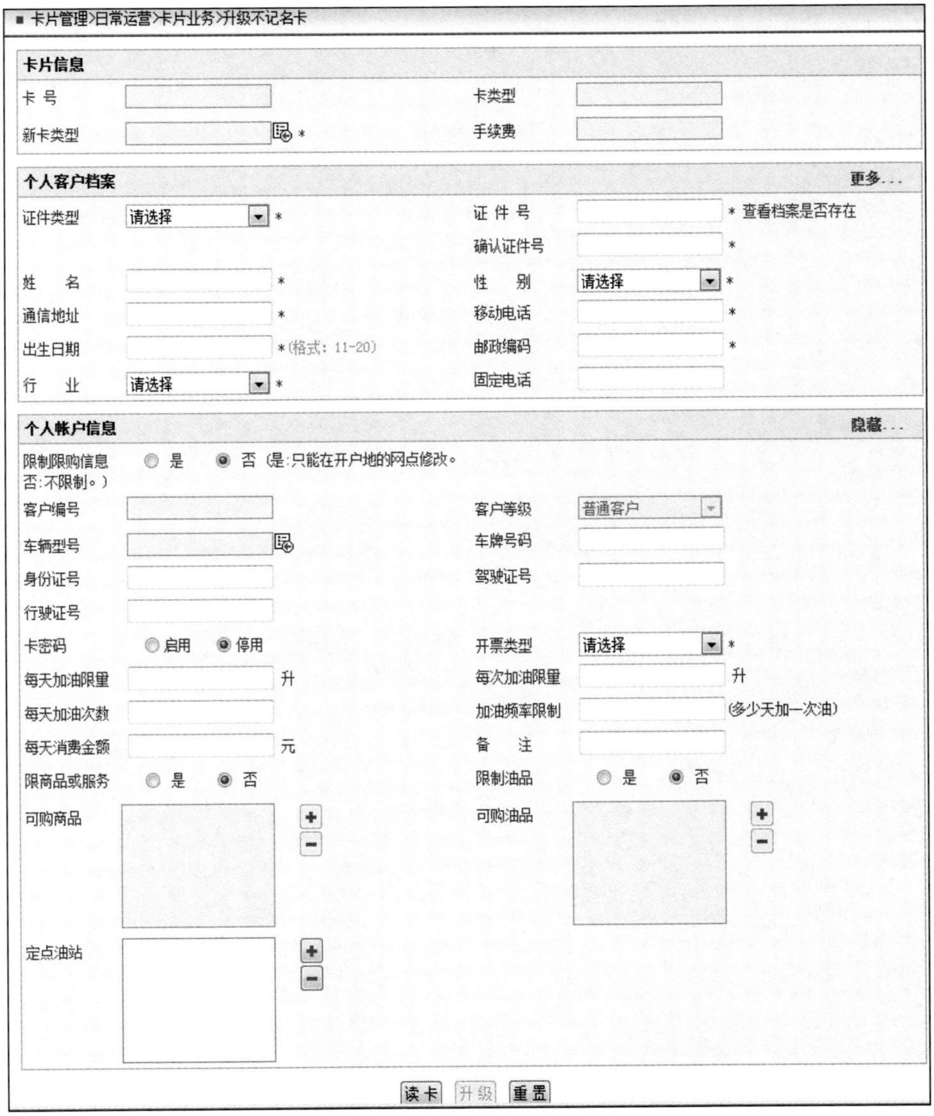

■ 卡片管理>日常运营>卡片业务>升级不记名卡

卡片信息

| 卡　号 | | 卡类型 | |
| 新卡类型 | 📇 * | 手续费 | |

个人客户档案　　　　　　　　　　　　　　　　　　　　　　　　更多...

证件类型	请选择 ▼ *	证 件 号		* 查看档案是否存在
		确认证件号		*
姓　名	*	性　别	请选择 ▼
通信地址	*	移动电话		*
出生日期	*(格式：11-20)	邮政编码		*
行　业	请选择 ▼ *	固定电话	

个人帐户信息　　　　　　　　　　　　　　　　　　　　　　　　隐藏...

限制限购信息　○ 是　◉ 否　(是：只能在开户地的网点修改。否：不限制。)

客户编号		客户等级	普通客户 ▼
车辆型号	📇	车牌号码	
身份证号		驾驶证号	
行驶证号			

卡密码　○ 启用　◉ 停用　　　　　　开票类型　请选择 ▼ *

每天加油限量	升	每次加油限量	升
每天加油次数		加油频率限制	(多少天加一次油)
每天消费金额	元	备　注	

限商品或服务　○ 是　◉ 否　　　　　限制油品　○ 是　◉ 否

可购商品　　[ ] ➕ ➖　　　　可购油品　　[ ] ➕ ➖

定点油站　　[ ] ➕ ➖

读卡　升级　重置

图 8-183　查询不记名卡页面

　　（2）插入卡片，点击"读卡"按钮，选择新卡类型，输入个人客户档案及个人客户信息（非必填项可不填），如图 8-184 所示。

卡片信息

卡　号	9001010000002107	卡类型	不记名卡(测试)
新卡类型	▣ *	手续费	0.00

个人客户档案 更多...

证件类型	请选择 ▼ *	证 件 号	＊ 查看档案是否存在
		确认证件号	＊
姓　名	＊	性　别	请选择 ▼ *
通信地址	＊	移动电话	＊
出生日期	＊(格式：11-20)	邮政编码	＊
行　业	请选择 ▼ *	固定电话	

个人帐户信息 隐藏...

限制限购信息 　○ 是　○ 否（是：只能在开户地的网点修改。
否：不限制。）

客户编号		客户等级	普通客户 ▼
车辆型号	▣	车牌号码	
身份证号		驾驶证号	
行驶证号			
卡密码	○ 启用　● 停用	开票类型	充值开普通发票 ▼ *
每天加油限量	升	每次加油限量	升
每天加油次数		加油频率限制	(多少天加一次油)
每天消费金额	元	备　注	
限商品或服务	○ 是　● 否	限制油品	○ 是　● 否
可购商品	＋ ▬	可购油品	＋ ▬

定点油站 ＋ ▬

〔读卡〕〔升级〕〔重置〕

图 8-184　读取卡片进行升级页面

　　（3）点击"升级"按钮，弹出确认对话框，点击"确定"按钮，系统提示成功信息。显示升级凭证页面，如图 8-185 所示。

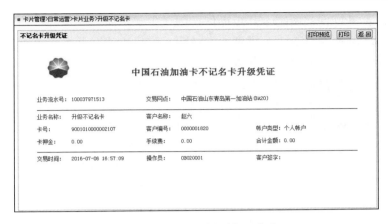

图 8-185　打印升级凭证页面

4. 车队司机卡升级

客户到售卡充值网点提出车队司机卡升级为主卡时，须出示车队主卡、加盖本单位公章的书面申请、营业执照或其他有效证件原件（复印件需加盖单位公章）、开户时经办人的有效证件，并留存复印件，在核对证件信息与系统信息一致后，方可进行操作，打印司机卡升级凭证，要求客户签字确认并留存。

具体操作步骤如下：

（1）系统路径：卡片管理>日常运营>卡片业务>副卡升级，进入"副卡升级"功能缺省页面，点击"读卡"按钮，读出单位账户信息及副卡卡片信息，如图 8-186 所示。

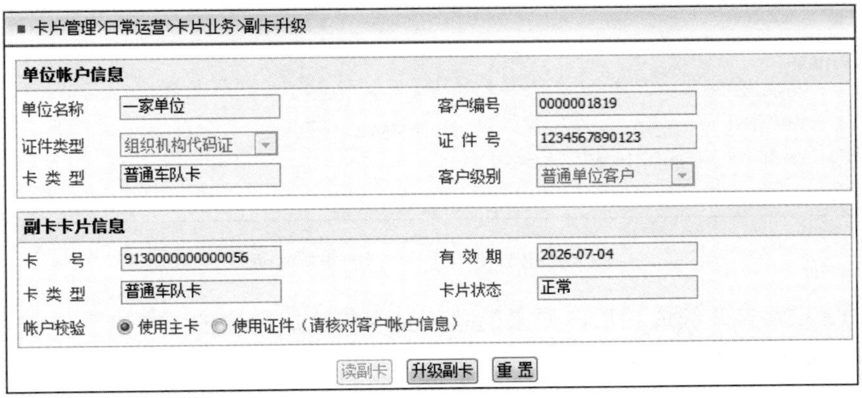

图 8-186　读取副卡及单位信息页面

（2）若单位首次做副卡升级操作，因无主卡，所以应选择"使用证件"，如图 8-187 所示。点击"升级副卡"按钮，弹出确认对话框，点击"确定"按钮，提示卡片升级成功，升级为主卡。

图 8-187　使用证件升级副卡页面

（3）若单位账户已有单位主卡后，可以使用单位主卡验证，进行副卡升级（图 8-188），也可以使用单位有效证件进行副卡升级。读出副卡信息，插入对应的单位主卡，点击"升级副卡"按钮，提交地市公司审核后，按提示操作，卡片升级成功。

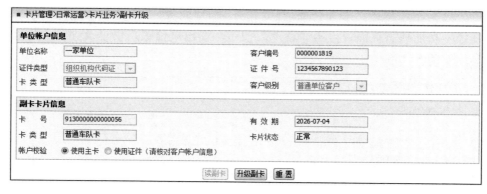

图 8-188　使用主卡升级副卡页面

（4）副卡升级成功后，原来的单位主卡将变成普通的司机卡。进入凭证页面，如图 8-189 所示。

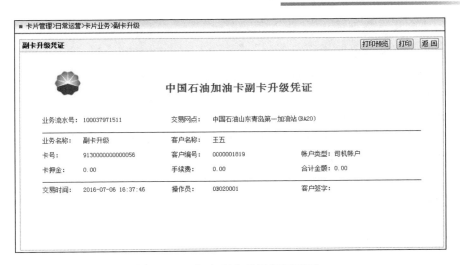

图 8-189　打印副卡升级凭证页面

5. 卡片查询

该项操作可查看卡片信息如：卡号、客户名称、证件类型、证件号、限购信息、卡内资金、积分等信息。

具体操作步骤如下：

（1）系统路径：卡片管理>日常运营>卡片业务>卡片查询，进入"卡片查询"功能缺省页面。

（2）点击"读卡"按钮（若卡片启用了密码，则读卡后弹出密码输入提示框，点击"确定"按钮），查出卡片信息。

6. 同步卡片数据

在系统中对已售出的客户用卡，客户信息或账户信息做变更后，需要将修改的信息写卡。本模块就是提供了对卡片的数据或信息进行同步写入的操作，功能主要包括：查询、同步数据等，卡内与后台不一致的数据在系统中将做红色标记，有数据不一致的情况，插卡、读卡后系统会自动提示需要进行同步（折扣用户申请成功后，也需要先同步才能享受折扣）。

具体操作步骤如下：

（1）系统路径：卡片管理>日常运营>卡片业务>同步卡片数据，进入"同步卡片数据"功能缺省页面。点击"读卡"按钮，读出卡片信息。

（2）点击"同步卡数据"按钮，弹出确认对话框。点击"确定"按钮，提示"同步卡数据成功"。进入凭证页面。

7. 异常扣款处理

客户在消费时发生异常扣款，加油站需与客户核实情况，并提醒客户持卡到售卡充值网点进行办理。操作员按以下操作模式在系统中进行异常扣款确认，持卡人签字确认后，上报到地市公司。

（1）系统路径：卡片管理>处理卡交易>异常处理>异常扣款处理，进入"异常扣款处理"功能缺省页面，如图 8-190 所示。

图 8-190　异常扣款处理功能页面

（2）根据卡内交易记录的处理模式处理异常扣款交易。地市公司财务部门 48 小时后才能在系统中确认，确认后的资金将在 5 个自然日后回补到客户加油卡备用金账户中。

在处理模式为"根据卡内交易记录"页面，选择"账户类型"，点击"读取 IC 卡中交易"按钮，显示 IC 卡交易列表，如图 8-191 所示。

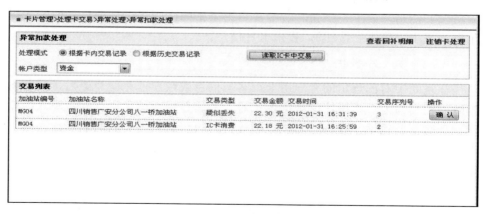

图 8-191　IC 卡交易列表页面

对疑似丢失的交易做异常确认，点击"确认"按钮，生成"中国石油卡异常扣款受理凭证"，如图 8-192 所示。

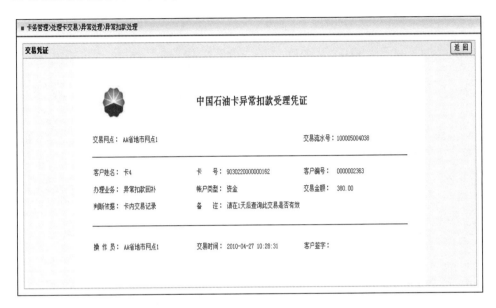

图 8-192　异常扣款受理凭证页面

（3）根据历史交易记录的处理模式处理异常扣款交易。地市公司财务部门须在 14 个自然日后才能在系统中确认，确认后的资金将即刻回补到客户加油卡备用金账户中。

如果在"历史交易模式"中没有发现该加油卡丢失交易，则该卡没有被多扣款。

在处理模式为"根据历史交易记录"页面，将卡片插入读卡器后，选择"账户类型"，点击"查看交易历史"按钮，显示 IC 卡历史交易记录，如图 8-193 所示。

充值网点操作员对"交易类型"为"疑似丢失"的交易进行判断，待确认为异常扣款的交易后输入"多扣金额"，点击"确定为多扣款"按钮，生成"中国石油卡异常扣款受理凭证"，如图 8-194 所示。

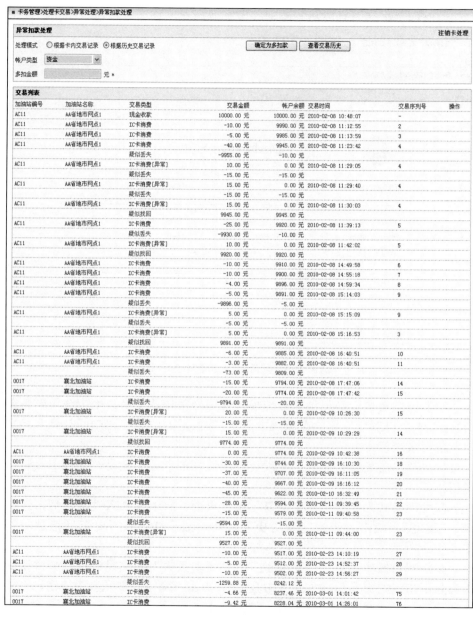

图 8-193　查询 IC 卡历史交易记录页面

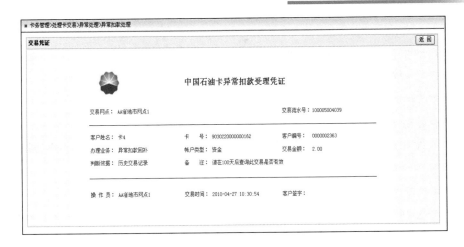

图 8-194　异常扣款受理凭证页面

8. 解灰

因刷卡时候断电，卡机连接加油卡时拔卡过快等原因，造成灰卡。先在加油机和卡系统上进行解灰操作，无效再进行 EFT 签退后解灰，仍无效只能补卡。

9. 加油卡读取序列号错误

卡片管理>处理卡交易>异常处理>联机卡片序列号异常处理。

第八节　网点客户服务和管理

一、售卡服务

售卡充值网点在办理业务时，应遵循以下几步：

1. 微笑招呼

顾客到来时，目视客户、微笑招呼："您好，欢迎光临。""请坐！"，如为熟悉客户，直呼其称呼（如：张先生、林老板、陈经理等）

2. 热情询问

热情询问客户需要办理的业务："请问您需要办理什么业务？开卡还是充值？"视情况对开卡或充值营销活动进行介绍，如充值送券等。

3. 核对资料

确认客户办理开卡业务后，请客户阅读章程后填写办卡申请单，并出示相关证件和资料，礼貌提示顾客："请您稍等"，逐一核对顾客的资料和证件是否一致。

4. 办理业务

首先办理售卡业务，插入UKey登录系统界面，输入顾客信息建立档案。开卡时询问顾客是否设置初始密码，如顾客表示设置，请顾客在密码键盘上输入。开卡成功后进行充值操作，提示顾客："请问，您充值多少元？"收取顾客款项过程中唱收唱付："收您××元，请稍等！"对享受充值优惠的顾客，在卡系统中选择优惠类型并对顾客加油卡进行"数据同步"，并告知顾客本次充值金额对应的优惠政策。在办理过程中，择机介绍加油站其他优惠促销活动。

客户仅办理充值业务时，插入UKey登录系统界面，提示客户出示加油卡："请问，您充值多少元？"收取现金应唱收唱付："收您××元，请稍等！"如顾客使用银行卡充值，主动提示顾客出示银行卡，复述充值金额并请顾客输入密码，将EFT打印的签购单递交顾客，由顾客签字确认后将回单联交给顾客。

5. 签字确认

办理完业务后，根据顾客选择的开票类型据实开具发票，避免重复开票（开具增值税发票按照增值税发票管理规定执行）。请顾客在售卡及充值凭证中签字确认，相关凭证一式两份，原件加油站留存，复印件顾客留存。

6. 礼貌送行

礼貌提示顾客："请带好您的随身物品。再见，欢迎下次光临！"

二、收银服务

1. 询问

热情询问顾客"您有昆仑加油卡吗"，对使用现金或银联卡支付的顾客，应热情推介昆仑加油卡，并主动介绍地区或地市公司当前营销政策。

2．收款

收款刷卡时，提示刷卡顾客"请出示您的卡片""请输入密码"。如客户忘记密码，应主动提示客户，连续三次输入错误密码，卡片将被锁定。客户刷卡成功后，操作员将 POS 机打印的签购单递交顾客，并请顾客签字确认，将回单联交给顾客。

客户付款后，应主动提示兑换积分商品。

3．开票

出具发票时，提示刷卡顾客收好卡片"这是您的卡片，请收好"。

三、现场服务

1．加油现场

热情询问，"请问您加什么油品，加满吗？您有昆仑加油卡吗"。

加油过程中，如顾客未使用加油卡，可向顾客推荐加油卡、加油站现场的堆头商品，以及加油站的优惠促销等活动内容。尽可能地和客户拉近距离，加深印象，融洽气氛。如为熟悉的顾客，语言交流应更具亲和力。

参股加油站如不参加地区公司促销活动，应在加油区予以公示并在加油前主动提示，以免发生纠纷。

加油站自助刷卡加油，在交易未完成时，客户不得提前拔卡。若出现异常情况导致灰卡，应在室内 EFT 上完成加油支付。若加油支付不成功，须联系 400 运维处理。

设置限车牌的加油卡客户加油时，加油站员工须核对车牌号信息一致后方能加油。

2．环境要求

售卡充值网点现场保持整洁明亮，专人负责定时检查环境并及时清理过期、破损的宣传物料（横幅、海报、宣传单页、杂志等）。外部布置以简洁、美观为原则，内部设施保持完好。

3．现场秩序要求

售卡充值网点维护好现场秩序，做到井然有序。根据客户需求进行分流，优先引导客户到自助服务区办理自助类业务；对不属于自助服务办理范畴的客户，引导其在等候区域排队（适用于无排队机情况）或到排队机取号排队等候。

四、客户服务管理

1. 客户信息更新

提醒客户携带单位主卡，须出示营业执照或其他有效证件原件（复印件需加盖单位公章）、开户时经办人的有效证件，留存证件复印件，填写《中国石油昆仑加油卡单位客户业务申请表》并签字确认。操作员更新操作，打印凭证客户签字确认并留存。

个人卡片，须出示开户时有效证件并留存复印件，填写《中国石油昆仑加油卡个人客户业务申请表》并签字确认。操作员更新操作，打印凭证客户签字确认并留存。

2. 客户账单服务

售卡充值网点按照要求开展客户服务工作。可为客户提供单位客户/个人客户交易明细、客户账单服务、余额查询等信息，单位客户须携带车队主卡，个人客户须携带个人卡片，并出示开户时的有效证件，操作员核对客户证件信息无误后，为客户提供相应的交易信息。

客户可以通过95504客服热线获得业务咨询、账户查询、客户账单、投诉等服务。记名卡客户还可以访问中国石油加油卡门户网站（http://www.95504.net），注册后可查询账户余额和交易记录，以及门户其他服务。

3. 客户维护

1）档案管理

（1）客户信息档案统一保管，在客户信息档案建立、留存、归类、核实、移交等环节做好管理工作。

（2）对购卡人及其代理人的身份信息和交易信息保密，除法律另有规定外，不得向第三方提供。

2）数据管理

加油站按照BW报表填写要求，及时准确地将客户及市场信息录入系统，定期对固定客户进行拜访和消费跟踪，掌握客户消费动态信息，收集客户需求，为地区公司、地市公司制定营销政策提供真实依据。

4. 客户投诉处理

严格按照客户投诉处理流程，第一时间上报并进行妥善处理，地区公司参股加油站按照自有加油站管理模式处理客户投诉。

5. 重大及突发事件处理

对于遇到停电或系统故障、恶劣天气、媒体采访等突发事件，网点现场负责人必须严格按照应急预案处理办法进行处置。

五、参股站刷卡管理

（1）加油站员工应严格按规范要求受理加油卡刷卡业务，操作 EFT。在 EFT 内设置的油品价格应与加油站现场公布价格一致。发生调价时，应同步调整 EFT 内油品价格。

（2）加油站员工应仔细核对每笔交易金额，确保 EFT 中输入的油品种类、价格准确无误、消费金额与客户实际消费金额一致。对于误操作、异常扣款等造成的差错，应及时分析原因，并及时处理。

（3）每班次、每日须按规定进行结账操作，以便核对 EFT 终端加油卡交易数据。

第九节　网点风险防控

一、主要风险点

（1）利用折扣卡刷卡套利套现。
（2）利用充值赠送优惠套利套现。
（3）套取加油卡积分。
（4）挂靠折扣车队卡办理司机卡。
（5）虚假发卡提升业绩。
（6）虚开套取发票。
（7）假冒客户办理挂失、补卡、密码修改等业务，套取客户资金占为己有。

二、业务监控

1. 现金交易监控

加油站经理每日监控前台 POS 撤销当日现金交易，避免私自变更，使用带有折扣卡支付，套取差价。

2. 脱机交易监控

加油站每日对加管系统进行监控，如出现故障脱机加油，须第一时间上报地市公司，按照业务流程处理系统故障。

3. 疑似异常交易监控

加油站经理每周开展本站加油卡异常交易检查工作，具体流程为：

（1）登录 CRM 客户关系管理系统>智能分析>统计分析，查询异常交易报表。

（2）根据异常交易报表中加油卡号、交易日期，在站级服务器 EPS 模块中查询异常加油卡具体交易时间。

（3）通过站级视频监控系统逐一排查比对核实。

（4）如该异常交易确属客户自主消费行为，且未有员工参与套利、套现等违规行为，需向上级加油站管理部门提交白名单申请，申报信息应包含单位情况、加油卡号、加油车辆、异常原因等内容。

（5）如发现员工参与套利、套现等违规行为，需保管好违规加油卡和监控录像，第一时间向上级加油站管理部门报告，等待进一步处理。

4. 黑灰名单交易监控

加油站每天需在 EPS 上查看黑、灰名单接收时间是否更新为当前时间。如遇接收时间非当前时间，需要及时按照黑灰名单下发异常的处理流程报公司运维人员处理。

三、操作纪律

加油站员工在受理加油卡业务时，不得通过虚假交易等非法手段为持卡人进行套取现金、发票等违规行为。造成经济损失的，由加油站责任人承担责任；构成违法犯罪的，将依法追究相关人员法律责任。

四、网点操作禁令

（1）严禁为客户代充值、代刷卡、代签字、代输密码。

（2）严禁代客户办理卡片挂失、补卡、销户退款。

（3）严禁利用本人或他人加油卡、银行卡及第三方支付卡等套现套利。

（4）严禁无单位证明和车队主卡为客户新增司机卡。

（5）严禁虚假售卡、充值。

（6）严禁虚开、套取发票。

（7）严禁未经客户许可擅自变更卡片信息。

（8）严禁泄露或交易客户信息。

（9）严禁将赠送客户的促销品占为己有。

（10）严禁员工上岗携带加油卡、银行卡等。

第十节　加油卡自助服务终端

一、定义

加油卡自助服务终端（简称自助终端）是依托加油卡管理系统为加油卡客户提供便捷的售卡、充值、圈存、查询、车队卡资金分配汇总、发票打印等服务的站级自助终端。

可分为柜式自助终端和桌面式自助终端。前者具有售卡、充值和圈存等功能；后者不售卡，只具备充值、圈存等功能。

二、基本业务

1. 申领记名卡

（1）点击"申领加油卡"按钮，进入客户服务协议界面。

（2）点击"同意"按钮，进入售卡类型选择界面点击"记名卡"按钮，如图 8-195 所示。

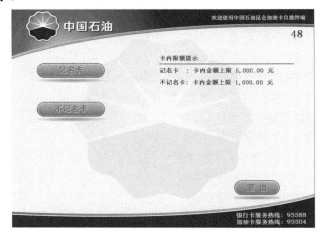

图 8-195　发卡类型选择页面

（3）进入发票类型选择界面选择发票类型，点击"充值开普通发票"或"消费开发票"按钮。

（4）进入二代身份证识别界面，将二代身份证放在屏幕前的第二代身份证感应区，成功提取信息后，进入身份证附加信息界面，如图 8-196 所示。输入相应信息之后点击"继续"按钮，进入身份证信息确认界面。

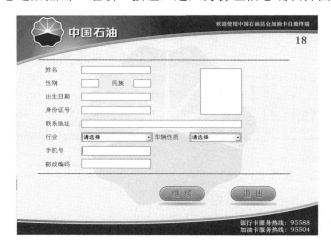

图 8-196　身份证附加信息页面

（5）点击"继续"按钮，进入插入银行卡界面。

（6）将银行卡插入自助终端前端的插卡口，进入密码输入界面。

（7）输入银行卡密码，点击"确定"按钮进行确认，发卡器校验密码成功后，进入充值金额选择界面。

（8）点击想要充值的金额（比如 100 元按钮）。如果充值金额满足折扣绑定条件，则系统开始进入绑定优惠过程。

（9）出现优惠绑定界面，如图 8-197 所示。点击"是"按钮，提示是否确定接受优惠。

（10）在是否确定接受优惠界面，点击"绑定"按钮，提示折扣绑定成功。

（11）进入是否启用密码界面，点击"是"按钮，进入密码输入界面。

（12）在密码输入界面为加油卡设置密码。

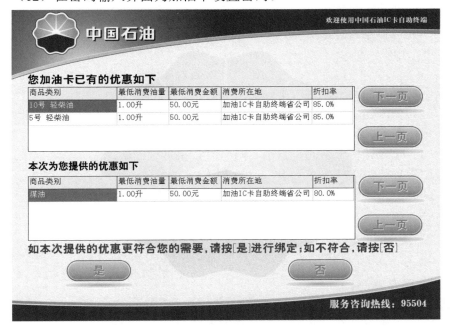

图 8-197　优惠绑定页面

（13）选择是否打印交易凭条。

2．加油卡充值

加油卡充值方式分为银行卡充值和充值卡充值。

1）银行卡方式

（1）点击"银行卡方式"按钮，进入插入加油卡界面，向自助终端前端加油卡口插入加油卡，进入密码输入界面。

（2）输入加油卡密码，点击"确定"按钮进行确认，自助终端校验密码成功后，进入充值额限额提示界面。

（3）点击"继续"按钮，进入插入银行卡界面。

（4）将银行卡插入到自助终端前端的插卡口，进入密码输入界面。

（5）输入银行卡密码，点击"确定"按钮进行确认，进入充值金额选择界面。

（6）点击想要充值的金额（比如"100元"按钮），如果充值金额满足折扣绑定条件，则系统开始进入绑定优惠过程。

（7）出现优惠绑定界面，点击"是"按钮，提示是否确定接受优惠。

（8）在是否确定接受优惠界面，点击"绑定"按钮，提示充值成功。

（9）选择是否打印交易凭条。

2）充值卡方式

（1）点击"充值卡方式"按钮，进入插入加油卡界面，向自助终端前端加油卡口插入加油卡，进入密码输入界面。

（2）输入加油卡密码，点击"确定"按钮进行确认，自助终端校验密码成功后，进入密码输入界面。

（3）输入充值卡密码，点击"确定"按钮进行确认，进入是否继续进行资金圈存界面。

（4）点击"是"按钮，进入是否打印交易凭条界面。

（5）选择是否打印交易凭条。

3．加油卡查询

加油卡查询包括卡片信息查询、充值明细查询、资金\积分消费查询、资金\积分圈存查询。

1）卡片信息查询

（1）点击"加油卡查询"按钮，进入插入加油卡界面。

（2）输入加油卡密码，点击"确定"按钮进行确认，自助终端校验密码成功后，进入充值卡密码输入界面。

（3）输入加油卡密码，按"继续"按钮进行确认，读卡器校验密码成功后，进入选择查询界面，如图8-198所示。

图 8-198　交易选择查询页面

（4）点击"卡片信息查询"按钮，显示加油卡信息界面，如图 8-199 所示。

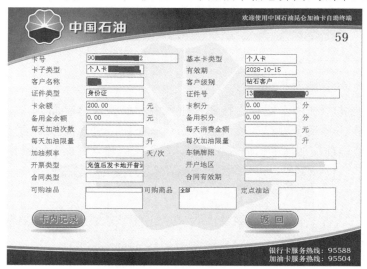

图 8-199　加油卡信息页面

（5）点击"卡内记录"按钮，显示加油卡日志明细表。

2）交易明细查询

（1）点击"加油卡查询"按钮，进入插入加油卡界面。

（2）向自助服务终端前端加油卡口插入加油卡，进入密码输入界面。

（3）输入加油卡密码，点击"确定"按钮进行确认，读卡器校验密码成功后进入选择查询界面。

（4）点击"各类交易明细查询"按钮，进行查询日期输入界面。

（5）输入日期，点击"继续"按钮，显示查询结果，如图 8-200 所示。

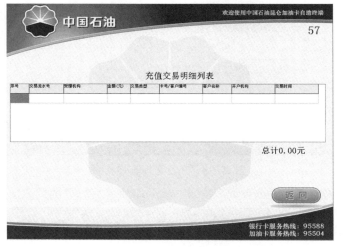

图 8-200　交易明细页面

4. 加油卡圈存

（1）点击"加油卡圈存"按钮，进入圈存类型选择界面。

（2）点击"资金圈存"或"积分圈存"按钮，进入插入加油卡界面，向自助服务终端前端加油卡口插入加油卡，进入密码输入界面，如图 8-201 所示。

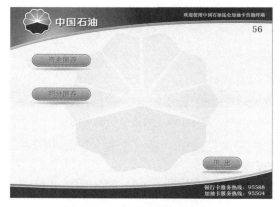

图 8-201　圈存类型选择页面

（3）输入加油卡密码，点击"确定"按钮进行确认，自助终端校验密码成功后，进入资金圈存限额提示界面。

（4）点击"继续"按钮，进入圈存金额选择界面。

（5）点击"全部圈存"按钮或点击"继续"按钮输入其他圈存金额。

（6）圈存成功后，选择是否打印交易凭条。

5. 修改卡密码

（1）点击"修改卡密码"按钮，进入插入加油卡界面。

（2）向自助服务终端前端加油卡口插入加油卡，进入密码输入界面。

（3）输入加油卡密码，点击"确定"按钮进行确认，自助终端校验密码操作成功，进入录入新密码界面。

6. 不记名卡升级

（1）点击"不记名卡升级"按钮，进入插入加油卡界面。

（2）进入发票类型选择界面选择发票类型，点击"充值开普通发票"或"消费开发票"按钮，进入身份证信息提取界面。

（3）将二代身份证放在屏幕前的第二代身份证感应区，成功提取信息后，进入身份证附加信息输入界面。输入相应信息之后，点击"继续"按钮，进入身份证信息确认界面。

（4）点击"继续"按钮，界面显示升级成功，选择是否打印凭条。

7. 车队卡管理

车队卡管理主要是对单位账户进行分配，分为模版分配、批量分配、单卡分配，首先需要通过使用单位主卡来查询单位账户信息，如图 8-202 所示。

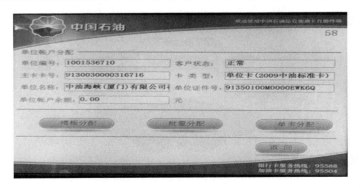

图 8-202　单位账户信息页面

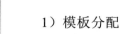

1）模板分配

（1）在分配方式选择界面中，点击"按模板分配"按钮。

（2）点击"继续"按钮，确认模板明细情况，即分配总额，点击"继续"按钮。

（3）按模板分配成功后，系统返回到分配方式选择界面，这时可以核对备用金账户余额是否做了相应的减少。

2）批量分配

（1）在分配方式选择界面中，点击"批量分配"按钮，进入批量分配界面，如图 8-203 所示。

（2）在批量分配界面中，用户可以通过司机姓名或者车牌号进行查询。查询的结果会显示在司机卡号查询结果中。通过向右选择将选中的车牌号移至列表中。然后根据所需填写分配金额（一张卡号可以分配多次）。

（3）点击"确定"按钮，系统分配成功，系统返回到分配方式选择界面，这时可以核对备用金账户余额是否作了相应的减少。

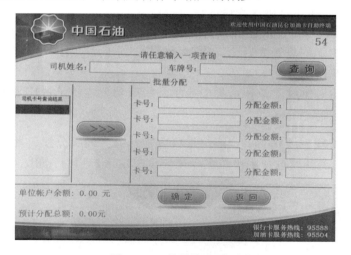

图 8-203　批量分配页面

3）单卡分配

（1）在分配方式选择界面中，点击"单卡分配"按钮，进入单卡分配界面，如图 8-204 所示。

（2）在单卡分配界面中，用户可以通过司机姓名、车牌号、司机卡号进行查询。查询出的信息会显示在司机卡号查询结果中。点击向右选择键选中司机卡号，再点击"查询"按钮就会显示出加油卡的相应信息。用户可以根据需要填写分配金额。

（3）点击"确定"按钮，系统分配成功，系统返回到分配方式选择界面，这时可以核对备用金账户余额是否作了相应的减少。

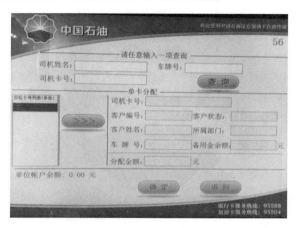

图 8-204　单卡分配页面

8. 取回加油卡

点击"取回加油卡"按钮，加油卡从加油卡口弹出，界面仍然保持在功能操作主界面。

三、使用维护

（1）在发现发卡槽中缺卡后，要及时添加昆仑加油卡个人记名卡。

（2）定期向上级公司领用小票、发票纸张。在发现终端设备打印小票、发票卡槽缺票后，要及时更换小票、发票纸张。

（3）客户自助操作售卡、充值等业务出现异常时及时提供帮助。

四、后台管理

1. 登录后台管理界面

（1）管理界面的登录，是在系统显示功能主界面的情况下，通过在密码键盘上输入密码，然后点击键盘上的"确认"按钮，实现触发，进入管理员登录界面。系统配置了初始密码，一旦启用平台后，要求立即更改初始密码，并妥善管理。

（2）输入默认用户名及密码，进入身份证识别界面。系统配置了默认用户名和密码，一旦启用平台后，要去立即修改用户名及初始密码，并妥善管理。

（3）将二代身份证平放在读卡区表面，等待大约 1～2s，登录到管理界面，如图 8-205 所示。

图 8-205　后台管理页面

2．取吞卡卡片

此项功能主要是用来在操作员取出吞入的卡片后，清空机内保存的吞卡数量，以避免吞卡数量报警。

（1）管理界面中，点击"综合业务"按钮。

（2）综合业务界面中，点击"取吞卡卡片"按钮。

（3）统提示"确认已取出吞卡箱中的卡片了吗"。

（4）点击"确定"按钮，则系统会自动将保存的吞卡数量置为 0。

3．批量筛选卡片

此项功能主要是用来检测吞入的卡片中是否有正常卡片。

（1）将所有吞入的卡片取出，并做一次上述的取吞卡卡片操作，清空吞卡数量，并将这些卡片放入到发卡槽中（此时发卡槽应该清空）。

（2）在管理界面中点击"综合业务"按钮。

（3）在综合业务界面中，点击"批量筛选卡片"按钮。

（4）系统弹出提示界面，提示是否已将吞卡槽内的卡片全部放入发卡槽内，在此界面上点击"是"按钮。

（5）以下是每张加油卡在检测时显示的各种提示信息：

① 卡 1，检测失败后，继续将该卡吞入；

② 卡 2，卡状态不正常，吞入；

③ 卡 3，卡状态正常，自动弹出。

（6）卡片筛选完毕。

4．重启管理界面

（1）管理界面中，点击"重启应用"按钮。

（2）输入管理员账号密码，点击"确定"按钮进行确认。

（3）进行二代身份证验证。

（4）程序自检结束后，点击"继续"按钮，系统重新启动，进入功能操作主界面。

5．暂停系统及恢复系统

（1）管理界面中点击"暂停 ACM"按钮，系统进入暂停状态。

（2）需要恢复时，通过在密码键盘上输入"123456"，然后点击键盘上的"确认"按钮，输入管理员工号及密码，接着进行二代身份证验证。

（3）系统重新启动，进入功能操作主界面。

6．关闭系统

（1）管理界面中点击"关闭 ACM"按钮。

（2）弹出的确认信息中点击"是"按钮。

（3）系统进入关闭系统状态。

第九章　充值卡业务管理

第一节　充值卡概述

一、概述

中国石油昆仑加油卡充值卡（以下简称充值卡），用于对昆仑加油卡个人记名卡备用金账户充值，是加油卡互联网充值渠道的延伸。

二、基本信息

1. 分类

充值卡按介质可分为实体充值卡和电子充值卡，按使用范围分类可分为全国充值卡和本省充值卡。

1）实体充值卡

实体充值卡尺寸 85.6mm×54mm，厚 0.45mm±0.08mm，目前每 250 张一盒，每 8 盒一箱；每只空箱重约 0.5kg，每箱 2000 张，重量 5～6kg。卡片正面图案是"中国式传统宝瓶元素"，卡片背面印有使用须知、序列号、充值密码、卡片有效期等信息。

2）电子充值卡

电子充值卡是指没有实物载体，以电子数据形式储存及展示序列号和密码等信息的充值卡。

电子充值卡系统可按照大客户需求，生成不同面额（1～500 的正整数），各地区公司可根据客户需求自行设定。

2. 编号规则

1) 序列号

每张充值卡都有 17 位数字，分别代表了发行地区公司、使用范围、业务类型等信息。客户可通过提供充值卡号查询卡片真伪和使用状态。

卡号：$X_1X_2X_3X_4Y_1Y_2Y_3Y_4Y_5Y_6Y_7Z_1Z_2Z_3Z_4Z_5Z_6$（共 17 位数字），其中：

X_1X_2：地区公司编码见表 9-1（01～32，分别表示各家地区公司）；

X_3：使用范围（0 代表全国使用，1 代表省内使用）；

X_4：业务类型（目前全为 0，表示普通充值卡）；

$Y_1Y_2Y_3Y_4Y_5Y_6Y_7$：批次号（YY+5 位序列），即每年全国最多制 99999 批卡；

$Z_1Z_2Z_3Z_4Z_5Z_6$：6 位序列号，每批卡最多 999999 张。

表 9-1　地区公司编码规则对照表

地区	编码	地区	编码	地区	编码	地区	编码
辽宁	01	新疆	09	浙江	17	天津	26
四川	02	山东	10	云南	18	宁夏	27
广东	03	陕西	11	重庆	19	贵州	28
内蒙古	04	吉林	12	湖南	20	青海	29
北京	05	江苏	13	安徽	21	江西	30
上海	06	甘肃	14	广西	22	西藏	31
黑龙江	07	河南	15	福建	23	海南	32
河北	08	湖北	16	山西	25		

2) 充值密码

充值卡密码由 19 位随机数字组成，用于充值时验证充值信息，实体充值卡密码隐藏在刮层内。

三、生命周期

1. 实体充值卡生命周期

实体充值卡生命周期主要包括卡片申请、审批、卡数据生成、制卡、入库、销售、激活至客户充值使用完成整个过程，充值卡对加油卡充值成功后完成整个生命周期，不能够重复使用，如图 9-1 所示。

图 9-1 实体充值卡生命周期

2. 电子充值卡生命周期

电子充值卡生命周期主要包括卡片申请、审批、卡数据生成、销售、激活至客户充值使用完成整个过程，充值卡对加油卡充值成功后完成整个生命周期，不能重复使用，如图 9-2 所示。

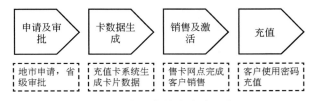

图 9-2 电子充值卡生命周期

3. 充值卡有效期

充值卡为不记名卡，根据商务部《单用途商业预付卡管理办法（试行）》的相关规定，充值卡设置为自卡数据生成之日起 5 年内有效（实体充值卡以卡片背面印刷日期为准），客户在有效期内须完成充值卡对加油卡充值操作，充值卡过期后经客户要求可提供卡片有效期延期服务，一次延期操作可延期至下月月末最后一天。

四、充值卡状态

充值卡包括未激活、已销售、激活、锁定等状态，详细状态变化示意图如图 9-3 所示。

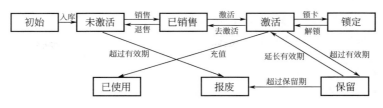

图 9-3　卡片状态示意图

1．未激活状态

充值卡只有经过销售后才能激活使用，为保障卡片生产、物流、保管中的安全，充值卡在系统数据生成、厂家制卡、入库保存环节均处于未激活状态。

2．已销售和激活

充值卡系统分已经销售和激活状态，可以按照客户要求延迟激活（例如批量购买实体充值卡的大客户）。

3．锁定状态

卡片激活后，如遇特殊情况，可以对某批次的卡片进行锁定，保证资金安全。

五、申请与领用

1．制卡申请与审批

地市和地区公司的制卡申请及审批在系统中操作，销售网点向地市的申请在系统外完成。实体充值卡与电子充值卡的制卡申请与审批操作基本一致，申请须填写卡业务类型、卡片介质、卡使用范围、卡面值、卡数量、预计完成日期及相关备注信息。单个批次的制卡申请卡片张数不得超过 50 万张。

1）制卡申请

地市公司业务操作员向地区公司管理部门申请制卡计划，地区公司对上报的制卡需求进行审批汇总。

具体操作步骤如下：

系统路径：制卡管理>制卡申请，进入"添加申请"功能页面，根据业务需要选择"卡业务类型""卡片介质""卡使用范围""卡面额"等信息，填写"卡数量""预计制卡完成时间""申请备注"，点击"确定"按钮完成申请，如图9-4所示。

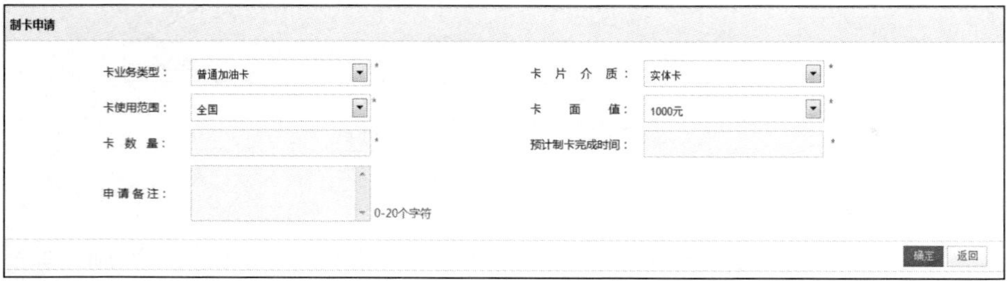

図 9-4　制卡申请页面

2）制卡审批

销售公司负责实体充值卡全国卡的制卡审批，地区公司负责除实体充值卡全国卡审批以外的制卡审批。

地区公司具体操作步骤如下：

系统路径：制卡管理>地市需求审批，点击"查询"按钮看到地市公司提报的制卡申请，核对信息后点击"同意"按钮。

销售公司、地区公司业务操作员可以通过"需求审批"功能审核所属下级单位的制卡申请，并采取相应的处理。如审核批准则系统判定通过，如拒绝须填写原因。

3）新建制卡任务

地区公司汇总审批通过下级公司提报的卡片需求后，需在系统里新建制卡任务，生成卡片数据。

具体操作步骤如下：

系统路径：制卡管理>新建制卡任务，可看到已审核通过的制卡申请，点击"通过"即可生成制卡数据。

已生成的制卡数据可在制卡管理>制卡任务查询中查看。

2. 卡片领用

制卡厂商完成卡片制作后，通过第三方物流公司配送到地区公司，地区公司库存管理员核对卡片批次及数量并签收，签收后地区公司库存管理员需在系统内做入库操作，然后根据地市公司的卡片申请进行卡片出库并通知地市公司库存管理员领用。地市公司库存管理员、售卡网点库存管理员收到出库通知后需到上一级公司直接领取与系统内出库信息相匹配的卡片，签字确认。

1）卡片出库

此功能由出库方完成（一般为领用卡片的上一级管理机构）。出库方的库存管理员从库房中提取与卡片申请中卡片种类、面额相应的卡片。在系统中完成出库操作，打印出库单，要求领用方在出库单右下角签字确认。领用方需要认真核对所领取的卡片数量、金额、序列号是否与出库单上一致。出库过程中应认真检查卡片包装的完好性。

具体操作步骤如下：

系统路径：卡片管理>卡片出库，填写需要出库卡片的起始卡号和截止卡号，选择"目标机构"，点击"添加"按钮，确认无误后点击"出库"按钮，如图 9-5 所示。

图 9-5　卡片出库页面

2）卡片入库

领用方库存管理员将卡片安全转储到仓库以后，需要在系统中进行入库操作。

具体操作步骤如下：

系统路径：卡片管理>卡片入库，选择"待入库"，点击"查询"按钮可看到此次领卡记录，核对信息后点击"确认"按钮完成入库。

3．制卡费结算

实体充值卡卡片由销售公司统一采购，委托制卡厂商进行生产，地区公司定期根据销售公司要求进行结算。

第二节 系统管理

一、用户管理

　　充值卡用户分为四个层级：总部、地区公司、地市公司、网点；四个类型：系统管理员、业务操作员、库存管理员、财务人员。总部不设库存管理员，合计15种角色。充值卡系统用户须明确各自的职能权限切勿互借互用。权限的分割是为了保证系统运营的安全性，系统用户务必妥善保管好各自的用户名及密码，防止泄露。

　　各级系统管理员可建立本级及下级机构的用户，地区公司可建立省级、地市、网点用户。

　　具体操作步骤如下：

　　系统路径：系统管理>用户管理，点击"添加"按钮，输入用户信息，根据用户职能选择"角色名称"，点击"确定"按钮完成用户添加。如图9-6所示。

用户名：		*
真实姓名：		*
机构等级：	省份 ▼	*
省份机构：	中国石油北京销售分公司 ▼	*
角色名称：	请选择 ▼	*
手机号：		*
邮箱地址：		*
家庭住址：		*
	确定　返回	

图9-6　添加用户信息页面

二、组织机构管理

地市公司在系统中完成网点用户信息建立后，需地区公司业务员在系统中标记网点类型。

具体操作步骤如下：

系统路径：系统管理>组织机构管理，点击"查询"按钮，所有网点默认为"未部署网点"，找到需要修改网点类型的加油站信息，点击"修改"按钮进入机构信息更新页面，根据实际情况选择"直属网点"或"销售网点"，点击"确定"按钮完成修改。如图9-7所示。

图9-7　网点类型修改页面

直属网点可批量销售实体充值卡、电子充值卡及零售实体充值卡，销售网点只能零售实体充值卡，未部署网点无销售充值卡权限。

第三节　网点管理与操作

一、系统管理

充值卡系统采用密码登录，用户建立时初始密码为"123456"，系统要求用户首次使用时将密码修改为"字母+数字+符号"的组合，忘记密码可由系统管理员重置密码至初始密码。

二、卡片管理

1. 卡片申请

当卡片库存不足时，应及时向上级管理部门提报需求计划。

2. 卡片领用

网点从地市管理部门领取卡片后，应确保卡片安全（在途不得超过 48 小时），到达网点后及时在系统内入库，同时将卡片放入专柜妥善保管。

接收前需要认真核对所领取的卡片数量、使用范围、号码是否与待入库单上一致。

3. 卡片保管

实体充值卡的库存管理参照加油卡库存管理方式执行，各级单位将实体充值卡和加油卡共同保管。

4. 卡片盘点

实体充值卡的盘点参照加油卡卡片盘点流程执行，盘点时间与加油卡盘点时间保持一致。通过充值卡系统中"统计报表>实体卡库存报表"在系统中查询网点实时库存数量，如图 9-8 所示。并填写"中国石油加油充值卡系统卡片数量盘点表"，见表 9-2。

中国石油实体卡实时库存报表		
名称：中国石油问南销售分公司	时间：2016-09-05 09:20:37	
面额（元）	全国实体卡	本省实体卡
100	500	0
总计	500	0
制表人：		

图 9-8 中国石油实体充值卡实时库存报表页面

表 9-2 中国石油加油充值卡系统卡片数量盘点表

中国石油加油充值卡系统卡片数量盘点表					
盘点标准时点： 年 月 10 日 17 时					
填报单位：					计量单位：张
序号	面值	库存	在途	损益	备注
1	50				

续表

序号	面值	库存	在途	损益	备注
2	100				
3	200				
4	500				
5	1000				
盘点人：		审核人：		填报时间： 年 月 日	

三、网点资金缴存

网点资金缴存依次分为缴存单录入、缴存单复核、交接单录入、交接单复核四个环节。

1. 缴存单录入

缴存单的录入分为两个部分，现金和支票，刷卡、银行转账和其他支付等支付方式无须缴存。缴存原则为总录入金额与应缴存金额一致。

缴存单由网点每天班结时在系统进行录入，地市公司财务部门进行审核，确保系统缴存和实收金额一致。充值点必须在相关营业班次中才能进行缴存单的创建、审核、异常录入、异常审核、缴存及缴存审核等操作。

录入到账通知、支票，其他支付方式申请等非现金支付方式时需特别注意，录入前应事先计算好实际应收金额，一次销售对应一个录入，录入金额与实际应收金额不匹配则无法销售。支票录入和到账通知录入财务验证通过后，系统内无法删除。

缴存时，实际金额与系统应缴存金额一致。缴存单录入中的未缴存金额可以分批缴存。只有缴存功能中的缴存单录入、补缴缴存单、复核缴存单、缴存单异常录入、交接单录入、复核交接单、复核异常缴存单、支票延迟缴存复核完成后，才能进行结班操作。

具体操作步骤如下：

系统路径：缴存>缴存单录入，网点操作员在录入资金处填写金额，点击"录入"后，信息会显示在"现金缴存单列表"中。

2. 缴存单复核

网点操作员对录入和补缴的缴存单进行复核，若核实缴存单信息与实际不符时，可撤销。

具体操作步骤如下：

系统路径：缴存>复核缴存单，核实信息后复核缴存单，打印单据。

3. 交接单录入

系统会根据复核后的缴存单自动生成交接单，网点操作员在交接单中选择缴存方式，核对交接单中的数据与实际资金、支票相符后进行确认。

具体操作步骤如下：

系统路径：缴存>交接单录入，选择缴存方式，点击"确定"按钮。

4. 交接单复核

网点操作员对系统生成的交接单进行复核，交接单信息与实际一致时，打印交接单提交加油站经理或站经理指定的人员（非售卡网点操作员）进行人工复核，审核后签字。

具体操作步骤如下：

系统路径：缴存>复核交接单，点击"复核"按钮，打印单据。

5. 异常处理

缴存单录入金额与应缴存金额不相符时，应进行异常处理。异常处理主要分为长款缴存和短款缴存。

现金或支票大于应缴存金额，发卡充值网点采用长款缴存流程，如图 9-9 所示。

现金或支票小于应缴存金额，发卡充值网点采用短款缴存流程，如图 9-10 所示。

四、班结日结管理

1. 定义

1）班结

操作员对当班实际发生的现金、表单以及手工业务流水登记表进行核对和存档的过程，即为班结。

2）日结

每天下午标准日结时点后的最近一次班结，即为系统日结。

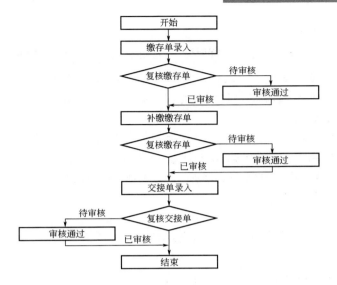

图 9-9　长款缴存流程

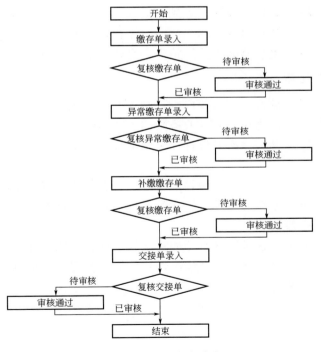

图 9-10　短款缴存流程

2. 班结管理

网点进行班结时，进行账实核对，核对内容包含资金和实物。资金包括当班交易的现金、银行卡、支票（到账）、银行转账（到账）和其他支付以及支票登记；实物包括实物卡的全国卡和本省卡，须对期初库存、销售情况和期末库存进行核对。

网点机构只有在业务操作员进行开班操作后才能进行售卡、缴存等功能操作。同一网点上一班业务操作员不进行结班操作，下一班业务操作员不能开班，同一个网点同一时间只允许一个业务操作员处于开班状态。

具体操作步骤如下：

（1）开班。

系统路径：班结管理>开班>确认开班。

（2）结班。

系统路径：班结管理>结班>确认结班。

3. 日结管理

售卡充值网点操作员每日营业结束后须进行日结。日结前应先完成资金缴存，再在系统中进行日结操作，打印日结报表。对当日的现金、支票、表单进行核对，并将签字确认的日结报表送交财务部门存档。

4. 异常处理

（1）因系统、设备、网络等原因，网点不能完成班结的，应由地市公司核实系统业务数据，确认与实际业务数据一致后在系统内进行班结操作。

（2）网点针对异常充值卡进行锁卡或解锁业务操作时，须上报地市公司相关部门。

（3）现金或支票不等于应缴存金额时，售卡充值网点应采用长、短款缴存流程。确保缴存金额与实际发生业务保持一致。具体如图 9-9 和图 9-10 所示长短款缴存流程。

发现疑似异常问题时，网点须如实上报地市公司相关部门并及时处理。

地市公司应及时对网点班结情况进行监控，监督网点按时缴存资金并进行财务对账避免资金异常。

五、凭证管理

与加油卡售卡充值网点要求一致，业务办理过程中的凭证统一保管，班结、日结报表根据业务统一规定进行管理，发票凭证参照财务部门相关规定进行管理。

六、发票管理

1．相关政策

发票管理应严格执行《中华人民共和国发票管理办法》和当地税务部门的有关规定以及中国石油天然气股份有限公司相关管理规定。

2．开票要求

根据发票管理的相关规定，充值卡售卡只能开具普通发票或增值税普通发票。不得开具增值税专用发票。

3．发票管理

发票的领用、保管、缴存指定专人负责，管理参照财务部门相关规定执行。

第四节　充值卡业务办理

一、实体充值卡销售

实体充值卡面值目前仅有 50 元、100 元、200 元、500 元和 1000 元共 5 种面值，支持向客户批发和零售。

按国家规定：单张不记名卡最高限额 1000 元；购买不记名卡时，一次性购买 1 万元（含）以上的，客户须提供有效身份证件，网点须留存购卡人及其代理人姓名、单位名称、有效身份证件号码和联系方式。

单位一次性购买不记名卡金额达 5000 元（含）以上或个人一次性购买

不记名卡金额达 5 万元（含）以上的，应通过银行转账方式购卡，不得使用现金，应对转出、转入账户名称、账号、金额等进行逐笔登记。

1. 实体充值卡零售

网点操作员可以手工输入充值卡起始卡号、截止卡号或者使用扫描枪销售实体充值卡。

以手工输入卡号为例，具体操作步骤如下：

系统路径：卡销售管理>实体卡销售，如图 9-11 所示。输入待销售的充值卡起始卡号、截止卡号，系统自动显示应收金额，选择"是否开发票"、选择相应的"支付方式"，输入"实收金额"，点击"销售"按钮再次确认收款额后完成实体充值卡零售。

使用"实体卡销售（扫描枪）"功能可使用扫描枪获取待销售的充值卡号码，填写相应信息完成销售。

图 9-11　实体充值卡零售页面

2. 实体充值卡批量销售

1）支票、到账通知录入

大客户批量购买充值卡时，多选用支票或转账的方式，批量销售充值卡时需先录入支付方式，待地市公司财务人员确认到账后方可使用。

具体操作步骤如下：

系统路径：卡销售管理>支票录入/到账通知录入，点击"支票录入"/"到账通知录入"按钮，如图 9-12、图 9-13 所示，填写信息，保存，待财务部门验证。

2）支付方式验证

由地市公司财务部门相关人员进行验证。

系统路径：卡销售管理>支票确认/到账通知确认，"审核状态"选择等待验证，如图 9-14 所示。点击"查询"按钮核对需要审核的到账信息，核对无误后验证通过。

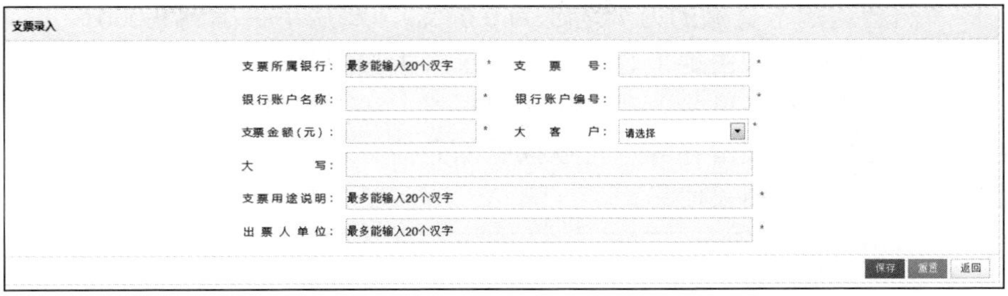

图 9-12 支票录入页面

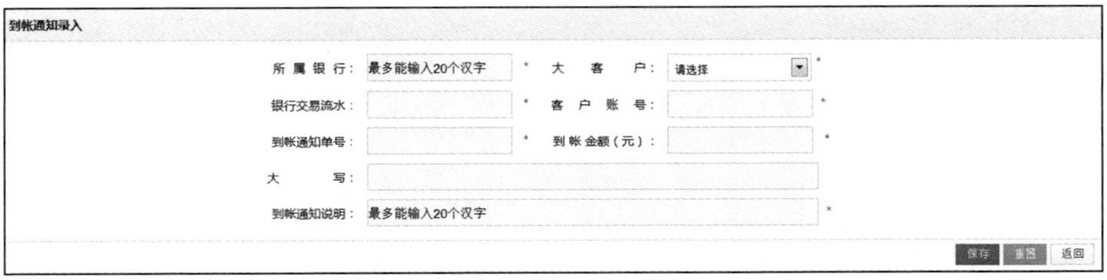

图 9-13 到账通知录入页面

图 9-14 支票确认页面

3）地市建立大客户

系统路径：大客户管理>大客户管理，点击"添加"按钮，如图 9-15 所示。填写大客户信息，根据实际情况选择"折扣方式"，维护"折扣率/赠送比率"，点击"确定"按钮完成大客户建立。

折扣率：折扣率使用 0 至 1 间的小数表示，0 为免费，1 为全价（例 97 折为 0.97），折扣率精确到 0.001。

赠送比率：赠送指客户购买固定数量/金额充值卡，额外赠送充值卡。赠送比例采取大于 0 的百分数表示，无最高限制；0%为无赠送，100%为"买 1 赠 1"（例赠送购卡金额的万分之 3 为 0.03%），赠送率精确到 0.0001。

大客户信息录入由地市公司完成，录入折扣应与协议内容保持一致，避免出现长期高折扣高风险。在系统内填写的大客户信息应与实际情况保持一致，要求地市公司须留存客户营业执照复印件、客户身份证复印件、税务登记号和银行账号等相关信息。

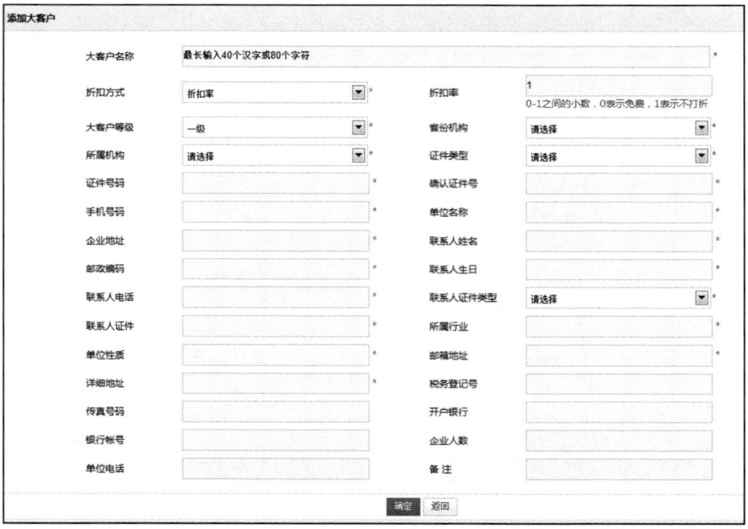

图 9-15　添加大客户页面

4）网点销售

系统路径：卡销售管理>充值卡批量销售，如图 9-16 所示。网点操作员在页面上选择大客户，按照实际填写大客户需要的卡片起始卡号和截止卡号，选择相应的支付方式，如果大客户不需要激活该批卡片，则"是否直接激活"一项选择为"否"，根据实际情况填写是否需要发票，确认无误后点击"销售"按钮。

图 9-16　实体卡批量销售页面

实体充值卡销售后网点应打印销售单并要求客户签字确认，实体充值卡批量销售应留存客户身份证复印件和客户签字销售单，网点操作员确认本人、身份证信息和签字信息三者保持一致。网点在每天班结后对客户售卡凭证进行归档整理，如图9-17所示。

图 9-17　中国石油昆仑充值加油卡销售单

二、电子充值卡销售

电子充值卡仅支持批量销售，地市公司只在指定网点开展，方便管控。电子充值卡数据文件是电子充值卡卡号及卡密码的载体，一般涉及的资金较大，各销售单位须严格遵守操作流程，预防潜在风险。

电子充值卡批量销售业务流程如图9-18所示。

具体销售流程如下：

1. 客户开发

销售公司、地区公司、地市公司均可开发大客户，电子充值卡原则上只对大客户批量售卡。电子充值卡制卡申请只需地区公司审批，无须总部审核。

根据情况与客户签订电子充值卡采购协议。

2. 建立大客户

系统路径：大客户管理>大客户管理，点击"添加"，填写大客户信息，根据营销政策选择"折扣方式"，维护"折扣率/赠送比率"，点击"确定"按钮完成大客户建立。

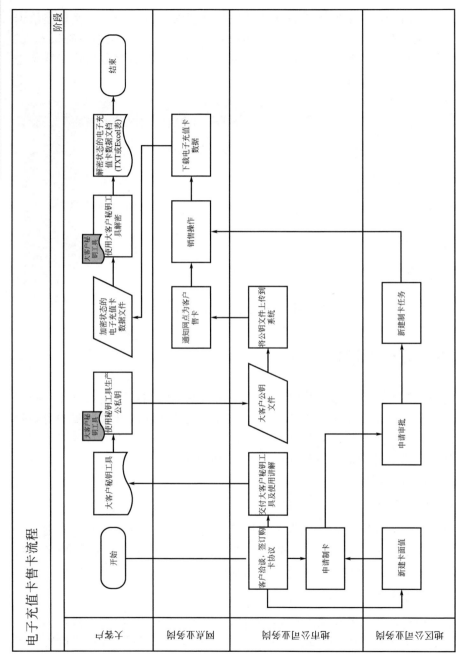

图 9-18 电子充值卡批量销售业务流程图

折扣率：折扣率使用 0 至 1 间的小数表示，0 为免费，1 为全价（例 97 折为 0.97），折扣率精确到 0.001。

赠送比率：赠送指客户购买固定数量/金额充值卡，额外赠送充值卡。赠送比例采取大于 0 的百分数表示，无最高限制；0%为无赠送，100%为"买 1 赠 1"（例赠送购卡金额的万分之 3 为 0.03%），赠送率精确到 0.0001。

大客户信息的录入由地市公司完成，录入折扣信息应与协议内容保持一致，避免出现长期高折扣高风险。地市公司须留存客户营业执照复印件、客户身份证复印件、税务登记号和银行账号等相关信息。

3. 上传公钥文件

地市公司业务操作人员指导大客户在其电脑里使用密钥工具生成公私钥文件，公钥文件交由地市公司业务操作员在充值卡系统上传到该大客户信息管理中。私钥文件由大客户自己保存。地市公司业务操作员须妥善保管密钥工具和客户提供的公钥文件。

1）大客户密钥工具

地区/地市公司给客户提供"大客户密钥工具"（压缩包，自行解压），如图 9-19 所示。密钥工具是中国石油大客户使用的用于生成公私钥文件及解密电子充值卡数据的专用软件。

地市公司业务操作员指导（操作的设备应为大客户自备的笔记本）大客户打开大客户密钥工具，打开后点击右下角的"一键生成公私钥文件"，生成公私钥文件，存放在\work\bin\Keyfile 目录下。

work 目录是密钥工具的主目录；bin 目录是程序所在目录；Keyfile 目录是当前公私钥文件目录；KeyfileBak 是再次生产公私钥文件，历史文件自动放在此目录。

图 9-19 大客户密钥工具页面

公私钥文件命名规则：

公钥文件命名规则为：Rsa_Public_Key_YYYYMMDDHHMISS.pem。

私钥文件命名规则为：Rsa_Private_Key_YYYYMMDDHHMISS.pem。

大客户须保管好自己的专用软件及生成的私钥与公钥文件，防止泄露，如图9-20所示。

Rsa_Private_Key_20151126142843.pem	2015-11-26 14:28	PEM 文件	2 KB
Rsa_Public_Key_20151126142843.pem	2015-11-26 14:28	PEM 文件	1 KB

图 9-20　软件生成公私钥样表页面

2）公钥上传

地市公司业务操作员将客户生成的公钥文件上传到系统中。

具体操作步骤如下：

系统路径：大客户管理>大客户公钥文件管理，如图9-21所示。点击"查询"按钮选择对应的大客户，点击"公钥上传"按钮，点击"浏览"按钮选择需要上传的大客户公钥，完成上传。

公钥文件管理		
大客户名称：	大客户手机号：	
		查询

图 9-21　上传大客户公钥页面

4. 电子充值卡制卡

地市公司业务操作员根据客户订单，在系统中新建制卡申请。若系统中没有客户需要面值的电子充值卡，可向地区公司申请。

1）地区公司新增卡面值

地区公司业务操作员在充值卡系统中增加客户需求对应的新面值。

具体操作步骤如下：

系统路径：系统管理>卡面值管理，点击"添加"按钮新增卡面值。

2）制卡申请

地市公司业务操作员向地区公司管理部门申请制卡计划，地区公司对上报的制卡需求进行审批汇总。

具体操作步骤如下：

系统路径：制卡管理>制卡申请，进入"添加申请"功能页面，如图9-22所示。根据业务需要选择"卡业务类型""卡片介质""卡使用范围""卡面额"等信息，填写"卡数量""预计制卡完成时间""申请备注"，点击"确定"按钮完成申请。

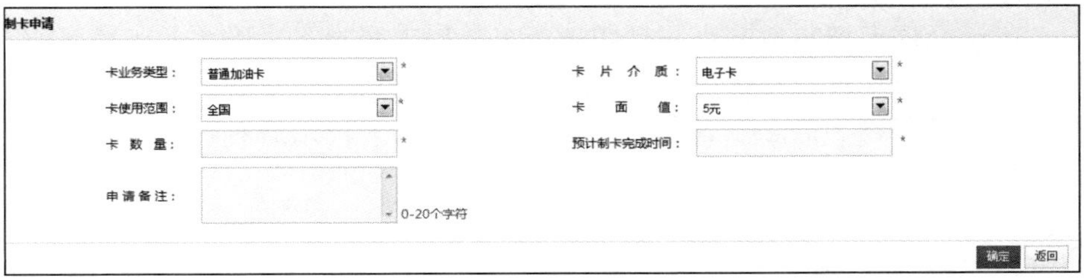

图9-22 制卡申请页面

3）制卡审批

地区公司负责电子充值卡制卡审批。

具体操作步骤如下：

系统路径：制卡管理>地市需求审批，点击"查询"按钮看到地市公司提报的制卡申请，核对信息后点击"同意"按钮。

地区公司业务操作员可以通过"需求审批"功能审核所属下级单位的制卡申请，并采取相应的处理。如审核批准则系统判定通过，如拒绝须填写原因。

4）新建制卡任务

地区公司汇总审批通过下级公司提报的卡片需求后，需在系统里新建制卡任务，生成卡片数据。

具体操作步骤如下：

系统路径：制卡管理>新建制卡任务，可看到已审核通过的制卡申请，点击"通过"即可生成制卡数据。

已生成的制卡数据可在制卡管理>制卡任务查询中查看。

5. 电子充值卡批量销售

网点操作员选择购买电子充值卡的大客户信息，完成电子充值卡批量销售。

具体操作步骤如下：

操作流程：卡销售管理>电子卡批量销售，如图 9-23 所示。选择"卡使用范围""大客户""卡数量""卡面值""是否开发票""支付方式"等内容，确认无误后点击"销售"按钮。

操作时注意，大客户名称选择不正确，会造成大客户解密卡文件失败；卡使用范围与卡面值存在关联关系，应正确选择。

电子充值卡销售后网点应打印销售单并要求客户签字确认，实体充值卡批量销售应留存客户身份证复印件和客户签字销售单，网点操作员确认本人、身份证信息和签字信息三者保持一致。网点在每天班结后对客户售卡凭证进行归档整理。

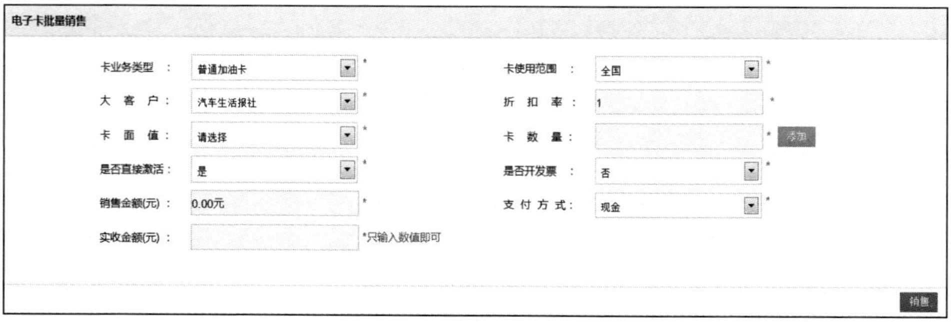

图 9-23　电子充值卡批量销售页面

6. 销售任务下载

完成电子充值卡销售后，网点操作员需下载电子充值卡数据提供给客户。

具体操作步骤如下：

系统路径：卡销售管理>卡销售任务下载，点击"查询"按钮，如图 9-24 所示，查询可下载的销售数据列表，网点操作员按照提示下载保存销售数据，使用光盘刻录或者 U 盘拷贝的方式交给对应的大客户。

下载加密的批量销售卡数据文件名格式为：大客户编号-销售流水.card，如图 9-25 所示。

销售电子卡时与销售任务下载电子卡文件时，必须保持所选择销售的客户对象名称一致，不一致会造成大客户卡文件解密失败。

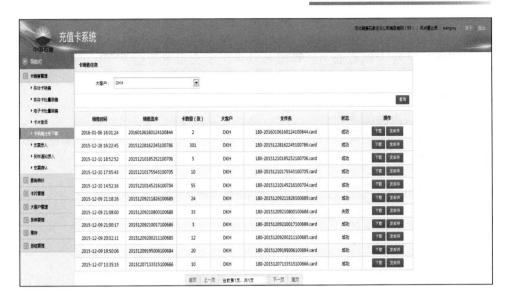

图 9-24 电子充值卡销售任务下载页面

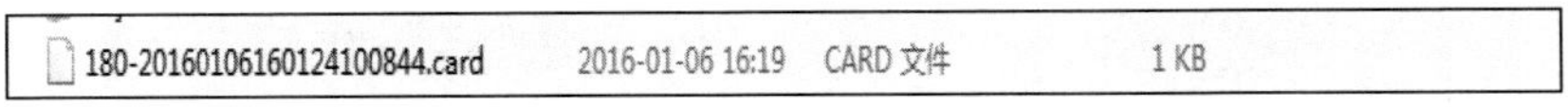

图 9-25 批量销售卡数据文件样表页面

三、充值卡文件解密

电子充值卡数据文件解密由客户完成。

1. 客户须知

地市公司操作员和网点操作员应对大客户告知如下几点：

（1）禁止修改大客户密钥工具目录结构，以免产生错误。

（2）公私钥文件严禁私自传播。

（3）私钥文件必须妥善保存，以免生成的电子充值卡数据出现解密失败的现象。

（4）密钥的更新必须由客户提出申请后由相关业务人员进行操作。

（5）客户需自行管理，并保证解密后的卡数据文件安全。

2. 文件解密操作

大客户从售卡网点业务操作员处获得电子充值卡数据文件，存放在电脑上，使用"大客户密钥工具"加载解密文件，使用大客户私钥对卡数据文件进行解密。

具体操作步骤如下：

在密钥工具界面选择需要解密的文件路径、私钥的保存路径，解密后文件保存的路径后"解密"。如图 9-26 所示。

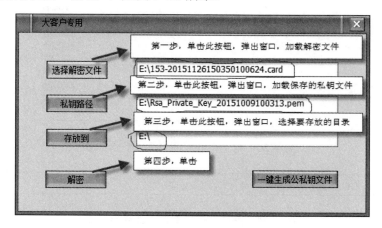

图 9-26 客户解密电子充值卡文件页面

解密成功，解密后的卡数据文件保存在先前指定的目录中。解密后的卡数据文件名命名规则为：大客户编号-销售流水.card_dec。

3. 卡数据文件内容规则

卡数据文件内容具体为：卡号，卡密，面额（元），地区公司编码，使用范围（1 地区，0 全国），业务类型（普通充值卡）。如图 9-27 所示。

```
[HEAD]
卡号      卡密      面额   省份   使用范围    业务类型
08001500027000006  080939684684875 1194  1000    08    0 0
08001500027000007  080972751233124 4472  1000    08    0 0
08001500027000008  080514304367509 7386  1000    08    0 0
08001500027000009  080312085212050 9436  1000    08    0 0
08001500027000010  080890246593850 6222  1000    08    0 0
[END]
```

图 9-27 客户解密成功卡数据文件示例页面

电子充值卡数据文件解密后数据以阿拉伯数字形式体现，可以通过 Windows 系统的记事本程序查看；当电子充值卡数量较多时，可新建 Excel 表格导入电子充值卡数据文件。

四、充值卡充值

1. 充值渠道

充值卡可以通过中国石油昆仑加油卡网上服务平台、"95504"客服热线、中油好客 e 站微信公众平台、自助服务终端等途径对中国石油昆仑加油卡个人卡进行充值，各网点应在显著位置对客户充值渠道进行宣传，为客户讲解协助客户操作。

2. 自助服务终端充值流程

自助服务终端操作分为充值和圈存两个步骤。

1）充值

客户在加油站自助服务终端上使用充值卡为加油卡充值。

具体操作步骤：

在自助服务终端上插入加油卡>输入加油卡密码>输入充值卡密码>充值成功。

2）圈存

充值完成后提示客户在自助服务终端上圈存。

3. "95504"客服热线语音充值

客户拨打"95504"客服热线，根据语音提示进行操作即可。

4. 中国石油昆仑加油卡网上服务平台充值

登录地址：www.95504.net。

操作路径：登录>在线充值>油卡>充值卡充值，如图 9-28 所示，输入充值卡密码，勾选安全协议书，点击"充值"完成操作。

5. 中油好客 e 站微信公众平台充值

关注地址：微信用户搜索 zyhkez 微信号，点击关注。

操作路径：

登录>我的油卡>绑卡/充值>个人卡选择>选择需充值的加油卡>加油

卡充值界面>充值卡充值>输入充值卡密码>确认充值>充值成功，如图 9-29 所示。

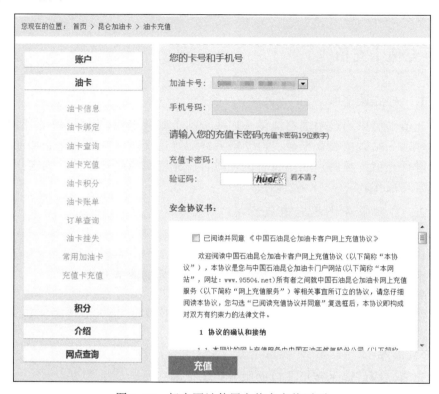

图 9-28　门户网站使用充值卡充值页面

图 9-29　微信公众平台使用充值卡充值页面

五、充值卡异常处理

1. 电子充值卡批量销售业务的大客户异常处理

（1）充值卡是不记名卡，因而无法挂失、补办或提现。大客户应妥善保管大客户密钥工具及密钥文件。

（2）对于大客户密钥遗失的，系统支持（使用省公司业务人员的权限）为客户重新加密电子卡数据文件。前提是确认大客户身份，并签署相关协助申请。

（3）对于批量购买的电子充值卡部分卡密遗失或泄露的情况，产生的损失由客户自行承担，售卡单位无法处理。

（4）对于密钥文件没有丢失，但卡数据文件丢失的客户，可以向地市公司业务操作员申请重新下载卡数据文件。协助申请内容可参考图9-30。

关于重新下载卡数据文件的协助申请

×××公司：

我单位因　　　，导致未能妥善保管好贵单位交付的中国石油电子充值卡卡数据文件，因此申请重新下载我公司　月　日在　售卡充值网点购买的××××批次电子充值卡卡数据文件，我单位愿承担因此产生的一切后果。

单位公章：

日　　期：

图9-30　协助申请1

（5）大客户变更公私钥时，大客户需书面向地市公司业务操作操作员申请协助变更充值卡系统内的公钥文件。协助申请内容可参考图9-31。

关于变更公私钥文件的协助申请

**公司：

我单位因　　　　　　　　，需变更我单位中国石油昆仑加油卡充值卡系统中大客户公钥，我单位愿承担因此产生的一切后果。

单位公章：

日　　期：

图 9-31　协助申请 2

2. 实体充值卡异常卡处理

1）实体充值卡换卡

非因人为主观因素造成卡片涂层内密码刮花等问题，导致不能正常充值时，客户可到购卡网点申请通过异常卡处理流程处理。按照业务流程售卡充值网点为客户更换新的充值卡。

当属于以下情况之一时，不予换卡：

（1）涂层内密码未损坏，只是发生卡面划破等折旧情况的。

（2）实物卡片丢失或卡片不完整的。

（3）地区公司判定的其他条件。

2）实体充值卡换卡流程：

（1）客户到购卡网点发起换卡申请。

（2）网点业务操作员检查是否符合换卡条件（包含确认卡片是否为"激活"状态，是否为本机构所属卡等条件）。

（3）网点业务操作员确认符合换卡条件后，在系统发起换卡。

（4）网点业务操作员将新卡给客户并回收实体充值卡（放回实体充值卡库存仓库的异常卡片分类中，方便月末盘点时统一销毁）。

具体操作步骤如下：

（1）网点操作员收到客户交回的破损实体充值卡，检查符合换卡条件，请客户填写"充值卡换卡申请表"，见表 9-3。

表9-3　充值卡换卡申请表

中国石油充值卡换卡业务申请表			
客户姓名		联系电话	
客户证件类型		证件号码	
坏卡卡号		新卡卡号	
卡片面值		卡使用范围	□ 全国　　□ 全省
换卡原因	□ 密码刮坏　　□ 卡片破损　　□ 其他		
请描述其他换卡原因：			
站经理：　　　　　　　　　客户签字：　　　　　　　　　　　　经办人：			

（2）操作路径：卡片管理>充值卡换卡，如图9-32所示，输入坏卡卡号、新卡卡号，系统判定条件，确认换卡，打印换卡单据，由客户签字确认。

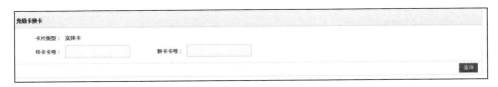

图9-32　充值卡换卡页面

（3）实体充值卡延期。充值卡过期后，客户可在指定网点要求为过期卡片进行有效期延期，一次延期操作可延期至下月月末的最后一天。

第五节　运行管理

一、软件及客户密钥管理

1. 大客户密钥工具及公钥文件保管

（1）大客户密钥工具由地区公司或地市公司相关岗位可通过同一个指定邮箱发送到大客户邮箱里或通过U盘拷贝给大客户，并指导大客户使用该工具。

（2）大客户公钥可通过邮箱发送或者 U 盘拷贝给地市公司相关人员上传至系统。

（3）大客户密钥工具仅供大客户使用，大客户密钥工具仅在地区、地市公司业务操作员处留存，严禁其他售卡或非售卡机构留存。

（4）客户电子密钥建议定期更新。其中，大客户公钥文件仅在地区、地市公司业务操作员处留存，严禁其他售卡或非售卡机构留存。

2. 充值卡实体卡片及电子数据保管

由于卡片直接涉及资金和信息安全，所以保障实体充值卡和客户电子密钥安全相当重要。

（1）实体充值卡的保存方式和昆仑加油卡一致；

（2）电子充值卡数据文件下载后应使用 U 盘或者光盘拷贝当面交付大客户，并让大客户签收；电子充值卡数据文件交付后，网点业务操作员应及时销毁下载在电脑里的电子充值卡数据文件。

二、客户管理

客户信息档案由网点进行系统录入并报地市公司备案，地市公司留存"大客户购卡协议"，并做好充值卡用途核实及大客户后续维护。网点及地市公司对购卡人及其代理人身份信息和交易信息保密，除法律另有规定外，不得向第三方提供。

附　　录

附录一　中国石油昆仑加油卡章程

一、总则

（1）中国石油昆仑加油卡（以下简称"昆仑加油卡"）由中国石油天然气股份有限公司统一发行，各省市销售公司具体承办发行，可在全国各地昆仑加油卡联网的加油站加油、购买便利店商品和其他服务性收费的支付。

（2）同意本章程的单位和个人可根据需要申办昆仑加油卡。

（3）使用昆仑加油卡须遵守本章程的各项条款。

二、加油卡类型

昆仑加油卡分为记名卡和不记名卡。

1. 记名卡

针对客户发行的记录卡主相关信息的充值消费卡，称为记名卡，记名卡又分为车队卡和个人记名卡。

1）车队卡

针对车队客户发行的充值消费卡，由一张管理卡和若干张司机卡组成，可以挂失、补卡、销户、积分（由地区公司设置规则）。

管理卡既可对其下属司机卡进行管理，也具备充值消费功能；司机卡可以加油，相关功能由管理卡设置。

2）个人记名卡

针对个人客户发行的充值消费卡，可以积分、挂失、补卡、销户。

2. 不记名卡

针对客户发行的不记录卡主信息的充值消费卡，可重复充值使用，不能积分、挂失、补卡的卡片。

三、加油卡办理

1. 记名卡办理

客户可在任一售卡充值网点办理开户手续。办理开户手续应填写客户业务单，并提供相关资料。

（1）办理车队卡业务，须出示本单位的营业执照或其他有效证件原件（复印件需加盖单位公章），以及经办人有效证件（如身份证、驾驶证、军官证等）原件，并留存复印件，填写"中国石油昆仑加油卡单位客户业务申请表"并签字确认；新增司机卡时，须提供单位相应证明及管理卡。需要开具增值税发票的客户应同时提供购买方名称、纳税人识别号、地址电话、开户行及账号信息等 4 项信息。

（2）办理个人记名卡应提供个人有效证件（如身份证、驾驶证、军官证等）原件并留存复印件，填写"中国石油昆仑加油卡个人客户业务申请表"并签字确认。

（3）客户应保证所提供的资料真实、有效，否则由此造成的损失由客户自行承担。当资料发生变化时，客户须持有效证件及时到任一售卡充值网点办理信息变更手续，发票类型变更须到开户地售卡充值网点办理信息变更手续。

2. 不记名卡办理

（1）客户可通过售卡充值网点购买不记名卡。

（2）不记名卡持有人可持个人有效证件到任一售卡充值网点，将不记名卡升级为个人记名卡。

3. 密码

客户在申办昆仑加油卡时应决定是否启用密码。若启用密码，使用加油卡时应输入密码。持卡人可到任一售卡充值网点修改密码。为保证资金安全，当连续三次输入错误密码后，会造成卡片自锁而不能继续使用。客户需持卡和办卡时提供的有效证件到任一售卡充值网点进行密码重置。

四、加油卡使用

（1）加油卡须充值后方可消费，卡内金额不计利息、不能提现、不能透支。充值可在任一售卡充值网点、自助服务终端、昆仑加油卡门户网站（网址：www.95504.net，下同）、中油好客 e 站微信公众号和 APP、支付宝 APP、京东商城 APP、微信钱包、QQ 钱包、昆仑直销银行 APP 及授权的指定网点和互联网平台办理。在非中国石油自营网点和未经中国石油授权的互联网平台出现的损失，中国石油不予承担。

（2）根据商务部《单用途商业预付卡管理办法（试行）》规定，单张不记名卡限额不得超过 1000 元，客户对其充值后卡余额不得超过 1000 元；购买不记名卡时，一次性购买 1 万元（含）以上的，客户须提供有效身份证件，网点须留存购卡人及其代理人姓名、单位名称、有效身份证件号码和联系方式；单张个人记名卡的限额不得超过 5000 元，客户对其充值后卡余额不得超过 5000 元；个人客户一次性购卡/充值金额达 5 万元（含）以上的，单位客户一次性购卡/充值金额达 5000 元（含）以上的，应通过银行转账方式购卡/充值，不得使用现金，发卡企业将对转出、转入账户名称、账号、金额等进行逐笔登记。

（3）车队卡卡片资金账户上限为 5 万元，充值金额不设限。

（4）持卡人使用加油卡购买便利店商品后如需退货，退货资金将退回到持卡人的原加油卡账户中。

（5）加油卡应由持卡人本人妥善保管和使用，非持卡人使用加油卡发生的一切后果由持卡人本人承担。

（6）持卡人不得对加油卡卡片进行分析、数据篡改、复制，否则，由此产生的后果由持卡人承担。

（7）若记名卡不慎遗失，应及时办理卡片挂失手续，卡片挂失分为临时挂失和正式挂失。可登录昆仑加油卡门户网站，或拨打客户服务热线（号码：95504，下同）办理临时挂失手续，并在 7 日之内持有效证件到任一售卡充值网点正式挂失，否则临时挂失失效；正式挂失手续凭有效证件到任一售卡充值网点办理。

加油卡办理挂失手续（包括临时挂失和正式挂失）后 24 小时内发生的加油卡消费由持卡人本人承担其损失，24 小时后发生的加油卡消费由发卡单位承担其损失。

挂失后，若客户找回丢失的卡片，可持卡片和开户时有效证件到任一售卡充值网点办理解除挂失业务，24 小时后生效才可使用。

（8）记名卡长期有效，使用满 3 年，为保证持卡人后续正常使用，须持卡到中国石油任一售卡充值网点进行卡片维护。不记名卡有效期 3 年，过期尚有余额的，可办理延期或换卡业务。

五、积分
（1）使用记名卡消费，可按积分规则累计积分。

（2）持卡人可使用积分兑换积分商品。

（3）积分有效期2年，到期自动清零；持卡人销户，积分自动清零。

（4）客户同一开卡地市且同一有效证件名下办理的个人记名卡之间，积分可以按规定转账，但转出加油卡须销户。

（5）积分规则在售卡充值网点、昆仑加油卡门户网站、中油好客e站微信公众号公布。

六、补卡

（1）记名卡挂失或损坏（不能读取芯片信息）后，持卡人可持开户时有效证件到开户地售卡充值网点办理补卡业务。

（2）补办新卡5日后，旧卡内的资金余额和积分余额自动转入新卡账户中。

（3）持卡人应按规定支付补卡工本费。

七、销户

（1）持卡人应持卡到指定的售卡充值网点办理销户业务；若卡片遗失，应先办理挂失手续。

（2）车队卡销户应持单位有效证件、充值发票原件及经办人个人有效证件办理。

（3）个人记名卡销户应持卡主有效证件、充值发票原件办理，委托他人代办的，应同时提供卡主和代办人有效证件。

（4）不记名卡销户须持卡、购卡原始票据、与原始办理人信息一致的身份证件、到原购卡的售卡充值网点进行办理。

（5）受理销户申请20个工作日内办理退款。个人记名卡资金退至与持卡人同名的银行账户内、不记名卡资金退至与办理人同名（单位办理的退至与购卡发票抬头同名）的银行账户内，并留存银行账户信息。未办理销户手续前不能退款。

八、服务

中国石油通过客户服务热线（号码：95504，下同）、短信平台（号码：95504，下同）、昆仑加油卡门户网站、中油好客e站微信公众号和APP为昆仑加油卡持卡人提供业务查询、网点信息查询、账户余额查询、交易记录查询、业务提醒、优惠信息通知、客户关怀等多种便捷的服务；通过积分商城线上或昆仑好客便利店现场进行积分兑换。

九、收费项目和标准

收费项目和标准由中国石油各省市销售公司根据地方政府的有关规定执行。

十、其他

（1）本章程由中国石油天然气股份有限公司制定、修改并负责解释。

（2）本章程通过售卡充值网点和昆仑加油卡门户网站等进行公告，自发布之日起执行。原××年×月×日起施行的《中国石油昆仑加油卡章程》同时废止。

（3）中国石油所属省级销售企业可根据本章程制定具体细则，并履行告知义务。

附录二　中国石油昆仑加油卡个人客户服务协议

中国石油昆仑加油卡个人卡开户申办人（以下简称甲方）与中国石油天然气股份有限公司××销售分公司（以下简称乙方）双方达成一致，就甲方向乙方申办中国石油昆仑加油卡个人卡（以下简称个人卡）达成本协议。

本协议中个人卡仅指个人记名卡。

一、甲方知悉并同意遵守《中国石油昆仑加油卡章程》（包括此后所做的修改），履行本协议。

二、申办

1．凡欲在中国大陆境内使用中国石油昆仑加油卡的自然人（包括境内的外籍人士、港澳台同胞）均可凭有效证件向乙方申办个人卡。

2．甲方保证向乙方提供的所有申请资料真实、有效、合法，否则由此造成的损失由甲方自行承担。乙方应对甲方相关资料和交易信息保密，除法律另有规定或甲乙双方另有约定外，不得向第三方提供。

当资料发生变化时，甲方应持有效证件及时到任一售卡充值网点办理信息变更手续；开发票类型变更须到开户地售卡充值网点办理信息变更手续。

3．甲方可在任一售卡充值网点办理个人卡开户手续，填写《中国石油昆仑加油卡个人客户业务申请表》，提供个人有效证件原件并留存复印件。

甲方使用同一个证件同一开户地办理的个人记名卡之间，卡与卡之间可以按规定进行转账。

三、使用

1．乙方通过售卡充值网点、昆仑加油卡门户网站，向甲方提供用户手册和消费账单，方便甲方正确使用昆仑加油卡，掌握其使用情况。

2．甲方可在任一售卡充值网点、自助服务终端、昆仑加油卡门户网站（网址：www.95504. net，下同）、中油好客 e 站微信公众号和 APP、支付宝 APP、京东商城 APP、微信钱包、QQ 钱包、昆仑直销银行 APP 及授权的指定网点和互联网平台进行充值，卡内金额不计利息、不能提现、不能透支。

在非中国石油自营网点和未经中国石油授权的互联网平台出现的损失，中国石油不予承担。

3．甲方可在全国各地的中国石油昆仑加油卡联网的加油站（以下简称联网加油站）加油、购买便利店商品和其他服务性收费的支付。

4．甲方使用个人卡进行消费，当账户可用余额少于交易金额时，甲方可用现金或银行卡等补齐不足部分。

5．甲方使用个人卡进行消费，相应产生的电子信息记录和支付小票均作为该项交易完成的有效凭证。

6．甲方可通过售卡充值网点、客户服务热线（号码：95504，下同）、昆仑加油卡门户网站、中油好客 e 站微信公众号和 APP 等渠道了解其个人卡交易情况。甲方对交易情况有异议的，须于交易发生后 40 日内向乙方提出查询更正要求。

7．若需换卡，甲方应持开户时的有效证件和旧卡到开户地的售卡充值网点办理换卡手续，并按规定支付换卡工本费。

8．甲方保证将个人卡用于合法用途，保证自己利用个人卡从事的各种交易为法律所允许；个人卡应由甲方妥善保管和使用，非甲方使用个人卡发生的一切费用由甲方承担。

四、密码

1．甲方在申办个人卡时应决定是否启用密码。密码可以由甲方在申办时直接设置。

2．甲方可到任一售卡充值网点（含自助服务终端）修改密码。

3．甲方应妥善保管和正确使用密码，避免使用易被破译的数字，并切勿将密码透露给他人。凡使用密码进行的交易，均视为甲方本人所为，由此产生的后果由甲方承担。

4．使用个人卡交易连续 3 次输错密码后，会造成卡片自锁而不能继续使用。甲方应持开户时提供的有效证件及卡片到任一售卡充值网点进行密码重置。

五、积分

1．使用个人卡消费，可按积分规则累计积分。

2．根据积分规则，甲方可使用积分兑换积分商品。

3．积分实行有效期管理，到期自动清零；甲方销户，个人卡内积分自动清零。

4．积分规则由乙方在售卡充值网点、昆仑加油卡门户网站、中油好客 e

站微信公众号公布。

5．根据客户分级规则，近 3 年积分累计达到一定值时，客户级别会发生相应变化。

六、挂失

1．若个人卡遗失，甲方应持开户时有效证件到任一售卡充值网点办理正式挂失手续。

2．如果不能立即到售卡充值网点进行挂失，也可以先通过客户服务热线、昆仑加油卡门户网站等途径进行临时挂失，并于 7 日内持有效证件到任一售卡充值网点办理正式挂失手续，否则临时挂失失效。

3．个人卡挂失期间（包括临时挂失和正式挂失），办理挂失手续后 24 小时内发生的个人卡消费由甲方本人承担其损失，24 小时后发生的个人卡消费由乙方承担其损失。

4．挂失生效后，若甲方申请办理解除挂失手续，应持开户时有效证件、个人卡及相关凭证到任一售卡充值网点办理，24 小时后生效。

七、补卡

1．补卡时甲方应持有效证件到售卡充值网点办理补卡手续。

2．补办新卡 5 日后，旧卡内的资金余额和积分余额自动转入新卡备用金账户中。

3．甲方应按规定支付补卡工本费。

八、销户

1．个人卡销户应持卡到指定的售卡充值网点办理。若卡片遗失，应先办理挂失手续。

2．个人卡销户应持甲方有效证件、充值发票原件办理。

3．个人卡销户委托他人代办的，应同时提供甲方和代办人有效证件。

4．受理销户申请 20 个工作日内办理退款，退款金额以办理销户时卡内账户余额为准。

5．个人卡未办理销户手续前不能退款。

6．退款方式：乙方将资金退至与甲方同名的银行账户内，并留存银行账户信息。

7．甲方若参与了乙方开展的充值优惠、月末返利活动或已开具发票则不能办理销户退款业务。

九、有效期

1．按国家规定，个人卡不设有效期。

2．个人卡长期有效，使用满 3 年，为保证甲方后续正常使用，需持卡到乙方所属售卡充值网点进行卡片维护。

十、服务

中国石油通过客户服务热线、短信平台（号码：95504）、昆仑加油卡门户网站、中油好客 e 站微信公众号和 APP 为昆仑加油卡持卡人提供业务查询、网点信息查询、账户余额查询、交易记录查询、业务提醒、优惠信息通知、客户关怀等多种便捷的服务；通过积分商城线上或昆仑好客便利店现场进行积分兑换。

十一、其他

1．个人卡只能甲方使用，不得出租、转让、转借。甲方因个人卡保管不善、将个人卡交他人使用或自身使用不当而造成的损失，由甲方承担。

2．甲方向乙方提供的证件应当真实、合法，否则因此产生的一切纠纷及损失由甲方自行承担，乙方不承担任何责任。甲方工作、通信方式（地址或电话）等资料发生变动，应及时到乙方办理变更手续，如未按规定办理，由此产生的风险损失和法律责任由甲方承担。任何书面通知只要发往上述地址，均视为已送达。甲方通信地址和方式如有变动，应于十日内通知乙方。

3．因不可抗力或供电、通信等客观原因导致个人卡不能正常使用的，乙方将视情况协助甲方解决或提供必要的帮助。对于在交易过程中，因暂时的网络通信故障或其他原因造成的错账现象，乙方有权根据实际交易情况进行账务处理。

4．个人卡属于乙方所有，乙方保留收回或不售卡给甲方的权利。为保障甲方账户资金安全，乙方在发现甲方的个人卡存在被他人冒用等使用风险时，有权对该账户暂时停止交易。若发现甲方在用卡过程中有不遵守本协议规定或其他违规、违法行为的，乙方有权终止其用卡权利，收回其个人卡。

5．乙方有权依照法律规定协助国家司法机关或其他有权机关对甲方的个人卡账户进行查询、冻结和扣划。

6．甲方同意按乙方公布的收费标准支付各类应承担的费用。乙方有权依据国家有关规定及业务需要对服务内容、收费项目或标准等内容进行调整，并正式对外公告一定时期后执行并适用于本协议，无须另行通知甲方，如有需要，乙方将在公告前报经有关监管部门核准或备案；甲方有权在乙方公告期间选择是否继续使用个人卡及相关服务，如果甲方不愿接受乙方公告内容的，应在乙方公告施行前向乙方申请变更或终止相关服务。甲方既不申请变更或终止服务，又不执行乙方施行的公告的，乙方有权选择终止本协议。个人卡的服务内容、收费项目及标准等内容，均以乙方最新公告为准。

7. 无民事行为能力或限制民事行为能力的自然人，在使用个人卡时，应征得其监护人同意，且乙方有权认为此行为已事先取得其监护人的同意；在进行卡片申办、挂失、换卡等特殊业务时，应由其监护人代办。此类甲方的用卡行为及交易责任由甲方及其监护人承担。

十二、本协议未尽事宜均依据中华人民共和国法律、行政法规的有关规章、政策规定及行业惯例办理。甲乙双方在履行协议时发生争议，由双方协商解决；协商不成，由乙方住所地人民法院管辖。在诉讼期间，本协议不涉及争议部分的条款仍须履行。

十三、本协议自甲方在《中国石油昆仑加油卡个人客户业务申请表》上签字，经乙方同意并售卡之日起生效。

附录三　中国石油昆仑加油卡单位客户服务协议

中国石油昆仑加油卡车队卡开户申办人（以下简称甲方）与中国石油天然气股份有限公司××销售公司（以下简称乙方）双方达成一致，就甲方向乙方申办中国石油昆仑加油卡车队卡（以下简称车队卡）达成本协议。

一、甲方知悉并同意遵守《中国石油昆仑加油卡章程》（包括此后所做的修改），履行本协议。

二、申办

1．凡欲在中国大陆境内使用中国石油昆仑加油卡的机关、团体、法人及其他组织均可凭有效证件向乙方申办车队卡。

2．甲方保证向乙方提供的所有申请资料真实、有效、合法，否则由此造成的损失由甲方自行承担。乙方应对甲方相关资料和交易信息保密，除法律另有规定或甲乙双方另有约定外，不得向第三方提供。

当资料发生变化时，甲方应持有效证件及时到任一售卡充值网点办理信息变更手续；开发票类型变更须到开户地售卡充值网点办理信息变更手续。

3．甲方可在任一售卡充值网点办理开户手续，填写《中国石油昆仑加油卡单位客户业务申请表》（加盖单位公章），提供营业执照或其他有效证件原件（复印件需加盖单位公章），以及经办人个人有效证件原件（如身份证、驾驶证、军官证等）并留存复印件；新增司机卡时，须提供单位相应证明及管理卡。需要开具增值税发票的客户应同时提供购买方名称、纳税人识别号、地址电话、开户行及账号信息等四项信息。

三、使用

1．乙方通过售卡充值网点、昆仑加油卡门户网站，向甲方提供用户手册和消费账单，方便甲方正确使用昆仑加油卡，掌握其使用情况。

2．甲方可在任一售卡充值网点、昆仑加油卡门户网站（网址：www.95504.net，下同）进行充值，卡内金额不计利息、不能提现、不能透支。在非中国石油自营网点和未经中国石油授权的互联网平台出现的损失,乙方不予承担。

3．甲方可在全国各地的中国石油昆仑加油卡联网的加油站（以下简称联网加油站）加油、购买便利店商品和其他服务性收费的支付。

4．甲方使用车队卡进行消费，当账户可用余额少于交易金额时，甲方可用现金或银行卡等补齐不足部分。

5．甲方使用车队卡进行消费，相应产生的电子信息记录和支付小票均作为该项交易完成的有效凭证。

6．甲方可通过售卡充值网点、客户服务热线（号码：95504，下同）、昆仑加油卡门户网站等渠道了解其车队卡交易情况。甲方对交易情况有异议的，应于交易发生后 40 日内向乙方提出查询更正要求。

7．若需换卡，甲方应持有效证件和旧卡到开户地的售卡充值网点办理换卡手续，并按规定支付换卡工本费。

8．甲方保证将车队卡用于合法用途，保证自己利用车队卡从事的各种交易为法律所允许；车队卡应由甲方妥善保管和使用，非甲方使用车队卡发生的一切费用由甲方承担。

四、密码

1．甲方在申办车队卡时应决定是否启用密码。密码可以由甲方在申办时直接设置。

2．甲方可到任一售卡充值网点修改密码。

3．甲方应妥善保管和正确使用密码，避免使用易被破译的数字，并切勿将密码透露给他人。凡使用密码进行的交易，均视为甲方所为，由此产生的后果由甲方承担。

4．使用车队卡交易连续 3 次输错密码后，会造成卡片自锁而不能继续使用。甲方应持开户时提供的有效证件或车队管理卡，以及卡片到任一售卡充值网点进行密码重置。

五、挂失

1．若车队卡遗失，甲方应持开户时有效证件到任一售卡充值网点办理正式挂失手续。

2．如果不能立即到售卡充值网点进行挂失，也可以先通过客户服务热线、昆仑加油卡门户网站等途径进行临时挂失，并于 7 日内持有效证件到任一售卡充值网点办理正式挂失手续，否则临时挂失失效。

3．车队卡挂失（包括临时挂失和正式挂失）期间，办理挂失手续后 24 小时内发生的车队卡消费由甲方承担其损失，24 小时后发生的车队卡消费由乙方承担其损失。

4．挂失生效后，若甲方申请办理解除挂失手续，应持开户时有效证件（或管理卡）、车队卡及相关凭证到任一售卡充值网点办理，24 小时后生效。

六、补卡

1．车队卡挂失或损坏后，应持甲方有效证件及管理卡到开户地售卡充值网点办理补卡手续。

2．补办新卡 5 日后，旧卡内的资金余额和积分余额自动转入新卡备用金账户中。

3．甲方应按规定支付补卡工本费。

七、销户

1．车队卡销户应持卡到指定的售卡充值网点办理。若卡片遗失，应先办理挂失手续。

2．车队卡销户应持甲方有效证件、充值发票原件及经办人个人有效证件办理。

3．受理销户申请 20 个工作日内办理退款，退款金额以办理销户时卡内账户余额为准。

4．车队卡未办理销户手续前不能退款。

5．退款方式：乙方将资金退至与甲方同名的银行账户内，并留存银行账户信息。

6．甲方若参与了乙方开展的充值优惠、月末返利活动或开具了增值税发票，则不能办理销户退款业务。

八、有效期

车队卡长期有效，使用满 3 年，须持卡到中国石油售卡充值网点进行卡片维护。

九、服务

中国石油通过客户服务热线、短信平台（号码：95504）、昆仑加油卡门户网站为昆仑加油卡持卡人提供业务查询、网点信息查询、账户余额查询、交易记录查询、业务提醒、优惠信息通知、客户关怀等多种便捷的服务；客户可在昆仑好客便利店进行积分兑换。

十、其他

1．车队卡只能甲方使用，不得出租、转让、转借。甲方因车队卡保管不善、将车队卡交他人使用或自身使用不当而造成的损失，由甲方承担。

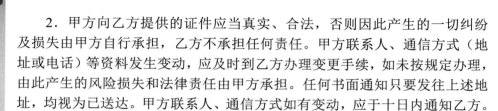

2．甲方向乙方提供的证件应当真实、合法，否则因此产生的一切纠纷及损失由甲方自行承担，乙方不承担任何责任。甲方联系人、通信方式（地址或电话）等资料发生变动，应及时到乙方办理变更手续，如未按规定办理，由此产生的风险损失和法律责任由甲方承担。任何书面通知只要发往上述地址，均视为已送达。甲方联系人、通信方式如有变动，应于十日内通知乙方。

3．因不可抗力或供电、通信等客观原因导致车队卡不能正常使用的，乙方将视情况协助甲方解决或提供必要的帮助。对于在交易过程中，因暂时的网络通信故障或其他原因造成的错账现象，乙方有权根据实际交易情况进行账务处理。

4．车队卡属于乙方所有，乙方保留收回或不售卡给甲方的权利。为保障甲方账户资金安全，乙方在发现甲方的车队卡存在被他人冒用等风险时，有权对该账户暂时停止交易。若发现甲方在用卡过程中有不遵守本协议规定或其他违规、违法行为的，乙方有权终止其用卡权利，收回其车队卡。

5．乙方有权依照法律规定协助国家司法机关或其他有权机关对甲方的车队卡账户进行查询、冻结和扣划。

6．甲方同意按乙方公布的收费标准支付各类应承担的费用。乙方有权依据国家有关规定及业务需要对服务内容、收费项目或标准等内容进行调整，并正式对外公告一定时期后执行并适用于本协议，无须另行通知甲方，如有需要，乙方将在公告前报经有关监管部门核准或备案；甲方有权在乙方公告期间选择是否继续使用车队卡及相关服务，如果甲方不愿接受乙方公告内容的，应在乙方公告施行前向乙方申请变更或终止相关服务。甲方既不申请变更或终止服务，又不执行乙方施行的公告的，乙方有权选择终止本协议。车队卡的服务内容、收费项目及标准等内容，均以乙方最新公告为准。

十一、本协议未尽事宜均依据中华人民共和国法律、行政法规的有关规章、政策规定及行业惯例办理。甲乙双方在履行协议时发生争议，由双方协商解决；协商不成，由乙方住所地人民法院管辖。在诉讼期间，本协议不涉及争议部分的条款仍须履行。

十二、本协议自甲方在《中国石油昆仑加油卡单位客户业务申请表》上签字、盖章，经乙方同意并售卡之日起生效。

附录四　中国石油昆仑加油卡个人客户业务申请表

中国石油昆仑加油卡个人客户业务申请表

中国石油天然气股份有限公司　　销售分公司　　　　　　客户服务热线：95504

中国石油昆仑加油卡门户网站：http://www.95504.net 或 http://www.card.petrochina.com.cn

客户必填	业务类型	● 个人记名卡开户　　● 资料变更　　● 不记名卡升级			
	原加油卡号（开户时不填）				
	客户姓名		性别	● 男　　● 女	
	证件类型	● 身份证　● 驾驶证　● 军官证　● 护照　● 港澳居民往来内地通行证、台胞证			
	证件号码				
	出生日期	年　　月　　日	移动电话		
	通信地址				
	邮政编码		启用密码	● 是　　● 否	
	开发票类型	● 充值时开普通发票　　　　● 消费时开普通发票			
	车辆性质	非营运　● 私家　● 货车（家庭生活自用）			
		营运　● 公务　● 出租　● 货车（营运）　● 农业机械　● 渔业机械　● 其他			
	所属行业	● 政府　● 工业　● 农业　● 金融　● 教育　● 医疗　● 运输　● 其他			
客户选填	车牌号码		车辆型号		
	车辆价格	● 30万以上　● 10～30万　● 10万以下			
	电子邮箱				
声明	兹声明以上所填资料均属实，本人同意并遵守《中国石油昆仑加油卡章程》《中国石油昆仑加油卡个人客户服务协议》的全部内容。 客户签字 _____				
售卡充值网点填写	客户编码				
	加油卡卡号				

受理网点_____　　　受理人_____　　　受理日期_____

填表须知

1. 申请表请使用蓝（黑）色签字笔或钢笔填写，字迹工整、清晰，并保证填写内容真实、准确、有效。

2. 填表时请您仔细阅读申请表背面的《中国石油昆仑加油卡个人客户服务协议》的全部内容。

3. 申请人如在声明栏签字，即表示申请人认同并遵守有关约定。

附录五　中国石油昆仑加油卡单位客户业务申请表

中国石油昆仑加油卡单位客户业务申请表

中国石油天然气股份有限公司　　销售分公司　　　　　　　　　客户服务热线：95504

中国石油昆仑加油卡门户网站：http://www.95504.net 或 http://www.card.petrochina.com.cn

客户必填	业务类型	● 开户发卡　　● 资料变更		原加油卡号（开户时不填）	
	单位名称				
	单位证件类型	● 组织机构代码证　　　● 营业执照		司机卡数量	
	单位证件号码				
	通信地址				
	联系人姓名		邮政编码		
	联系人生日　　月　　日		联系电话		
	联系人证件类型	● 身份证　● 驾驶证　● 军官证　● 护照　● 港澳居民往来内地通行证、台胞证			
	联系人证件号码				
	开发票类型	● 充值时开普通发票　　● 消费时开普通发票　　● 统一开增值税发票			
	单位性质	● 非营运　● 公交　● 出租　● 货运　● 客运　● 其他			
	所属行业	● 政府　● 工业　● 农业　● 金融　● 教育　● 医疗　● 运输　● 其他			
客户选填	税务登记号				
	启用密码	● 是　　● 否	传真号码		
	企业人数	● 200人以上　● 50～200人　● 50人以下			
增值服务选择	限车号		限消费金额	每天___元	
	限加油量	每天___升 或 每次___升	限加油次数	每天___次 或 每次___天	
	限加油站		限地区	● 本市　● 本省	
	限油品	●98#汽油 ●97#汽油 ●95#汽油 ●93#汽油 ●92#汽油 ●90#汽油 ●0#柴油 ●-10#柴油 ●-20#柴油 ●-30#柴油●其他			
	限商品或服务				
声明	兹声明以上所填资料均属实，我单位同意并遵守《中国石油昆仑加油卡章程》《中国石油昆仑加油卡单位客户服务协议》的全部内容。 　　　　　　　　　　单位公章＿＿＿＿＿＿　　　　　经办人签字＿＿＿＿＿				
售卡充值网点填写	客户编码		司机开户单张数		
	管理卡卡号				

受理网点＿＿＿＿＿＿＿＿＿＿　　　　受理人＿＿＿＿＿＿＿＿＿＿　　　　受理日期＿＿＿＿＿＿＿＿＿＿

填表须知

1. 申请表请使用蓝（黑）色签字笔或钢笔填写，字迹工整、清晰，并保证填写内容真实、准确、有效。

2. 填表时请您仔细阅读申请表背面的《中国石油昆仑加油卡单位客户服务协议》的全部内容。

3. 申请人如在声明栏签字，即表示申请人认同并遵守有关约定。

附录六 售卡充值网点凭证保管规则

序号	业务凭证（卡系统名称）	必打	选打	必填（留存）	保存年限
1	中国石油昆仑加油卡个人客户业务申请表及办卡相关证件			√	5年
2	中国石油昆仑加油卡单位客户业务申请表及办卡相关证件			√	5年
3	中国石油加油卡单位销户凭证（管理卡）	√			2年
4	中国石油加油卡有卡销户凭证（单位有卡/无卡）	√			2年
5	中国石油加油卡有卡销户凭证（个人有卡）	√			2年
6	中国石油加油卡无卡销户凭证（个人无卡）	√			2年
7	中国石油加油卡有卡销户凭证（不记名卡）	√			2年
8	中国石油加油卡副卡升级凭证	√			2年
9	中国石油加油卡挂失凭证	√			2年
10	中国石油加油卡解挂凭证	√			2年
11	中国石油加油卡补卡凭证	√			2年
12	中国石油加油卡变更开票类型凭证	√			2年
13	中国石油不记名卡升级凭证	√			2年
14	中国石油加油卡异常扣款受理凭证	√			2年
15	中国石油加油卡充值凭证（现金）	√			2年
16	中国石油加油卡充值凭证（非现金）		√		
17	中国石油加油卡车队卡售卡凭证		√		
18	中国石油加油卡个人记名卡售卡凭证		√		
19	中国石油加油卡不记名卡售卡凭证		√		
20	中国石油加油卡充值撤销凭证		√		
21	中国石油加油卡到账通知充值凭证		√		
22	中国石油加油卡到账充值撤销凭证		√		
23	中国石油加油卡支票登记凭证		√		

序号	业务凭证（卡系统名称）	必打	选打	必填（留存）	保存年限
24	中国石油加油卡支票撤销凭证		√		
25	中国石油加油卡延长有效期凭证		√		
26	中国石油加油卡重置密码凭证		√		
27	中国石油加油卡修改密码凭证		√		
28	中国石油加油卡密码启用/停用凭证		√		
29	中国石油加油卡同步卡数据凭证		√		
30	中国石油加油卡圈存凭证		√		
31	中国石油加油卡圈提凭证		√		
32	中国石油加油卡分配凭证		√		
33	中国石油加油卡汇总凭证		√		
34	中国石油加油卡转账凭证		√		
35	中国石油加油卡总部售卡激活凭证		√		
36	合同有效期打印单据		√		
37	发卡充值点日结报表		√		

附录七　中国石油昆仑充值加油卡章程

第一章　总　则

第一条　中国石油昆仑充值加油卡（以下简称充值卡）由中国石油天然气股份有限公司（以下简称中国石油）统一发行，各省市销售公司具体承办发行。

第二条　中国石油昆仑充值加油卡对中国石油昆仑个人记名加油卡充值后可在全国各地的昆仑加油卡联网加油站使用消费，不可提取现金、不能透支、不计利息。

第三条　凡在中华人民共和国境内合法注册的企事业单位、机关、团体等（以下统称单位）或者具有完全民事行为能力的境内外居民（以下统称个人）可根据需要购买中国石油昆仑充值加油卡。

第四条　购买和使用充值卡的单位或个人（以下统称客户），须遵守本章程的各项规定。

第二章　充值卡类型

第五条　充值卡分为电子充值卡和实体充值卡。充值卡按使用范围可分为全国卡和省份卡，其中省份卡仅对发行省份的昆仑个人记名加油卡进行充值，全国卡可对全国的昆仑个人记名加油卡进行充值，充值后金额计入加油卡备用金账户。

第六条　电子充值卡（以下简称电子卡）是指没有实物载体，以电子形式储存及展示充值卡序列号和密码等信息的充值卡。

第七条　实体充值卡（以下简称实体卡或刮刮卡）是指具有实物载体即纸质刮刮卡，刮刮卡上印有序列号和密码等信息的充值卡。

第八条　电子卡和实体卡具有同等效用。

第三章 售卡和退卡

第九条 中国石油提供充值卡批发业务。中国石油电子卡批量售卡和实体卡批量售卡的销售对象为大客户即购卡较多的单位或个人客户,单位或个人客户在指定的售卡网点批量购买电子卡或实体卡时,应按要求填写和提供购卡所需的相关资料,并按要求签署相关的"中国石油昆仑充值加油卡批发业务客户协议"。

第十条 中国石油提供充值卡零售业务。实体卡零售业务对象不限于单位或个人客户,单位或个人客户可在中国石油指定的售卡网点购买中国石油实体充值卡;电子卡零售业务目前仅在中国石油积分商城网站(http://jf.95504.net/)开展,业务对象不限于单位或个人客户,单位或个人客户可在中国石油指定的售卡网点购买或使用积分兑换中国石油电子充值卡。

第十一条 充值卡不记名,无法挂失、补办或提现。对于实体卡因卡片质量问题,导致不能正常充值的,客户可到购卡网点申请更换。

第四章 使用规则

第十二条 充值卡有效期5年。(1)批发业务的电子卡使用截止日期以客户接受的数据文件信息为准;(2)实体卡使用截止日期以卡片背面印刷日期为准;(3)积分商城电子卡使用截止日期以客户收到的短信通知为准。

第十三条 客户在充值卡使用过程中需遵守中国石油昆仑充值加油卡、加油卡及其他关联服务的有关规定。

第十四条 销售后的充值卡应由购卡人使用和保管。因购卡人托管或转让他人而发生的一切费用及损失由购卡人承担。

第十五条 充值卡批发业务发售过程中客户资料(包括但不限于客户证件信息、客户公钥文件等)发生变更时,客户应及时持有效证明到指定售卡网点办理变更手续。客户未办理变更手续前,将继续按原客户资料提供服务。客户未及时变更购卡人信息造成的损失,由客户自行承担。

第十六条 批量购买电子卡的客户应妥善保管大客户密钥工具及密钥文件。因客户过失导致大客户密钥工具或密钥文件丢失、泄露等而造成的一切损失由客户承担。

第十七条 实体卡业务中,可根据客户要求将实体卡状态设置为激活或者未激活（充值卡如果不激活则不可使用即不可将充值卡金额充值到加油卡备用金账户），购卡时选择不激活的客户，待客户需要使用时可持实体卡片至中国石油指定的售卡网点进行激活。

第十八条　电子卡批量销售业务中，地市公司为客户提供大客户密钥工具的使用指导服务。

第十九条　中国石油昆仑充值加油卡的官方充值渠道：（1）中国石油门户网站：www.95504.net；（2）中国石油微信公众号：zyhkez；（3）中国石油客服电话：95504；（4）中国石油自助服务终端。在非以上所列渠道充值所发生的一切损失由客户承担。

第二十条　中国石油通过客户服务热线 95504、售卡网点可为充值卡持卡人提供业务咨询、充值卡状态查询、充值记录查询等多种便捷的服务。

第二十一条　实体充值卡过期后，中国石油提供卡片有效期延期服务，一次延期操作可延期至次月月末的最后一天。

第二十二条　客户不得以任何形式将加油充值卡转售第三方，因客户自身使用不当而造成的纠纷及损失由客户承担。

第五章　其　　他

第二十三条　本章程由中国石油天然气股份有限公司制定、修改并负责解释。

第二十四条　本章程通过售卡充值网点和昆仑加油卡门户网站等进行公告，自发布之日起执行。

附录八　中国石油昆仑充值加油卡批发业务客户协议

甲　　方：　　　　　　　　　　乙　　方：中国石油_____销售公司

地　　址：　　　　　　　　　　地　　址：

邮　　编：　　　　　　　　　　邮　　编：

联系电话：　　　　　　　　　　联系电话：

开户银行：　　　　　　　　　　开户银行：

开　户　名：　　　　　　　　　　开　户　名：

银行账号：　　　　　　　　　　银行账号：

以下，甲方和乙方合称为"双方"。

协议双方本着诚实守信、互惠互利、共同发展的原则，经过友好协商中国石油充值卡批发业务事宜达成如下协议：

第一条　合作形式

1．电子充值卡（以下简称电子卡）是指没有实物载体，以电子形式储存及展示充值卡序列号和密码等信息的充值卡。

2．实体充值卡（以下简称实体卡）是指具有实物载体即纸质刮刮卡，刮刮卡上印有序列号和密码等信息的充值卡。

3．甲方向乙方购买加油卡_____（电子/实体）充值卡，（折扣率/赠送比例）为____%。

第二条　付款及交货

1．双方采取预付货款的方法，甲方将所购买货款预付汇到乙方指定账户中内。

2．每次交易须按协议当次结清，再进行下一次交易。

3．本协议生效后，乙方在收到货款后（除非另有约定），乙方应在____个工作日内按照甲方所预付货款的数量供货，并为甲方开具与实际付款等额的普通发票，甲方负责清点接收。

第三条　双方权利与义务

1．若为实体卡批发业务，则甲方需提前 1 个月向乙方申请购卡。

2．甲方不得以任何形式将充值卡转售第三方，不得以任何形式包装成为金融衍生品进行任何集资等活动，因甲方自身使用不当而造成的纠纷及损失，由甲方承担。

3．甲方向乙方提供的证件应当真实、合法，否则因此产生的一切纠纷及损失由甲方自行承担。甲方资料发生变动，应及时到乙方办理变更手续，如未及时按规定办理，由此产生的风险损失和法律责任由甲方承担。

4．甲方在充值卡使用过程中需遵守中国石油充值卡、加油卡及其他关联服务的有关规定。

5．乙方保证甲方购买的充值卡真实有效，并能够通过乙方的官方充值渠道为昆仑个人记名加油卡充值。其中乙方的官方充值渠道包括：（1）中国石油门户网站：www.95504.net；（2）中国石油微信公众号：zyhkez；（3）中国石油客服电话：95504；（4）中国石油自助服务终端；（5）中油好客 e 站 APP。

6．充值卡有效期为 5 年。（1）批发业务的电子卡使用截止日期以客户接受的数据文件信息为准；（2）实体卡使用截止日期以卡片背面印刷日期为准。

7．实体卡业务中，可根据甲方要求将实体卡状态设置为激活或者未激活（充值卡如果不激活则不可使用，即不可将充值卡金额充值到加油卡备用金账户），购卡时选择不激活的，待甲方需要使用时可持实体卡片至乙方指定的售卡网点进行激活。

8．销售后的充值卡应由甲方使用和保管。因甲方托管或转让他人而发生的一切费用及损失由甲方承担。

9．乙方出售给甲方的充值卡不记名、不挂失、不可提现、不补办。（1）对于电子卡批量销售业务中，密钥文件没有丢失，但卡数据文件丢失的客户，可以向乙方申请重新下载卡数据文件；（2）对于电子卡批量销售业务中，整批卡未使用前，甲方将密钥遗失的，经乙方确认后可更换卡数据；（3）对于电子卡批量销售业务中，电子卡部分数据遗失的情况，产生的损失由甲方自行承担；（4）对于电子卡批量销售业务中，需变更公私钥时，甲方可向乙方申请协助变更充值卡系统内的公钥文件；（5）对于实体卡因卡片质量问题，导致不能正常充值的，甲方可到乙方指定的售卡网点申请更换。

10．甲方应妥善保管大客户密钥工具及密钥文件。因甲方过失导致大客户密钥工具或密钥文件丢失、泄露等而造成的一切损失由甲方承担。

11．乙方为甲方提供大客户密钥工具的使用指导服务。

12．乙方通过客户服务热线 95504、售卡网点为充值卡持卡人提供业务咨询、充值卡状态查询、充值记录查询等多种便捷的服务。

13．实体卡过期后，乙方提供卡片有效期延期服务，一次延期操作可延期至次月月末。

第四条　争议的解决方式

本协议有效期内双方就协议执行事宜发生争议，双方应协商解决，协商不成，可向被告所在地人民法院起诉。

第五条　其他

1．本协议有效期自　　　年　月　　日至　　　年　月　　日止。

2．本协议一式肆份，甲乙双方各执贰份，经双方代表签字并盖章后生效，均具同等法律效力。

（以下无正文）

甲方：　　　　　　　　　　　　　乙方：

甲方法人或授权代表签章：　　　　乙方法人或授权代表签章：

签订日期：　年 月 日　　　　　　签订日期：　年 月 日

附录九　中国石油昆仑加油卡联名卡实施意见

第一章　总则

第一条　为加强中国石油昆仑加油卡联名卡（以下简称"联名卡"）管理，促进油卡非润气一体化发展，扩大客户开发，提升品牌价值，实现合作共赢，制定本意见。

第二条　联名卡是指中国石油与一家或多家单位合作发行，在保持昆仑加油卡基本功能基础上增加合作单位卡片功能，或在卡片上体现合作单位品牌标识的昆仑加油卡。

联名卡产品是指在普通联名卡基础上，进行卡片图案、样式、工艺、功能创新，设计出具有一定纪念或收藏价值、可以在市场上进行销售的商品。

第三条　联名卡发行与使用应遵循昆仑加油卡章程和管理办法；联名卡产品销售应参照便利店商品销售流程。

第二章　发行标准

第四条　联名卡发行，以销售公司、地区公司为主体，不得以地市公司或其下级单位为主体发行联名卡。销售公司所属股权企业，可参照本意见提出联名卡发行申请。

第五条　以销售公司为主体发行的联名卡，在全国范围内发行；以地区公司为主体发行的联名卡，在本区域内发行。

第六条　合作方应在国内或当地具有较高的品牌知名度，品牌形象良好，无不良信用记录，连续盈利 3 年以上。全国性企业应在本行业内位列前 3 位；地方性企业应以国有公共服务机构为主，且在当地市场占有率处于领先地位。

第七条　协议期内，以销售公司为主体发行的联名卡，发行数量应不低于 5 万张（含）以上；以地区公司为主体发行的联名卡，发行数量应不低于 2 万张（含）以上。

第八条　以销售公司为主体发行的联名卡，单卡消费金额应不低于全国平均单卡消费金额；以地区公司为主体发行的联名卡，单卡消费金额应不低于本区域内平均单卡消费金额。

第九条　联名卡优惠设置应统筹考虑零售环节整体优惠条件，符合零售促销实施意见中的相关规定。地区公司如提供优惠的，优惠活动（包括卡折扣、返利等）有效期最长不得超过 1 年，优惠条件原则上不得高于同类型标准加油卡客户享受的优惠。

第十条　卡片设计包括卡片应用设计和卡片外观设计。卡片外观设计包括卡片形状设计和卡面图案设计。

第十一条　可采用一卡单应用、一卡多应用或一卡多芯片的卡片应用设计模式。

第十二条　可采用标准尺寸的卡片形状设计模式，也可采用非标准尺寸（异形）的卡片形状设计模式。

第十三条　卡面图案设计为在卡片正面显著位置，体现单位名称、企业标识或品牌标志等核心元素；在卡片背面，标示出合作各方的客户服务电话、网址及文字注释等有用信息。

卡面图案设计要求排版方式统一、位置对等、字体字号一致，文字注释简单明了。

第三章　发行审批

第十四条　联名卡项目由销售公司审批，并由销售公司统一制作。

第十五条　联名卡项目须通过办公专网 OA 系统向销售公司报批。

第十六条　联名卡项目报批材料包括正文和附件。正文以"×××销售公司关于发行×××联名卡的请示"为标题，（1）附件主要包括合作协议、联名加油卡业务对外合作申请表、卡片设计等；（2）文末增加可行性分析内容包括不限于合作的必要性、经济性、业务流程、技术方案、优惠政策、成本分摊、资金结算、预期效果（包括活跃客户数量、消费金额、充值金额、优惠金额等）、风险分析及管理措施等。

第十七条　合作协议是发行联名卡项目的法律文件，规定、规范和约束合作各方权利与义务。为确保联名卡项目顺利开展，协议需明确下述内容：

（一）合作各方基本情况；

（二）联名卡项目介绍；

（三）卡片功能和客户权益；

（四）合作各方的权利和义务；

（五）发卡对象、发行流程和推广实施；

（六）卡片生命周期管理；

（七）职责与服务规范；

（八）风险责任条款；

（九）客户资料保密条款；

（十）费用分摊及分润方案；

（十一）附则。

第四章　宣传推广与客户服务

第十八条　合作各方应确定统一的对外宣传口径，按照合作协议内容制定宣传方案。

第十九条　合作各方应积极利用各自渠道，采用线上线下相结合的方式进行宣传。

第二十条　协议期内，合作各方应建立联名卡发行工作联系机制，共同做好联名卡发行工作。

第二十一条　我方提供的优惠及服务内容，应在协议期限内持续、完整的实施。

第二十二条　合作方为客户提供的优惠及服务内容，我方需监督对方实施的持续性和完整性。

第二十三条　合作过程中，我方要做好对合作方的相关服务和配合工作。

第二十四条　对于联名卡客户，可根据单位实际，提供以下单项或多项客户服务：

（一）优先向联名卡客户提供专属快捷、灵活的服务；

（二）对联名卡客户提供本行业相应的优惠活动；

（三）对联名卡客户提供消费积分计划；

（四）组织联名卡客户参加特别安排的活动，如俱乐部、自驾游等，并享受会员资格；

（五）联名卡客户可获得专有附加服务，如免费洗车、赠送保险等服务；

（六）联名卡客户享有合作单位组织的各类活动的优先参与权。

第五章　风险控制

第二十五条　联名卡发行范围超出合作协议规定的，应由合作各方签署补充协议。

第二十六条　建立联名卡风险防控机制，畅通信息沟通渠道，跟踪合作单位及客户的联名卡使用情况，防范利用联名卡进行非法集资、套利套现、套票等风险的发生。

第二十七条　加强联名卡发行和使用管理，防止出现合作单位突然停止客户服务而损害客户利益现象的发生。

第六章　评价机制

第二十八条　销售公司、地区公司应根据加油卡管理系统提供的联名卡发卡、充值、消费等数据，进行联名卡项目效果分析。

第二十九条　销售公司、地区公司对合作单位的品牌发展与服务情况进行跟踪了解，按半年期、一年期两个节点与合作单位进行联名卡项目总结和交流，合作各方根据联名卡项目运行情况确定下一年度合作意向。

第三十条　销售公司将对在产品功能创新、市场拓展和中间业务收入等方面表现优秀的地区公司，在年度劳动竞赛中予以加分，并根据实际情况对地区公司下一年度加油卡业务给予政策支持。

第七章　退出机制

第三十一条　联名卡业务提前终止，需要业务终止发起方提前三个月书面提出终止联名卡业务要求，并详细说明终止原因。联名卡业务终止，必须经过合作各方单位法人代表人或有效授权委托人正式签署终止协议。

第三十二条　合作单位因合并、重组、经营不善等原因造成转业停业、未能按照协议履行义务或其他对联名卡业务产生不良影响的情况出现未及时采取应对措施的，以及合作单位因管理不善无法履约或无法提供协议中的优质服务或优惠、持卡人投诉较为频繁的，销售公司、地区公司有权终止该联名卡项目。

第三十三条 联名卡业务终止后，持卡人不再享受合作单位提供的权益，但联名卡的昆仑加油卡基本功能仍然继续有效。

附录十　名词解释

1. 总部级系统　headquarter office system（HOS）

支持加油站销售业务相关的信息的分发、管控，提供油品、便利店商品零售的全部基础数据，并提供满足业务流程要求的各项功能的软件系统。

2. 卡系统　card system

支持加油站销售业务中卡支付业务相关的基础数据管理、卡管理、客户管理、清算管理、运行管理等的软件系统。

3. 电子支付服务　electronic payment service（EPS）

加油站一级的电子支付平台，支持站级的卡支付业务处理，以及与卡系统、站级系统之间的数据交换。

4. 支付设备　payment device

包含了电子支付交易的终端设备和对加油卡功能操作的设备。

5. 支付终端　payment terminal

用于完成消费支付的设备。

6. 电子支付终端　electronic financial terminal（EFT）

用于支持加油卡、银联卡的支付终端。

7. 室外支付终端　outdoor payment terminal（OPT）

安装在加油站前庭，提供多种支付手段的设备。

8. 手持无线支付终端　wireless point of sale

可手持并通过无线连接方式完成支付的可防爆便携电子支付终端。

9. 加油卡　PetroChina integrated circuit card

由中国石油天然气股份有限公司（中国石油）发行的具有支付功能的集成电路卡。

10. PSAM 卡　purchase secure access module card

支付系统安全控制模块卡，用于对交易的安全控制。

11. 预授权　preauthorization

加油进行前，加油站通过电子支付终端取得加油卡一定比例范围的支付保证，并在加油完成后向发卡机构进行承兑的业务。

12. 后支付　post-paid

加油完成后再进行支付的消费方式。

13. 灰卡　grey card

交易过程中因意外原因导致灰锁无法完成正常交易的加油卡。

14. 灰名单　grey list

灰卡形成过程的一组相关信息数据的集合。

15. 解扣　debit for unlock

加油专用消费交易中，通过扣款解除已灰锁的电子油票应用、电子积分应用的操作。

16. 黑名单　black list

由于挂失、冻结、注销等各种原因致使消费止付或解除消费止付的一组加油卡相关信息数据的集合。

17. 离线状态　offline mode

加油机与控制设备或前庭控制器通信连接断开，加油机不受控。

18. 离线交易　offline transaction

加油机处于离线状态下完成的加油交易。

19. 交易验证码　transaction authorization cryptogram（TAC）

用于验证交易的合法性。

20. 室内支付　pay indoor

在营业室内对交易进行支付。

21. 室外支付　pay outdoor

在加油站前庭对交易进行支付。

22. 混合支付　mixed payment

在一笔交易中，使用多种支付方式进行交易的支付。

23. 企业应用集成平台　enterprise application integration platform（EAI）

将基于各种不同平台，用不同方案建立的异构应用集成的一种方法和技术。

24. 售卡充值设备　card recharge device

实现售卡、充值、挂失等功能的设备。

25. 桌面台式支付终端　desktop payment terminal

放置收银台上，采用以太网方式与站级系统进行数据交互的电子支付终端。

26. 加油卡读卡器　PetroChina integrated circuit card reader

读取加油卡内部信息的设备。

27. USB KEY（UKey）

用于登录卡系统的电子签名和数字认证的工具。

28. 银行网关　gateway of bank

实现支付终端与银行进行数据交互的设备。

29. 报文验证码　message authentication code（MAC）

对交易数据及其相关参数进行运算后产生的代码，用于验证报文的完整性。

30. 交易处理码　processing code

标识交易类型的代码。

31. 支付终端流水号　trace number

支付终端为每一笔交易产生的顺序编号。

32. 个人标识码　personal identification number（PIN）

用于交易中识别持卡人身份合法性的数据信息。

33. 积分消费比率　integral consumption ratio

积分与人民币（以分为单位）的兑换比率。

34. 终端编号　terminal number

用于标识支付终端的唯一编号。

35. 持卡人　cardholder

办理中国石油加油卡的客户。

36. 操作员　operator

操作支付终端各个交易的工作人员。

37. 自助服务终端 self-help service terminal

中国石油用于持卡客户自助售卡、充值等操作的设备。

38. 充值卡 rechargeable card

中国石油用于给昆仑加油卡充值的卡片，主要包括电子和纸质刮刮卡。

39. 应用程序　APP

安装到手机的一种应用程序。

40. 激活

充值卡的激活是指按照一定的算法把软件随机生成的代码转化为激活码，充值卡如果不激活的话就不可以使用，即不可将充值卡金额充值到加油卡备用金账户。